智能交通先进技术译丛

智能交通系统
面向高效交通管理功能设计

(原书第2版)

【美】罗伯特·戈登（Robert Gordon） 编著
　　　　公安部交通管理科学研究所　组译
张雷元　刘东波　华璟怡　马万经　王玲　译

机械工业出版社

本书分析了智能交通系统(ITS)及其功能设计的发展历程,介绍了面向高效交通管理的 ITS 设计流程,充分融合交通规划和交通工程原理,提出了 ITS 功能设计理论的框架及方法,详细介绍了偶发性交通事件处置、常发性交通拥堵疏导、匝道控制、交通管理中心等功能设计内容,总结了系统设计与运行评价的指标及方法,探讨了主动交通管理、交通走廊管理策略,以及车联网技术应用。本书可为工程师开展 ITS 功能设计提供相关经验与工具,辅助其开发适应高效交通管理需求的 ITS。

First published in English under the title
Intelligent Transportation Systems: Functional Design for Effective Traffic Management (2nd Ed.)
by Robert Gordon
Copyright © Springer International Publishing Switzerland, 2010, 2016
This edition has been translated and published under licence from
Springer Nature Switzerland AG.
北京市版权局著作权合同登记　图字：01-2019-6041 号。

图书在版编目(CIP)数据

智能交通系统：面向高效交通管理功能设计：原书第 2 版/(美)罗伯特·戈登(Robert Gordon)编著；张雷元等译. —北京：机械工业出版社，2021.6
(智能交通先进技术译丛)
书名原文：Intelligent Transportation Systems: Functional Design for Effective Traffic Management
ISBN 978-7-111-68429-9

Ⅰ. ①智… Ⅱ. ①罗… ②张… Ⅲ. ①交通运输管理-智能系统 Ⅳ. ①U495

中国版本图书馆 CIP 数据核字(2021)第 110376 号

机械工业出版社（北京市百万庄大街 22 号　邮政编码 100037）
策划编辑：李　军　责任编辑：李　军　丁　锋
责任校对：陈　越　封面设计：鞠　杨
责任印制：郜　敏
盛通（廊坊）出版物印刷有限公司印刷
2021 年 8 月第 1 版第 1 次印刷
169mm×239mm · 14.75 印张 · 2 插页 · 298 千字
0 001—1 900 册
标准书号：ISBN 978-7-111-68429-9
定价：199.00 元

电话服务　　　　　　　　网络服务
客服电话：010-88361066　机 工 官 网：www.cmpbook.com
　　　　　010-88379833　机 工 官 博：weibo.com/cmp1952
　　　　　010-68326294　金 书 网：www.golden-book.com
封底无防伪标均为盗版　　机工教育服务网：www.cmpedu.com

译 者 序

计算机、通信、电子技术迅速发展，推动了交通管理技术向电子化、信息化、智能化方向发展，智能交通系统（ITS）技术浪潮席卷全球。我国ITS发展相对滞后，直到20世纪80年代中期，北京、上海等一些城市开始引进国外先进的交通控制系统SCOOT、SCATS，才拉开了ITS建设的帷幕。随后的十多年中，我国相继成立了全国ITS协调小组、全国智能交通协会，制定了中国ITS体系框架和标准体系框架。"十五"期间，科技部将"智能交通系统关键技术开发和示范项目"作为重大项目列入国家科技攻关计划，确定上海、天津、重庆、广州、济南、杭州等9个城市为首批全国ITS应用示范工程试点城市。21世纪以来，我国智能交通进入了迅速发展期，ITS关键技术在道路交通管理、公共交通、出行信息服务、不停车电子收费（ETC）等方面取得了重大突破，产业已基本成形。经过20多年的发展，我国ITS取得了长足进步，在日益复杂的交通环境中，面对急剧增长的交通需求，大幅提升了道路系统运行效能，有效缓解了交通拥堵压力，促进了我国道路交通持续、高质量、健康发展。

在交通管理方面，各地加大了ITS的建设和应用力度，不断提升交通智能化管理与服务水平。全国公安交通管理部门统一构建了公安交通管理综合应用平台、互联网交通安全综合服务平台、公安交通集成指挥平台、交通管理大数据分析研判平台四大平台，规范了机动车与驾驶证登记、违法与事故处理、指挥调度与应急处置等业务流程。同时，各地也根据自身需求，构建了交通信息采集、视频监控、信号控制、警力调度、违法监测、卡口监控、交通诱导等系统，提升了道路交通感知、控制、指挥、执法、服务能力。但是，从ITS建设与应用情况看，许多地方ITS建设存在"重硬件、轻软件，重工程、轻设计，重建设、轻维护，重技术、轻实效"等问题，出现系统功能不实用、数据不开放、应用落地难、投入大产出低等现象。因此，亟需加强ITS顶层设计和统一指导，提升系统深度应用能力，推动交通管理向科学化、精细化、高效化发展。

现阶段，我国社会经济发展已进入了新时代，交通管理工作面临新的形势和挑战：人、车、路持续保持高速增长，预计到2030年我国汽车保有量将超过4亿辆，管理任务更加繁重艰巨；网约车、共享出行等新模式快速发展，车联网、自动驾驶、大数据、云计算、人工智能等新技术方兴未艾，交通环境将更加复杂多变；人民群众对交通服务的需求越来越高，从追求可达性到便捷性再上升到舒适性，不仅关注出行结果，还关注出行感受，既要安全，更要顺心。国内技术和应用环境发生了重大变化。面对新形势、新要求、人民群众新期待，公安交通管理部门需要重新审视和谋划 ITS 发展方向，加强 ITS 功能设计，使 ITS 建设及应用能够更加符合交通管理实际需求。本书的出版将为各地公安交通管理部门建设和应用 ITS 提供理论指导和技术参考。

译 者

前　言

本书所述的功能设计是指选择智能交通系统（ITS）的管理策略，以及实施这些策略所需的现场设备部署方案。在大多数情况下，功能设计工作在具体技术选型之前就已经结束。从制定详细目标开始，功能设计就应将管理策略与项目目标关联起来，以制定可供进一步考虑的替代策略，并对这些策略进行评估。然后判断是否采用一种或多种策略来经济有效地满足目标，并确定最合适的候选方案。

虽然美国联邦公路管理局及其他单位付出很大努力建立了高级系统工程流程，但实际上ITS设计人员通常采用"自下而上"的方法。有些设计人员在选择设备型号及其部署地点时，经常不考虑它与项目整体目标之间的关联性，或未对项目可行性评估及前期设计评估进行充分考虑。针对这些问题，本书旨在为设计人员制定与高速公路ITS项目功能需求相适应的系统工程流程提供相关指导，并为其选择ITS组件类型和管理策略提供基础依据。有许多手册和资料可为现场设备的详细选型和运行管理提供指导，本书将假定读者都已经了解了这些手册，并熟悉了ITS相关设备功能，如可变情报板、公路路况广播、交通检测器及视频监控系统等。

本书主要讨论了大家日趋重视的交通管理中心与新兴主动交通管理策略所要求的路面管理技术之间的协同联动问题；详细介绍了ITS评估技术，举例说明了如何将上述评估结果传递给决策者和社会公众；阐述了几种类型的交通走廊，举例说明了走廊管理策略的作用方式和效果。本书在第1版的基础上更新和删除了一些过时的内容。

本书强调在功能设计中应充分融入基本的交通规划和交通工程原理，并假定读者对相关领域已有一定的了解。本书很大程度上反映了作者在将上述原理应用于ITS设计中的实践经验。例如，本书提供了如视频监控摄像机及可变情报板等ITS设备的位置选择模型，并提供了功能设计方案的效益评估方法。这些模型能协助设计人员评估备选方案之间的效能差异和估算功能设计的目标效益。同时，本书引入了一些评估指标的近似值以提高相关人员对这些模型的使用效率。尽管作者认为这些模型非常有效，但也鼓励读者根据实际需求来修改和完善相关模型。网址http://www.springer.com/us/book/9783319147673提供了本书中部分模型使用的工作表，这些工作表均为可修改模式，以便于使用者根据需求进行修改。

  最后，我要特别感谢我的妻子 Norma，她为我完成本书提供了巨大的支持和鼓励。

罗伯特·戈登

目 录

译者序
前言

第1章 概述 ·· 1
  1.1 本书目标 ··· 1
  1.2 智能交通系统设计实践的发展历程 ····························· 1
  1.3 内容与结构概要 ·· 2
  参考文献 ·· 5

第2章 经济高效的设计流程 ··· 6
  2.1 系统工程 ··· 6
    2.1.1 美国国家资助项目的系统工程规格要求 ············· 6
    2.1.2 系统工程生命周期过程 ···································· 7
    2.1.3 智能交通系统项目实施 ···································· 9
  2.2 目的、目标与需求 ·· 10
  2.3 评价方法 ··· 14
  参考文献 ·· 14

第3章 智能交通系统功能设计 ·· 15
  3.1 智能交通系统设计方法与交通规划基本原理的关系 ······ 15
    3.1.1 交通流量关系 ··· 15
    3.1.2 交通波 ··· 16
    3.1.3 交通拥堵分类 ··· 17
    3.1.4 偶发性交通拥堵下的交通分流措施 ·················· 17
    3.1.5 常发性交通拥堵 ·· 22
  3.2 性能与效益评价 ··· 23
    3.2.1 系统设计效能指标 ··· 23
    3.2.2 性能指标与智能交通系统规划 ························· 26
  3.3 面向功能分析的备选方案 ·· 29
    3.3.1 设计约束 ·· 29

3.3.2 智能交通系统管理理念与目标的关系 ·········· 30
参考文献 ·········· 33

第4章 偶发性交通拥堵：缩短交通事件处理时间 ·········· 35

4.1 智能交通系统设计中的交通事件定义 ·········· 35
 4.1.1 交通事件对道路通行能力的影响 ·········· 36
 4.1.2 二次事故 ·········· 36
 4.1.3 作业区事故 ·········· 37
4.2 高速公路交通事件影响模型 ·········· 37
 4.2.1 交通事件发生的频率与严重程度 ·········· 40
 4.2.2 交通事件模型构建所需数据收集 ·········· 41
4.3 减少交通事件处置时间与降低延误时间的关系 ·········· 42
4.4 通行能力衰减与交通状况的相互作用 ·········· 44
 4.4.1 分组模型 ·········· 44
 4.4.2 每起交通事件节省时间 ·········· 48
 4.4.3 交通事件分类 ·········· 51
 4.4.4 交通事件管理方法 ·········· 51
 4.4.5 交通事件环境下的交通流重分配 ·········· 54
 4.4.6 交通分流的空间范围 ·········· 55
4.5 面向交通事件响应能力提升的功能需求及其与提升技术间的关系 ·········· 63
 4.5.1 提升交通事件检测与核实能力 ·········· 65
 4.5.2 无事件检测算法断面检测器的事件检测方法 ·········· 69
 4.5.3 具有事件自动检测算法的断面检测器 ·········· 71
 4.5.4 通过智能交通系统提升交通事件响应、处置与恢复速度 ·········· 72
4.6 交通事件管理效果评估 ·········· 78
 4.6.1 所推荐管理功能、运行与技术的实现程度 ·········· 78
 4.6.2 常规指标 ·········· 79
 4.6.3 交通事件管理效果评价模型 ·········· 79
参考文献 ·········· 82

第5章 偶发性交通拥堵：向驾驶员发布交通事件信息 ·········· 84

5.1 交通分流措施 ·········· 85
 5.1.1 驾驶员信息发布技术 ·········· 85
 5.1.2 交通分流执行政策与策略 ·········· 88
 5.1.3 交通网络战略性管理 ·········· 89
 5.1.4 交通分流策略 ·········· 91
 5.1.5 交通分流策略下的高速公路延误时间减少情况 ·········· 94
 5.1.6 交通分流对干线交通运行的影响 ·········· 96
 5.1.7 交通事件分流策略下的交通通道延误时间减少情况 ·········· 98

5.2 可变情报板位置设计要素 ··· 98
5.2.1 可变情报板功能部署基本原则 ··· 98
5.2.2 用于协助可变情报板功能部署的简化模型 ································· 98
5.3 驾驶员获得信息的质量 ··· 103
5.4 智能交通系统及其技术在应急疏散中的应用 ··································· 104
5.4.1 概述 ··· 104
5.4.2 智能交通系统及其技术的应用 ··· 104
参考文献 ·· 106

第6章 常发性交通拥堵：向驾驶员发布交通运行信息 ···························· 107
6.1 常发性交通拥堵的本质 ··· 107
6.2 常发性交通拥堵下面向驾驶员的信息发布 ···································· 107
6.3 常发性交通拥堵期间的变化因素 ·· 109
6.4 常发性交通拥堵下的交通分流策略 ·· 111
参考文献 ·· 111

第7章 匝道控制 ··· 112
7.1 引言 ·· 112
7.2 背景 ·· 113
7.2.1 早期匝道控制项目 ··· 113
7.2.2 匝道控制设备安装要求 ·· 114
7.3 交通流特征与高速公路通行能力 ·· 116
7.3.1 通行能力近饱和状态下的交通流特征 ····································· 116
7.3.2 匝道控制下的有效通行能力提升 ·· 118
7.3.3 匝道控制下的高速公路服务水平提升 ····································· 119
7.4 匝道控制策略 ·· 122
7.4.1 匝道控制策略概述 ··· 122
7.4.2 定时式限制性匝道控制 ·· 124
7.4.3 单点响应式限制性匝道控制 ··· 124
7.4.4 系统响应式限制性匝道控制 ··· 129
7.4.5 设计问题 ··· 130
7.5 匝道控制对驾驶员的影响 ·· 135
7.5.1 匝道控制对于驾驶员的利弊分析 ·· 135
7.5.2 匝道控制的公众接受程度 ·· 136
7.6 匝道控制效益模型 ··· 137
参考文献 ·· 138

第8章 交通管理中心 ··· 140
8.1 交通管理中心职能 ··· 140

8.1.1 应急管理服务 ··· 140
8.1.2 对外信息发布 ··· 140
8.1.3 匝道运行管理 ··· 141
8.1.4 公路巡逻服务 ··· 141
8.1.5 公路和干线交通信号协调 ··· 142
8.1.6 道路气象信息服务 ·· 142
8.2 主要城市交通管理中心示例 ·· 143
8.3 交通管理中心间的互通与协调 ·· 145
8.3.1 区域协调 ··· 145
8.3.2 全州协调 ··· 149
参考文献 ·· 154

第9章 系统设计与运行评价 ·· 156

9.1 设计方案与项目可行性评价 ·· 156
9.1.1 效益–成本分析 ·· 156
9.1.2 方案评价与项目可行性分析 ··· 158
9.2 项目评估 ··· 159
9.2.1 评估的目的与作用 ·· 159
9.2.2 评估应考虑的功能及指标 ··· 161
9.2.3 用于评估的数据结构 ·· 162
9.2.4 指标说明 ··· 164
参考文献 ·· 167

第10章 主动交通管理 ··· 168

10.1 定义与概念 ··· 168
10.2 速度协调控制 ··· 169
10.3 临时开放路肩 ··· 170
10.4 排队提示预警 ··· 172
10.5 动态汇入控制 ··· 174
10.6 动态车道标线 ··· 175
10.7 实施注意事项 ··· 176
10.8 主动交通管理规划 ·· 176
参考文献 ·· 177

第11章 交通走廊管理 ··· 178

11.1 高速公路与干线通道协调运行 ··· 178
11.1.1 管理策略 ·· 179
11.1.2 高速公路和干线道路协调运行计划与程序 ··························· 180
11.2 综合走廊管理 ··· 182

11.3 特殊走廊 ·· 184
 11.3.1 特殊走廊类型 ··· 184
 11.3.2 特殊走廊示例 ··· 185
参考文献 ·· 187

第 12 章 网站支持资源 ·· 188

12.1 简介 ·· 188
12.2 每次事件的系统延误 ·· 188
12.3 视频监控系统覆盖的相对有效性 ································· 188
12.4 事件管理的潜在有效性 ··· 189
12.5 因分流缩短排队长度而减少的高速公路延误 ·················· 189
12.6 驾驶员在事件发生前遇到 DMS 的概率 ························· 189
12.7 匝道控制所需的车辆排队空间 ···································· 189
参考文献 ·· 189

第 13 章 智能交通系统与车联网 ··································· 190

13.1 车联网 ··· 190
13.2 车联网数据链路 ··· 191
13.3 基于移动电话/互联网的信息服务 ································ 192
13.4 车载显示装置 ·· 194
13.5 交通管理困境 ·· 194
13.6 美国交通部车联网项目 ··· 195
参考文献 ·· 197

附录 ··· 199

附录 A 行程时间、延误及行程时间可靠性指标 ················· 199
附录 B 视频监控系统覆盖的相对有效性 ·························· 206
附录 C 事件管理效益评估示例 ······································· 209
附录 D 南方州公园大道信息发布软件 ···························· 212
附录 E 华盛顿州模糊逻辑匝道控制算法 ·························· 214
附录 F 驾驶员救援巡逻服务的效益模型 ·························· 216
附录 G 国家事件管理系统与事件分类 ···························· 216
附录 H 特殊走廊交通决策支持与需求管理系统概念 ·········· 218

第 1 章 概　述

摘要： 本章阐述了智能交通系统从最初具有技术局限性到目前支持多样化附加功能的发展历程，而附加功能集成形成的智能交通系统也能够更好地满足各子系统需求。同时，本书各章节主题也将在本章中进行简要介绍。

1.1　本书目标

本书旨在为工程师开展智能交通系统功能设计工作提供相关经验与工具，以协助他们开发出能适应实际交通状况并充分利用项目资源的高效系统。智能交通系统的主要功能包括：

- 协助应急服务支撑单位更快地发现和清理交通事件。通过事件快速响应来降低高速公路上的车辆排队长度，从而减少车辆延误和二次事故。
- 向驾驶员提供交通事件及其他交通状况信息。驾驶员根据上述信息选择改变出行路径、出行时间或出行方式，从而改善整个系统的运行效率。这一功能将减少高速公路主线上的排队车辆数，也能够降低未改变出行计划驾驶员的出行延误。
- 高速公路主线接入控制或车道功能控制。匝道信号控制能够提高主线的车辆通行能力，也能够实现网络交通流的重新分布以减少路网总体延误。车道控制信号与可变限速标志可用于改善交通事件影响下的交通流运行状态和常态环境下的车道分配方案。动态车道功能管理与路肩借用可以提升交通流运行状态。
- 通过信息和控制管理支持广泛的交通需求，如公共交通、交通走廊的旅客吞吐量优化、支持紧急情况与应急疏散的交通管理等。
- 向私人交通信息服务提供相关交通状况和交通事件信息。

本书将为上述主题的功能设计提供指导。

1.2　智能交通系统设计实践的发展历程

20 世纪六七十年代设计的高速公路管理系统通常是单一目标或功能有限的系统，例如匝道控制系统、隧道事件管理系统、向驾驶员提供有限信息的系统等。由于当时计算与通信能力的限制，这些早期系统运行通常都存在一定的局限性。

随着计算机和通信技术的发展，高速公路智能交通系统的设计能够提供更为全面的交通管理能力。视频监控系统已经实现了广泛覆盖，并且大城市范围内的图像信息通常也能够获取到。同时，交通管理中心也已实现了每天24小时、每周7天的全时段运行。在一些案例中，通过采取专用车道管理及高载客车辆不受匝道信号控制等策略，交通管理已扩展到为高载客车辆提供优先通行服务。

20世纪90年代后期，越来越多的系统工程原理被引入到高速公路智能交通系统设计中。这些原理被纳入了美国国家智能交通系统架构体系[1]。加利福尼亚交通部和联邦公路管理局的报告也对上述原理的应用提供指导[2]。系统工程原理包括：

- 一个系统的生命周期过程包括建立需求与目标、建立一系列备选方案、评估备选方案、设计并安装系统、提供系统所需的运维服务、系统正式运行、开展系统性能评估以提升今后智能交通系统的设计和运行能力。

- 为高速公路系统集成至综合交通系统提供接口。综合交通系统包含公共交通支持子系统、交通走廊运行子系统、其他区域的交通与运输管理子系统等，这一接口强调与其他子系统间的协调交互。

- 采用通用标准来保障路面前端设备交互能力，并支持不同子系统间、子系统与前端设备间的信息交互。

近期，在发生交通事件和拥堵情况下，大家越来越重视高速公路的车道使用管理和限速管理。随着可获得的联邦资助和一些情况下州配套资金的不断减少，在项目规划和范围界定时，要重点考虑ITS设施建设是采用大范围全面覆盖方式还是小范围集中部署方式，究竟哪种方式更加经济有效。

1.3 内容与结构概要

本书全面阐述了如何运用系统工程原理和成本效益设计方法，开展管理策略选择和常用ITS技术设备现场布局。广泛讨论了交通状况和项目范围确定及初步设计之间的关系。

系统工程方法采用"自上而下"的功能设计流程。图1.1阐述了本书的流程步骤。

下面结合图1.1简要介绍本书各部分内容。

图中第一个任务组的内容是确定目标和评估方法。第2章描述了用于ITS的系统工程技术和项目目的及目标的确立。同时，本章还建立了项目目标与评估方法之间的关系，讨论了设计方案选择和项目效益评估的基本原理。

第3章为本书后续介绍ITS措施提供了基础。本章讨论了交通状态对ITS的影响，包括交通流量、速度、密度、通行能力等，探索了交通拥堵和分流问题。本章用一节内容介绍了性能和效益评估方法，并为备选设计方案评估推荐了特定的评估

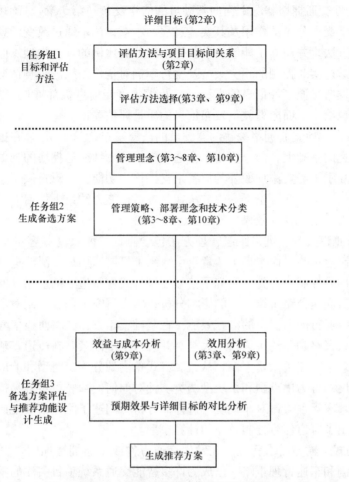

图 1.1 智能交通系统功能设计流程

方法。同时，本章还介绍了项目评价技术。

任务组 2 明确了用于功能设计的管理理念、管理策略和技术分类。能为驾驶员直接带来好处的管理理念包括：

- 缩短交通事件处理时间（第 4 章）。本章提出了由于交通事件导致的延误计算模型，并讨论了缩短交通事件处理时间与降低延误间的关系。同时，本章也阐述了应用如视频监控系统和交通检测器等智能交通系统技术来改善应急车辆的响应时间。为监控摄像机部署成本效益最大化、权衡交通检测器部署的有效性和缩短事件检测时间等，提供了相应的解决流程与具体步骤。本章也介绍了交通管理中心在辅助事件响应方面的角色作用，以及交通事件管理效果的评估模型。

（本书中使用的术语"检测器或交通检测器"，是指能够提供路段上某个断面交通量、速度或占有率等交通状态指标数据的设备。这些设备有时也被称为"传感器或交通传感器"）

- 偶发性交通拥堵状况下面向驾驶员的信息发布（第5章）。阐述了偶发性交通拥堵状况下交通分流的作用及其实施过程。本章讨论了通过改变消息类型来控制分流等级的方法，并建立了能够协助获得期望分流比例的计算模型。同时，探讨了对分流比例进行实时控制的相关策略及绕行车辆对备选路线的影响情况。本章涵盖了向驾驶员发布交通事件信息的方法，以及优化可变信息板部署位置的相关模型。最后，本章也给出了面向驾驶员发布信息的质量评估模型。
- 针对常发性交通拥堵缓解的驾驶员的信息发布（第6章）。在提供非常发性交通拥堵信息的基础上，部分机构也会选择提供常发性交通拥堵的相关信息。在许多情况下，几乎不需要添加额外的设备来支持这一功能。本章提供了生成常发性交通拥堵信息的方法，并讨论了这一方法在常规通行能力约束下如何通过适应交通状态变化以获得一定程度的效果。
- 进口匝道控制。进口匝道管理方法包含匝道关闭及高载客量车辆不受进口匝道信号控制等策略，而本书第7章重点介绍了目前运用最广泛的进口匝道控制策略——匝道信号控制。首先，研究了信号控制方式在匝道处的适用性问题。基于匝道信号控制对高速公路主线接入的影响分析，本章研究了信号控制对汇入点运行特性改善及主线通行能力提升的潜在效能。在基础策略方面，将匝道信号控制划分为主线交通约束策略和非约束策略两大类，并解析了不同策略在匝道车辆排队和交通分流方面的效果。在子策略方面，从控制方式角度划分为定时型和响应型两类，从联网联控角度划分为单点型和系统型两类。针对如何使驾驶员更容易接受匝道信号控制的问题，本章也通过对车辆绕行选择的分析，阐述了匝道信号控制的相关设计问题，并给出了匝道信号控制效益的计算模型。
- 主动式运输与需求管理。在发生交通事件或交通拥堵期间，更为精细化的车道使用控制和车速管理策略，已成为许多智能交通系统项目关注的重点，本书第10章对这些内容进行了讨论。
- 第11章讨论了交通走廊的管理与运行问题。探讨了如何更好地利用高速公路现有的设施和模式，开展交通走廊管理，特别是在事件或天气影响下如何进行管理。

功能设计的各种备选方案之间存在以下不同：

- 上述管理策略和子策略的不同选择（如匝道类型及信号控制类型、面向驾驶员的信息发布策略）。
- 设施覆盖程度（如平均每英里道路上的监控摄像机、检测站点和可变信息板的数量）。
- 交通管理中心所能提供的服务能力，如中心运行时间、与公交或应急管理等其他部门的交互能力。

第8章讨论了交通管理中心能够支持的功能：

- 应急管理服务支持功能。

- 面向驾驶员发布信息。
- 执行匝道信号控制。
- 执行巡逻服务。
- 执行高速公路与交通走廊的信号协调控制。
- 向驾驶员提供天气相关信息。
- 协调区域和州范围内的交通管理中心。

本章阐述了在不同参与部门间建立信息交互路径的方法，并举例说明了一个区域智能交通系统架构所需信息流的实现过程。同时，介绍了一个大城市交通管理中心 INFO RM 的功能，来说明本章相关概念的应用情况。本章最后阐述了交通管理中心与其他管理中心间的协同联动方法。

图 1.1 中的第 3 个任务组的内容是生成功能设计推荐方案。许多情况下，效益与成本分析是项目后续推荐和候选设计方案执行的关键。第 9 章论述了这一评估方法的执行步骤，也讨论了如何利用交通检测器和交通管理中心获取的安全信息来评估智能交通系统效益。

作者也提供了一个包含本书所述部分方法使用的工作表的网址。关于工作表的使用方法在相关章节中均有说明。第 12 章汇总了这些工作表，并对其使用方法进行了简要论述。

第 13 章探讨了智能交通系统与网联车的关系，论述了与智能交通系统有关的网联车数据链路、服务和驾驶员展示内容。同时，本章也介绍了美国交通部正在开展的网联车项目。

参 考 文 献

1. National ITS Architecture V7.0. http://www.iteris.com/itsarch/ Online 3 Sept 2014
2. California Department of Transportation and Federal Highway Administration (2009) Systems engineering guidebook for ITS, version 3.0

第 2 章
经济高效的设计流程

摘要: 本章主要论述高速公路智能交通系统（ITS）项目设计和运行所涉及的几个方面：

- 美国国家资助项目的系统工程规格要求，以及许多管理机构按照这些规格要求进行项目设计和实施的流程。
- 高速公路管理系统的建设目标及其与项目效益的关系。
- 备选设计方案评估方法、项目可行性分析及项目全生命周期评估。

2.1 系统工程

2.1.1 美国国家资助项目的系统工程规格要求

《美国联邦法规》第 23 篇第 940 部分（23CFR940）规定了项目可获得国家资助的规格要求，其中的关键条款包括可用的本地区智能交通系统架构和基于项目的系统工程分析。该条例规定，地区智能交通系统架构应为即将实施的智能交通系统项目或项目群提供机构协议和技术集成保障。为确保获得国家资助，任何一个智能交通系统项目必须遵循国家智能交通系统架构[1]，国家智能交通系统架构是地区智能交通系统架构的基础框架。地区智能交通系统架构涉及：

- 制定运营准则和地方管理机构与使用者间的协议。
- 系统功能需求。
- 与规划中及现有系统间的接口需求和交换信息。
- 确定智能交通系统标准。
- 项目实施顺序。

23CFR940 条例还要求构建一个与地区智能交通系统架构相协调的项目智能交通系统架构。针对项目智能交通系统架构的系统工程分析至少包括：

- 明确当前实施的地区智能交通系统架构的组成部分，确定监督机构及其职责。
- 定义需求。
- 分析备选系统配置及技术。

- 确定采购要求。
- 确定适用的智能交通系统标准和检验程序。
- 明确系统运行和管理所需的程序和资源。

2.1.2 系统工程生命周期过程

随着大型军事和太空系统的出现，系统工程的概念在20世纪60年代取得了显著发展。它是一系列工程学科与经济学、人为因素、目标设定与评估技术的融合[2]。

国际系统工程协会（INCOSE）对系统工程的定义如下[3]：系统工程是一种使系统能成功实现的跨学科的方法和手段。其侧重于在开发阶段早期定义客户需求和预期功能，编制需求文档，然后在考虑整体问题的同时进行设计合成和系统验证。

系统工程的实践因应用领域的不同而有很大差异。例如，先进军事系统侧重于新兴技术的发展，而智能交通系统的设计决策过程则侧重于充分利用现有设施以及对现有软件的适配。《智能交通系统系统工程手册》[4]提出采用V模型指导项目实施（图2.1）。该手册指出，V模型从概念设计到系统需求的所有条目都受地区智能交通系统架构的影响。

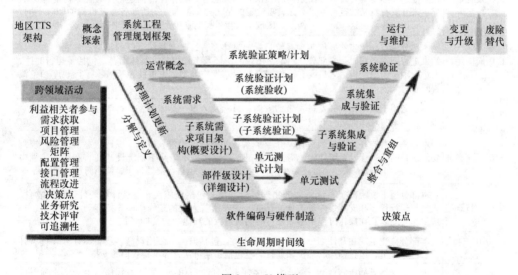

图2.1 V模型

V模型中的一个关键要素是运行准则（CONOPS）。运行准则的目标是从使用者的角度阐述系统的总体环境和使用情况。该手册提供了表2.1所示的模板，用于帮助开发运行准则。

执行标准为美国国家标准学会/美国航空航天学会G-043-1992标准和美国电气电子工程师学会1362标准。

表 2.1 运行准则模板

章节	内 容
扉页	扉页应按交通管理机构规定程序或参考格式制作，至少包含以下信息： • 【填入项目名称】与【填入交通管理机构名称】运行准则说明 • 合同编号 • 文件正式批准的日期 • 负责编制文件的组织机构 • 内部文件控制编号（如有） • 修订版号与发布日期
1.0 文件编写目的	本部分简要说明了文件的编写目的。旨在描述正在开发系统的预期操作和基本原理。它是使用者开展讨论和建立共识的工具，以保证所构建系统的操作可行性。这部分将简要描述文件内容、编写目的与目标用户。一两段内容就可以满足本部分需求
2.0 项目范围	本部分旨在对所构建系统进行简要介绍，主要包括系统构建目的和宏观描述。它介绍了将要覆盖的领域，以及直接或通过接口间接涉及的机构。一两段内容就可以满足本部分需求
3.0 引用文件	本部分为可选部分，列出了使用到的所有支持性文件以及用于帮助理解系统运行的其他资料。这可能包括现有运行系统的相关文档以及促使正在研发系统实现预期目标的战略计划等
4.0 背景介绍	本部分是对现行系统或状态的简要描述，包括系统当前的使用方式，以及其缺点与局限性，从而引出本次开发原因和系统改进方法。基于上述内容，进一步讨论预期调整的内容及其原因
5.0 系统概念	本部分主要介绍准则设计。首先，列出所有备选准则，并给出相应描述。然后，对每个备选方案进行评估，并将结果作为选择推荐方案的理由。本部分还描述了推荐方案的运行准则。这一描述并不是方案设计，而是一种顶层化、概念性、操作性的描述，并通过尽可能详细的描述来开发有意义的运行场景。尤其需注意的是，如果备选方案所涉及参与机构的职权不同，则需要说明并解决这一问题。例如，区域交通信号控制系统是否具有集中控制权这一问题
6.0 面向用户的运行描述	本部分重点介绍当前如何实现系统目标。具体而言，是对系统运行的策略、方法、政策与约束进行阐述。同时，本部分介绍了使用者的特征及工作内容。具体而言，包括了运行时序、人员权限、组织结构、人员间和机构间交互以及操作类型，也可能包括展示运行顺序和各流程间相互关系的运行流程模型
7.0 运行需求	本部分用于说明系统开发过程中的方向、目标及人事。具体而言，本部分阐述系统需要对哪些当前未实现功能进行开发
8.0 系统概述	本部分是对待开发系统的概述。介绍了系统的范围、用户、接口、现行状态与模式、规划功能、目的与目标及系统架构。需注意的是，系统架构不等同于系统设计（将在后面步骤中展开），本部分仅提供一个描述系统如何运作的结构，包括在何处运作、使用何种通信线路
9.0 运行环境	本部分用于说明部署系统所需的物理运行环境，包括设施、设备、计算硬件、计算软件、人员、运行程序和支持条件等方面。例如，说明所需人员的工作经验、技能与培训要求、一般工作时间以及在操作过程中必须或可能同时进行的其他活动（如驾驶）
10.0 支持环境	本部分描述了现在及计划中的物理支持环境。包括设施、公用设施、设备、计算硬件、计算软件、人员、运行程序、维护和处置。也包括预期可从外部机构获得的支持
11.0 运行场景	本部分是全文的核心部分。每个运行场景均描述了由用户、系统及环境引发的一系列事件和活动，并指明了整个事件序列的触发源、每个步骤的执行人员或机构、通信时点、通信对象（例如，日志文件），以及通信内容。运行场景需要涵盖所有正常工作状态、峰值状态、故障状态、维护状态，以及异常和例外状态。运行场景可通过多种方式演示，但关键是让每个使用者清楚了解其预期职责
12.0 影响综述	本部分主要分析所选系统及其对每类使用者的影响。这些影响从每类使用者的角度进行分析，以帮助他们更好地理解和确认所选系统将如何影响其活动。同时，本部分还记录了系统开发的约束条件，并列出了系统性能的评估指标
13.0 附录	本部分收录了各章节的词汇表、注释以及备份或背景资料。例如，可包括用于支持准则设计的分析结果

2.1.3 智能交通系统项目实施

虽然 V 模型为项目实施提供了依据，但很多传统智能交通系统机构仍广泛采用以前在公路建设中使用的项目实施流程。例如，纽约州交通部（NYSDOT）主要依据《纽约州交通部项目实施手册》所述流程开展相关项目实施，包括智能交通系统项目[5]。该手册介绍了项目实施的流程，包括以下几个阶段：

- 初始项目建议阶段——对项目要解决的问题、项目目标、进度计划及成本估算的初步描述。智能交通系统项目的建议书通常是一个简短的文档。
- 项目范围界定阶段——确定项目条件、需求、目标、设计标准、可行的项目备选方案以及成本。对于智能交通系统项目而言，该阶段通常会生成推荐备选方案的功能设计和主要设备（例如，可变情报板）的总体部署计划。
- 设计阶段——该阶段细分为多个子阶段。包括设计文件编制，初步设计阶段结果梳理，以及由一整套工程计划、规范和估算等构成的最终设计阶段。

为确保该实施流程适应智能交通系统需求并满足美国国家系统工程的规格要求，纽约州交通部在项目实施手册中加入了附录（智能交通系统范围界定指南）。图 2.2 概括了该附录中范围界定的程序。

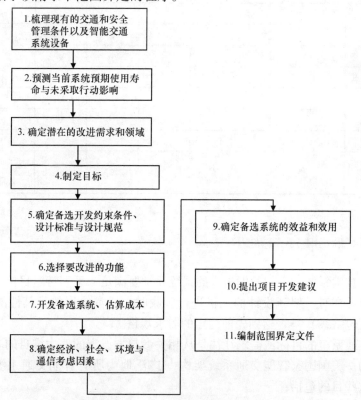

图 2.2　智能交通系统项目范围界定程序概述[5]

纽约州交通部规定的主要项目阶段和实施内容与 V 模型的对应关系见表 2.2，其中"范围界定"一栏所列出的编号与图 2.2 中的流程编号相对应。

表 2.2 纽约州交通部项目开发和运行过程与系统工程生命周期的对应关系[5]

FHWA V 模型流程	纽约州交通部工程项目开发与运行职能				
	范围界定	初步设计	详细设计	施工	运行与维护
运行准则	交通和安全管理条件清单（1） 使用者和参与机构（3） 目标（4） 效率度量标准（4）				
高级需求	未来使用寿命（2） 约束条件（5） 选择要改进的功能（6） 开发备选方案（7） 其他考虑因素（8） 效益（9）与项目开发建议（10）				
详细要求		√			
顶层设计		√			
详细设计			√		
系统实现				√	
系统集成与测试				√	
子系统验证				√	
系统验证				√	
运行与维护					√
系统评估					基于步骤4设定的效能度量标准

2.2 目的、目标与需求

在各种技术领域，人们开发出来的系统通常要满足一系列特定目标或需求。例如，航空公司在对一架新设计的飞机进行验收时，通常依据的是其性能（如飞行速度与高度包络线）是否达到先前约定的需求规格。

智能交通系统的目标或需求往往是从相关参与方设定的一大堆目的的基础上凝练制定出来的。美国国家智能交通系统架构[1]广泛地为所有智能交通系统应用设定了目的。这些目的包括：

- 提高国家地面交通系统的安全性

- 提高地面交通系统的运行效率和能力
- 降低能耗和环境成本
- 提高个人和组织当前及未来的经济生产率,增强整体经济
- 方便个人出行,改善地面交通系统的便利性与舒适性
- 创造一个有利于开发和部署智能交通系统的环境

在界定先进的交通管理系统的范围时,这些目的可以提炼为具体项目的一般目标。表 2.3[5] 所示为高速公路和地面街道系统的一组备选总体目标的示例。项目目标应由相关参与方共同决定,并与地区智能交通系统架构相关联。为了得到有效运用,项目目标必须是可测量的。该表列出了一套可行的评测指标。高速公路管理项目通常运用这些目标。

表 2.3 备选总体目标[5]

目标	可用评价指标
1. 缓解拥堵,缩短行程时间	
(a) 常发性交通拥堵/行程时间——重要路段	年减少车辆总行驶时间(车·h),年减少居民出行总行程时间(人·h)
(b) 常发性交通拥堵——地点	年减少车辆总行驶时间(车·h),年减少居民出行总行程时间(人·h)
(c) 偶发性交通拥堵——重要路段	年减少车辆总行驶时间(车·h),年减少居民出行总行程时间(人·h)
(d) 偶发性交通拥堵——地点	年减少车辆总行驶时间(车·h),年减少居民出行总行程时间(人·h)
2. 降低事故发生率	
(a) 重要路段	年减少事故数量
(b) 地点	年减少事故数量
3. 减少汽车尾气排放和油耗	年减少碳氢化合物、氮氧化物与一氧化碳总排放量(g)
4. 在大范围公路系统中作为出行通道	提高本条道路的通行能力,在另一条区域间高速公路上发生交通事故时提供交通分流机会
5. 在地区性出行通道中作为分流路线	提高本条道路的通行能力,在另一条区域内/区域间高速公路或地面道路上发生交通事故时提供交通分流机会
6. 特殊交通管理功能	
(a) 主干路修缮交通监测	施工期间交通管理的协助能力
(b) 支路修缮交通监测	施工期间交通管理的协助能力
(c) 高承载车辆	为高承载车辆的运行提供智能交通系统支持
(d) 铁路或应急救援车辆的交通信号优先权	年减少事故总量

（续）

目标	可用评价指标
（e）轨道交通的信号优先权	年减少总行程时间（人·h） 年减少碳氢化合物、氮氧化物与一氧化碳总排放量（g）
（f）施工道路的交通信息	获取信息的驾驶员增加量
（g）面向驾驶员发布有关出行条件、停车、特殊事件、道路天气信息	获取信息的驾驶员增加量
（h）行人和自行车通行	年减少总行程时间（人·h） 年减少事故总量
（i）残疾人出行状况及安全	残疾人年出行次数、残疾人平均行程时间、残疾人年事故总量
（j）面向计划修缮主干路的交通管理	施工期间交通管理的协助能力
（k）面向驾驶员发布相关绕行路线信息	获取信息的驾驶员增加量
7. 智能交通系统的操作性	
（a）运行效率	年减少地区车辆总行驶时间（车·h）、年减少居民总行程时间（人·h）、年减少地区事故总量
（b）关联者参与	年减少地区车辆总行驶时间（车·h）、年减少居民总行程时间（人·h）、年减少地区事故总量
8. 纽约州交通部日常运行的改进	
（a）规划和/或评估数据收集	通过省去其他数据收集方式每年节省的成本（美元）、提供新数据
（b）智能交通系统设备监测	因维护效率的提高每年减少的车辆总行驶时间（车·h）、年减少居民总行程时间（人·h）、每年减少的事故总量、运行机构节约的成本
（c）运行效率	运行机构每年减少的成本（美元）
（d）降低维护成本	运行机构每年减少的成本（美元）
（e）停电时的信号控制能力	因信号中断时间下降引起的年减少地区车辆总行驶时间（车·h）、年减少居民总行程时间（人·h）、年减少地区事故总量
（f）智能交通系统的可用性	交通管理中心可用时间率（%）与现场设备可用率（%），可监控和可控制
9. 为残疾驾驶员提供帮助	年减少地区车辆总行驶时间（车·h）、年减少居民总行程时间（人·h）、年减少地区事故总量
10. 提供旅游相关出行信息	获取信息的驾驶员增加量
11. 安全	

(续)

目标	可用评价指标
(a) 交通系统安全	降低被恶意破坏设备的成本
(b) 应急运行	因每年运行时间增加引起的年减少地区车辆总行驶时间（车·h）、年减少居民总行程时间（人·h）、年减少地区事故总量
(c) 信息系统安全	每年减少的越权操作次数、每年丢失的数据量
12. 营运车辆运行	企业每年节约的成本 运行机构每年节约的成本

在制定总体项目目标时，使用者应了解智能交通系统潜在创造效益的相对水平。例如，图 2.3 展示了对于一条典型高速公路而言，几项智能交通系统措施带来的效益水平比较结果。这条高速公路的高峰时段交通饱和度之比通常处于 0.93 ~ 0.96。如图 2.3 所示，通过缩短交通事故处理时间来缓解偶发性交通拥堵这一目标带来的效益是最大的。

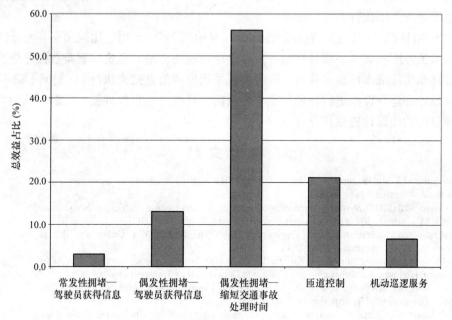

图 2.3 几项智能交通系统措施的典型效益水平比较结果

为帮助开展设计备选方案评估，在选定项目的总体目标后，应进一步根据项目内容调整这些目标并予以细化，而这需要合理选择具体评估措施并尽可能地量化目标。采用量化指标来反映目标是极为重要的措施，因为量化指标可以帮助系统设计者和决策者定义用户期望、预估项目规模和范围，并确定其相对于其他备选项目的优势，同时也可为项目设计的有效性评估提供依据。指标值应足够大以反映重要影响，但计算须通过项目可获得的技术和资源来实现。本书中介绍的多种模型和美国研究与特殊项目管理局（RITA）智能交通系统效益数据库[6]为目标值的选择提供了指导。在本书中，我们使用"项目具体目标"这一术语来代替"需求"，以确保使用者根据项目评估结果进行审查和重新评估过程中保持相对灵活性。详细目标还具有以下特点[7]：

- 具有易读性，即不需要读者查阅其他文件。
- 只有一种解释。
- 可通过检验、分析或测试进行验证。

2.3 评价方法

我们可采用不同的方法来评价系统生命周期过程中的下列主要功能：

- 设计评价用于选出最合适的备选设计方案，并估计这些备选方案各详细目标的预期性能。这些远景评价（见第3.2节）可利用本书中讨论的模型及智能交通系统评价模型执行。

- 项目性能评价是一种回顾性评价（见第3.2节），用于比较预期与实际情况下的系统性能和成本。项目性能评价可以通过现场测量、系统检测器数据分析、事故统计和实际成本信息来执行，有时也可采用模拟的方式来执行。上述评价不仅对系统设计和运行性能进行评价，也可为当前项目的进一步改进提供反馈，从而为未来项目的功能设计提供指导。

参 考 文 献

1. National ITS architecture V7.0, Iteris, 9 May 2013. Online available at www.iteris.com/itsarch/. Accessed 4 Sept 2014
2. Gordon RL (2003) Systems engineering processes for developing traffic signal systems, NCHRP synthesis 307. Transportation Research Board, Washington, DC
3. International Council on Systems Engineering (INCOSE), Seattle, WA. Online available at www.incose.org. Accessed 4 Sept 2014
4. Systems engineering guidebook for intelligent transportation systems, version 3.0 (2009) Federal Highway Administration and California Department of Transportation
5. New York State Department of Transportation Project Development Manual (2004) New York State Department of Transportation, Albany, NY
6. Intelligent transportation systems benefits database. Research and Innovative Technology Administration. Online available at http://www.benefitcost.its.dot.gov/its/benecost.nsf/BenefitsHome. Accessed 3 April 2015
7. Developing functional requirements for ITS projects (2002) Mitretek Systems

第 3 章
智能交通系统功能设计

摘要：本章讨论了后续章节所介绍的智能交通系统设计的理论框架与组成模块的重要问题，包括：

- 智能交通系统设计方法与交通规划基本原理的关系。介绍并讨论了交通量、行驶速度、交通密度、通行能力、常发性和偶发性交通拥堵的影响。同时，分析了影响驾驶员切换至备用路径的决策因素，说明了信息强度对交通分流比例的影响。
- 性能与效益评估。在开展智能交通系统设计备选方案评估前，首先需要构建性能测度方法。本书选择边际分析和多属性效用分析方法作为传统的成本效益分析法的替代方法，并通过案例解析对所选方法开展应用说明。
- 面向功能分析的备选方案。提出了备选方案分析的必要性，并说明备选方案选择的约束条件。同时，需要建立一个旨在识别智能交通系统管理准则与项目目标间相互关系的矩阵，以利于后续针对目标实现智能交通系统措施的选择。

3.1 智能交通系统设计方法与交通规划基本原理的关系

智能交通系统功能和设计必须符合交通工程和交通规划领域的相关基本原理。下列小节介绍了影响智能交通系统概念设计的一些原理。

3.1.1 交通流量关系

3.1.1.1 交通量、行驶速度与交通密度间的关系

各文献中都采用下列公式描述交通量、行驶速度与交通密度三者间的关系（案例见文献 [1]）：

$$q = ku \tag{3.1}$$

式中，q 是交通量（每车道每小时通过的车辆数）；k 是交通密度（每车道每英里存在的车辆数）；u 是空间平均车速 [mile/h（1mile = 1609m）]。

空间平均车速是在短距离内测得的车辆平均速度，可通过车辆行驶距离除以行驶时间计算得到。视频监控交通检测技术（见第 4.5.1.3 节）可用于获取空间平均车速。同时，时间平均车速（u_T）是在某一断面测得的车辆平均速度，可通过断面检测器获取（见第 4.5.1.3 节）。上述两类平均车速具有统计学上的相关

性[2]。其中一个经验公式为[3]

$$u = 1.026u_T - 1.89 \quad (3.2)$$

式中，u 和 u_T 的单位为 mile/h。时间平均车速大于空间平均车速，且两者在低速情况下差值最大。

3.1.1.2 通行能力

通行能力是指"在正常的交通与道路条件下，标准高速公路路段 15min 内单向持续通过的最大交通流，一般以当量小客车/（h·车道）表示[4]。"《道路通行能力手册》（2000 年版）[4]介绍了其推荐的交通流速度 - 流量关系，如图 3.1 所示。

图 3.1 显示了基本高速公路路段的三种交通流型。在未饱和状态下，随着交通量的增加，车辆速度略有下降，直到交通量达到该路段的通行能力［2250～2400 当量小客车/(h·车道)，取决于自由流车速］。第 7 章讨论了通过平稳匝道汇入车流的方式来提高路段通行能力的可行性。排队出现状态代表了瓶颈效应（当高速公路的交通需求超过通行能力时）引发的交通流特征。在这一状态下，基本高速公路路段的交通量通常为 2000～2300 当量小客车/（h·车道）。

过饱和交通流受到下游瓶颈效应（即通向当前拥堵路段）的影响，这种流型的拥堵状态具有低车辆速度与高交通密度的特征。

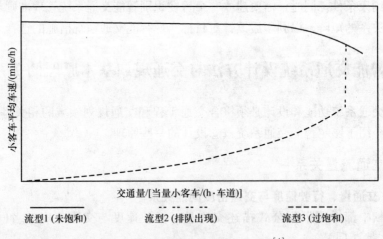

图 3.1 交通流速度 - 流量关系图[4]

3.1.2 交通波

交通波是指用于识别不同流量 - 密度条件引发不连续交通状态的时空域边界条件[1]。交通波的传播速度通常决定了使用智能交通系统设备检测交通事件所需的时间。第 4.5.1.3 节将对这些问题展开进一步讨论。

3.1.3　交通拥堵分类

交通拥堵是指行程时间或延误时间超过畅行或自由流状态下的正常行程时间或延误时间的一种通行状态。而当行程时间或延误时间超过一定阈值时，可进一步称之为严重拥堵状态。这一阈值取决于运输设施、出行方式、地理位置和出行时段等多种因素，并且也需保障在社会投入和技术条件影响下交通系统各组成部分的预期运行情况[5]。交通管理机构普遍采用高峰时段城区道路"D"级服务水平作为可接受交通运行状态临界值，并将其作为延误时间计算的基础。

交通拥堵通常分为常发性交通拥堵和偶发性交通拥堵两类。拥堵的类型取决于通行能力或交通需求因素是否失衡。

- 常发性交通拥堵源于交通需求超过道路的常规通行能力。这种类型的拥堵通常发生在早晚高峰通勤时段，此时交通需求超过道路通行能力引起交通流恶化至不稳定的走走停停状态[5]。第3.1.5节和第6章将对通过智能交通系统技术缓解常发性交通拥堵展开讨论。
- 偶发性交通拥堵源于交通需求保持不变的情况下道路通行能力的临时性下降。这种类型的拥堵一般发生于道路通行能力受到临时性限制时。例如，抛锚车辆可使道路中的某条车道无法使用，但需要通过的车辆数仍然保持不变，因此直到车道再次启用使道路恢复常规通行能力前，通过该道路的车辆速度与流量都会有一定的下降。通行能力也可能受到天气事件和通行区域周边事件（即"驾驶员分散注意力"）的影响而降低，从而引发偶发性交通拥堵并降低整个交通系统的可靠性[1]。通过智能交通系统技术缓解偶发性交通拥堵影响的方式包括缩短交通事件处理时间（第4章）和引导驾驶员调整出行路线（见第3.1.4节和第5章）。

3.1.4　偶发性交通拥堵下的交通分流措施

3.1.4.1　驾驶员的分流绕行决策

驾驶员通常通过不同可选路线的效用比较（旅行时间等因素）来确定最终出行路线。在交通流分配模型中，通常根据驾驶员类别来估计这一路线选择行为。而在其他因素相同的常规道路运行环境下，大多数驾驶员会选择高速公路作为最终出行路线。

当高速公路上发生了交通事件，且驾驶员已经获取了相关事件信息后，正在高速公路上的驾驶员中会有一部分选择替代路线绕行通过。

就驾驶员个体而言，其基于对交通环境的感知，会根据不同渠道所获信息来预估可节省时间或其他因素（如出行可靠性），并以此作为分流绕行决策的基础。相关研究表明，驾驶员的分流绕行决策通常取决于信息的"强度"。表3.1举例说明了信息强度的增长过程[6]。

表 3.1　信息强度增长过程示例[6]

消息类型	消息内容
1	仅提示发生事故
2	仅提示事故发生地点
3	仅提示预估延误时间
4	仅提示推荐绕行路线
5	提示事故发生地点和推荐绕行路线
6	提示事故发生地点和预估延误时间
7	提示预估延误时间和推荐绕行路线
8	提示事故发生地点、预估延误时间和推荐绕行路线

来源：参考文献[6]，经美国交通研究委员会许可转载。

高速公路运营机构在执行信息诱导时可将所需的交通分流比例纳入考虑范围（见第 5 章）。

现有研究已经通过构建相关估算方法和数学模型，来描述驾驶员基于认知节省时间来进行分流绕行决策的概率。图 3.2 展示了早期研究所建立的分流交通量分布曲线案例。

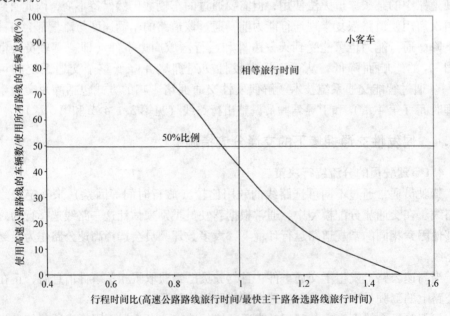

图 3.2　美国道路局分流交通量分布曲线[7]

通过使用 Ullman 等研究中[8]的相关数据，图 3.3 显示了在一定条件下，驾驶员收到表 3.1 内第 8 级强度信息后由高速公路分流至地面道路的比例。由图中曲线斜率可以看出，当节省的时间小于 20min 时，每节省 1min 时间可令选择分流绕行驾驶员的比例上升约 6%。

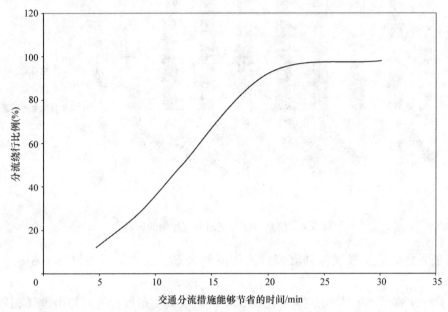

图 3.3 从高速公路分流至地面道路分布曲线[8]（重绘后）

Jindahra 与 Choocharukul 的研究中[9]也列举了如何使用信息强度引导驾驶员做出分流绕行决策。他们在研究中考虑了以下信息类型的组合：
- 定量化延误时间（如 15min）
- 引发原因
- 推荐绕行路线
- 定量化延误时间和推荐绕行路线
- 定性化延误时间（如预计长时间延误）
- 引发原因和定量化延误时间
- 定量化延误时间和推荐绕行路线
- 引发原因和定性化延误时间
- 引发原因和推荐绕行路线

驾驶员决策反馈分为以下三类：
- 留在当前路线
- 犹豫不决
- 分流至绕行路线

图 3.4 重新绘制了参考文献中的相关数据，显示了信息内容对分流绕行决策的重要影响。

Schroeder 与 Demetsky 在研究中[10]通过应用交通检测站数据计算交通分流比

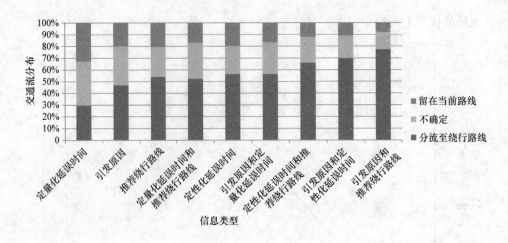

图 3.4 信息强度对交通分流比例的影响

例,进而分析信息强度与分流绕行比例间的关系,表 3.2 举例说明了相关研究结果。

Deeter 在研究中[11]通过调查法测试了向驾驶员发布行程时间超出量(相较于正常行程时间)对交通分流的影响情况,西雅图地区调查结果案例见表 3.3。

表 3.2 按信息分类的交通分流比例(%)

消息类型	信息示例	交通分流比例(%)
0:未发生交通事件		
1:不提供指导	"73 号出口发生事故,预计产生延误"	5.0
2:建议变更路线	"75 号出口发生事故,预计产生延误,建议变更路线"	9.3
3:具体的推荐绕行路线	"75 号出口发生事故,建议变更路线至 I-295 南"	11.3

表 3.3 超出正常行程时间的延误时间与交通分流比例的关系

超出正常行程时间的延误时间/min	受访者各阈值对应的交通分流比例(%)
5	16
10	37
15	26
20	11
30	11

用于信息发布的可变情报板间距也会对分流绕行决策产生影响。出口匝道处的交通分流比例(DF)可以表示为

$$DF = (V_{ED} - V_{EW})/V_A \tag{3.3}$$

式中,V_A 是出口匝道上游交通量;V_{ED} 是当出口匝道处执行信息发布时的匝道交通

量；V_{EW}是当出口匝道处未执行信息发布时的匝道交通量。

第 5 章将进一步就交通分流措施展开讨论。虽然当前研究表明交通分流比例会随信息强度的增长而上升，但不同设施在发布相同强度信息时所引起的交通分流比例仍不尽相同。同时，不同的时段和季节也会在相同地点产生交通分流比例的差别[10]。本书 5.1.3 节将进一步讨论如何控制交通分流比例。

3.1.4.2 交通分流对系统整体的影响

如果在出行前或行程前期收到交通事件信息，驾驶员可能会选择：
- 变更出行路线
- 变更出行时间
- 变更出行方式

对于大多数交通事件而言，将相关事件信息发布给高速公路上的驾驶员能够促使其采取分流绕行决策，而通常驾驶员会将出行路线变更至地面道路。上一节中讨论了驾驶员在收到这些信息后可能做出的反应，本节将讨论从系统整体考虑向驾驶员发布的信息内容。

从交通系统整体角度出发，交通分流的目的是实现最小化通道延误时间和/或最大化通道通行性（通过量）。通过将合理比例车辆分流至绕行路线上，可以在减少绕行车辆延误时间的同时减少仍在高速公路上行驶的车辆延误时间。但对于原本就在绕行路线上行驶的车辆而言，交通分流措施将会产生额外的延误时间。这是由于部分绕行路线上行驶的车辆会进一步分流至等级较低的道路上（例如，从主干道变更至次干道），而这一现象通常会增加后一次绕行车辆的延误时间。

大多数交通管理机构基于相应操作流程来开展面向驾驶员的信息发布管理。这些操作流程不仅能够反映机构的相关策略，也能够反映有指导性的信息结构及需执行信息发布的相关情景。Dudek 在研究中[12]对上述因素开展了全面讨论，并针对发布信息生成及可变情报板操作过程中各个环节提供了大量的策略性说明案例。例如，在提供明确推荐绕行路线时应确保：
- 可变情报板操作员能够实时掌握推荐绕行路线的交通状况。
- 推荐绕行路线将能够帮助分流绕行决策驾驶员显著节省出行时间。

上述策略适用于包含推荐绕行路线的发布信息（如表 3.1 中列出的第 4、5、7、8 类信息）。同时，尽管其他类型的信息没有明确建议驾驶员变更路线，但实际上也会引起分流绕行决策，而交通管理机构的操作流程也应能够反映这一特征。

即使是在较低比例驾驶员选择分流绕行的情况下，仍在高速公路上行驶车辆的延误时间也可能得到显著的改善，第 5 章将就这一情景展开进一步讨论。

另一方面，高速公路上的驾驶员分流绕行决策（即使比例较低）也可能使地面道路的交通饱和度显著上升。当交通饱和度超过 0.9 时，地面道路的延误时间将呈指数级增加，如图 3.5 所示。因此，操作流程中应当有相应的步骤来确保增加的主干道延误时间在可接受范围内。

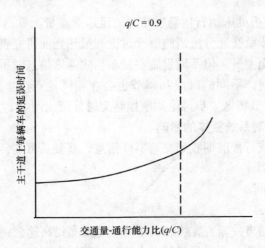

图 3.5　主干道延误时间与交通量－通行能力比的关系

3.1.5　常发性交通拥堵

常发性交通拥堵是指在同一地点每天都会出现拥堵的一种交通现象，并且这一现象通常发生在通勤高峰时段。对于通勤高峰时段出行的驾驶员而言，大多数人熟悉其高速公路出行路线及备选路线上的常态交通状况。在上述条件下，道路网络中的交通流分配将符合 Wardrop 原理[13]。关于 Wardrop 原理的相关总结如下：

- Wardrop 第一原理（用户均衡）表明，所有实际使用路线的出行成本低于没有使用路线的出行成本。因为，出行者会选择使其行程时间最短的路线。
- Wardrop 第二原理（系统均衡）表明，系统中所有出行者的总出行成本最低。网络中的出行者以这样一种方式分布，即每个 OD 点对间所有出行者的平均行程时间相等。

上述出行成本包括出行时间、燃料消耗以及驾驶员可能关心的其他成本。基于 Wardrop 原理，驾驶员在更换至备选路线后会产生更高的出行成本，而上述原理的假设条件为驾驶员通常对备选路线及路线上的交通状况较为熟悉。面对常发性交通拥堵及偶发性交通拥堵，驾驶员对出行路线交通状况的了解存在明显区别。在偶发性交通拥堵情景下，驾驶员在没有收到智能交通系统发布的交通信息时无法全面了解路网交通状况。

近年来，交通管理中心越来越多地通过可变情报板发布行程时间信息，并在发生交通事件时补充发布除行程时间外的其他相关信息。

同时，也可考虑采取改变网络中延误时间或出行成本的措施来提高常发性交通拥堵下的道路通行量。例如，可通过匝道控制及车道/道路限行等措施来改变驾驶员在相关路段上的通过时间，并在某些情景下改变实际出行成本。将 Wardrop 原理应用于采取了上述措施的道路网络中，能够反映出路网出行模式的变化。

3.2 性能与效益评价

系统性能与效益评价包括以下两种方式：

- 预期评价——在项目范围界定过程中，预期评价在判断智能交通系统是否有必要实施时提供决策支持，也是备选方案评估方法设计的基础。如本书第 2 章所述，《美国联邦法规》第 23 篇第 940.11 部分要求欲申请联邦资助的项目需要考虑设计备选方案。
- 回溯评价——在系统部署并运行后开展，在积累相关经验教训的基础上，为将来系统设计与运行改进提供依据。

参考文献[14]针对适用于高速公路的评估指标选择问题进行了深入探讨。表 3.4[15]列出了适用于公路的一组推荐性评估指标。Gordon 的相关研究[16]论述了如何开发用于智能交通系统效能评估的指标构建方法。

3.2.1 系统设计效能指标

本书主要涉及备选方案设计中的开发和评估环节，因此，在系统设计和预期评价过程中重点考虑了经济效益和成本因素。

针对智能交通系统带来的某种类型经济效益，表 3.4 中通过多种指标以不同角度开展评估。为了帮助评估备选方案并制定设计实施建议，有必要在上述评估指标基础上构建有针对性的指标集，以实现对下述方向的评估。

表 3.4 适用于公路的推荐性效能评估指标[15]

交通效果（运行状态）评估指标
• 出行数量（道路使用者角度）
－ 人英里数
－ 货车英里数
－ 车辆英里数
－ 出行人数
－ 出行货车数
－ 出行车辆数
• 出行质量（道路使用者角度）
－ 以人英里数为权重计算的平均速度
－ 平均点对点行程时间
－ 行程时间可预测性
－ 行程时间可靠性（在可接受时间内到达的出行情况）

（续）

－ 平均延误时间（总延误、常发性延误和交通事件导致延误时间）
－ 服务水平（LOS）
• 系统使用率（交通管理者角度）
－ 系统严重堵塞的比率（服务水平：E 或 F 级）
－ 交通密度（每车道每小时通过的小客车数）
－ 出行中遇到严重堵塞的比例
－ V/C 比
－ 排队（频率和长度）
－ 运行速度在期望速度范围内的道路里程比例
－ 车辆占用率（人/车）
－ 拥堵持续时间（E 或 F 级服务水平下的车道英里时数）
• 安全
－ 按严重程度（如死亡、受伤）和类型（如车祸、天气）划分的交通事件发生概率
• 事件
－ 交通事件导致延误时间
－ 疏散消除时间
系统效果（管理效能）评估指标
• 基于事件类型的响应时间
• 通行费收入
• 桥梁状况
• 路面状况
• 智能交通系统设备正常运行比例

- 经济效益。用于系统评估时需考虑延误控制、通行安全及能源消耗。
- 环境效益（尾气排放）。
- 灵活性。表示能够提供的服务数量。
- 公众对智能交通系统措施的满意度。

为了提供基础的备选方案评估结果及开发推荐流程，选择的评估指标应涵盖上述某一评估方向中的所有效益类型，但也需保证同种效益类型的指标不会重复出现。例如，选择的经济评估指标集应包含对应所有类型经济效益的评估指标，但对应同种效益的评估指标不应超过一个（如行程时间与延误时间）。表 3.5 中列举了一种可用于评估系统设计的简化推荐性指标集。

表 3.5　面向智能交通系统预期评价的推荐性指标集

类别	指标	可能的单位
经济效益	小客车延误时间降低值	车辆·h/年
	营业性车辆延误时间降低值	车辆·h/年
	由于停驶导致的营业性车辆延误时间降低值	车辆·h/年
	油耗降低值	USgal[①]/年
	事故数减少量	每年发生的事故数
环境效益	一氧化碳	lb[②]/年
	氮氧化物	lb/年
	挥发性有机化合物	lb/年
	二氧化碳	lb/年
用户满意度	对智能交通系统措施的满意度	KS·NT

① 1USgal = 3.785dm^3。

② 1lb = 0.45kg。

用于系统设计评估的指标，其值通常需要通过数据分析或仿真模拟方法获得；而用于实时评估或前后对比研究的指标，其值通常为可实际测得的参数值。交通系统的经济效益分析往往是其设计评价中的关键步骤，而这一步骤常通过成本效益分析法实现[17]。基于这一现状，效益成本比是备选方案选择与项目实施决策的关键性指标。本书第 9 章将就成本效益分析法展开进一步的探讨。

然而，采用效益成本比这一指标进行简单对比，往往无法做出综合性决策。如表 3.6 所示，假设需要对备选方案 1 与备选方案 2 进行评估分析，尽管方案 1 具有更高的效益成本比，但如果项目目标是节省 60 万 h 的车辆行驶时间，则方案 2 在更接近于这一目标的同时，还能够保证超出费用的边际效益成本比在合理范围内（即显著超过 1）。因此，边际值和目标达成率等指标的引入，是开展综合性项目评估的重要基础。

其中，KS 表示满意度，其数值范围为 -1.0 ~ +1.0。NT 表示适用的出行者人数。

表 3.6　边际分析示例

评估指标	备选方案1	备选方案2	方案2相对于方案1的边际参数
每年节省的车辆行驶时间/(车·h)	250000	500000	250000
年效益	500 万美元	1000 万美元	500 万美元
年化项目成本	100 万美元	250 万美元	150 万美元
效益成本比	5:1	4:1	3.33:1
净效益	400 万美元	750 万美元	350 万美元
目标达成率（%）	41.6	83.3	不适用

行程时间变化值是当前较为常用的智能交通系统评估指标，但基于其难以通过非直接测量方式获取的特征，相较于预期评价，该指标更适合用于回溯评价。

一些项目或机构会将货币相关的效益类型归于环境效益这一评估方向，由于这些效益类型的评估结果取决于尾气排放减少量，因此也可将其作为整个智能交通系统项目的关键指标。这一做法对于未达到国家环境空气质量标准的地区来说尤为重要。

经济与环境类指标无法解释一些智能交通系统措施引起的显性交通需求变化。通过量是一个用于衡量道路设施对交通需求服务能力的指标[18]，这一指标有时也被称为供给能力[19]，表示道路设施在高峰小时或高峰时段内可供给的车辆里程数。由于在项目实施前很难准确预测项目实施所引发的指标变化量，因此该指标更适合用于回溯评价。

用户感受是决定智能交通系统效果和价值的根本依据，因此系统设计者需要充分考虑那些用户认同的重要因素。虽然我们可能很难对这些因素做出准确预估，但过往研究提供了一些关于如何衡量用户满意度的指标。本书第5~7章将对各类智能交通系统措施的用户满意度展开具体分析，本节则主要探讨了相关通用性问题。

诸如驾驶员信息发布及机动巡逻服务等类型的智能交通系统措施通常会有较好的反响，这是由于这些措施的执行不会引起任何类型驾驶员的损失，并且可令驾驶员感受到在出行可靠性和控制感方面的性能提升[20]。对此类智能交通系统措施用户满意度的量化评估可通过评分表调查方式实现。

诸如匝道控制及拥堵收费/道路限行等其他类型措施的执行，在提高部分用户机动性及整体道路网平衡性的同时，也降低了其他用户的机动性。因此，交通系统管理者需要充分考虑预期措施对不同用户的影响。Levinson 等[19]在研究中提出了一种对平等性的评估方法。洛伦茨曲线（图3.6）描述了延误时间累积比与延误车辆累积比之间的关系，图中 AD 部分代表了由于措施执行而受到相对不利影响的用户。此洛伦茨曲线的基尼系数可通过以下公式计算得到：

$$G = AD/(AD + AT) \qquad (3.4)$$

基尼系数量化了用户之间的不均衡程度，而 Levinson 等[19]的研究中论述了如何计算这一基尼系数的方法。

下面，我们通过举例来说明用户满意度在智能交通系统设计和运行中的重要程度。明尼苏达州通过修订控制策略中的匝道检测率来降低汇入车辆的延误时间，而这一效果却是以总延误时间增加为代价的[19]。

3.2.2 性能指标与智能交通系统规划

城市规划组织（MPO）等规划部门需要从众多备选方案（涵盖不同的项目类型及出行者类别）中选择最终实施项目并确定项目优先级。这些项目可从不同方面影响项目各类效益（表3.5）状况，而多属性效用分析是一种适用于上述项目比

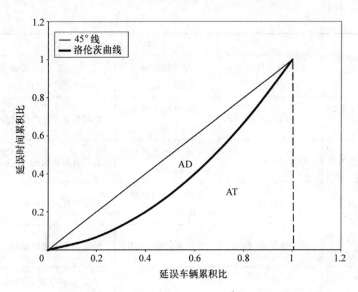

图3.6 匝道控制措施下的高速公路入口匝道洛伦茨曲线示例

较的分析方法[21, 22],从而使得具有不同效益和责任的项目关联方能够主动参与到规划过程中。下面通过一个简单的例子来说明如何实现对备选项目效益的比较与描述。

多属性效用分析中应用了两类变量,RI_A 表示属性 A 的相对重要程度,U_{AS} 表示方案 S 对于属性 A 的效用。RI_A 的取值可根据关联者共识确定,且应保证所有变量值之和等于 1。所举案例中的评估属性与表 3.5 中的类别保持一致。

表 3.7 中括号内数值反映了对应属性与效用下的参数取值情况。其中,表中第一行显示了各属性重要度变量取值情况,而后续各行显示了效用变量的取值情况。

表 3.7 中第一列属性代表了出行成本的降低幅度,主要考虑延误时间、燃料成本和交通事故等因素的影响。第二列属性代表了尾气排放的降低幅度,如本书第 4 章所述,大多数智能交通系统措施能够减少的尾气排放量均与减少的驾驶员延误时间成正比。第三列属性代表了出行者对方案满意度的效用值。

表 3.7 选定智能交通系统方案类别的效用值

智能交通系统方案类别（S）①	属性（RI_A）		
	1. 出行成本降低幅度 (0.6)	2. 尾气排放降低幅度 (0.2)	3. 出行者满意度 (0.2)
1. 改进交通事件处理过程	高 (0.9)	与减少的油耗成比例 (0.9)	对驾驶员影响不大 (0.2)
2. 限制性匝道控制	中高 (0.6)	与减少的油耗成比例 (0.6)	可能会因匝道通行延误和分流车辆引发的地面道路影响受到显著反对 (0.1)

（续）

智能交通系统方案类别（S）①	属性（RI_A）		
	1. 出行成本降低幅度（0.6）	2. 尾气排放降低幅度（0.2）	3. 出行者满意度（0.2）
3. 非限制性匝道控制	低于项目2（0.3）	与减少的油耗成比例（0.3）	比项目2受到的反对少（0.3）
4. 驾驶员信息发布	中等（0.4）	与减少的油耗成比例（0.4）	通常有很好反响（0.8）
5. 机动巡逻服务	中等（0.3）	与减少的油耗成比例（0.3）	有很好反响（0.9）
6. 公交车辆内及停靠站的实时信息发布	几乎无影响（0.1）	几乎无影响（0.0）	公交乘客有很好反响（0.5）
7. 公交信号优先	有轻微影响（0.3）	几乎无影响（0.1）	公交乘客感受到的出行时间可靠性得到改善，同时对机动车驾驶员几乎无影响（0.3）

① 本书其他章节将对上述备选方案（方案6和7除外）展开讨论。

表3.7中各项智能交通系统方案横向对应单元格括号内的数值即为效用值（U_{AS}）。效用值一方面可通过仿真技术获取，另一方面也可通过其他智能交通系统项目的评估结果推断获取，可参考Maccubin等[23]对智能交通系统效益的汇总分析。

备选方案S的多元效用值（MU_S）可通过以下公式计算得到：

$$MU_S = \sum_{A=1}^{3} RI_A \times U_{AS} \tag{3.5}$$

应用上述公式，可获得案例中各备选方案的多元效用值，见表3.8。

在大多数情况下，项目可由多个备选方案组合构成，此时可将所选方案的效用值相加作为项目效用分析的输入参数。但在部分情况下（如备选方案2和3），由于方案冲突，则最多只能选择一项加入项目分析中。

在效用分析中，备选方案的成本可按以下方式处理：
- 作为属性。在这种处理方式下，可通过在表3.7中添加一列实现。
- 作为式（3.5）中多元效用值MU_S计算时的除数。
- 作为效用与成本关系图中的横坐标值。

在很多情况下，不同备选方案间可实现部分智能交通系统组件的共享，从而可令这些方案的组合应用成本低于方案独立应用的成本之和。因此，具有这一优势的备选方案组合值应在项目效能分析中优先考虑。例如，表3.8中的备选方案1和4能够在通信系统和管理中心等组件上实现共享。

表 3.8 多元效用值示例

智能交通系统方案类别（S）	多元效用值（MU_S）
1. 改进交通事件处理过程	0.76
2. 限制性匝道控制	0.42
3. 非限制性匝道控制	0.30
4. 驾驶员信息发布	0.48
5. 机动巡逻服务	0.42
6. 公交车辆内及停靠站的实时信息发布	0.16
7. 公交信号优先	0.26

3.3 面向功能分析的备选方案

开展备选方案设计是整个流程中的必备环节，这是由于：

- 系统工程方法学[23]通常要求开展备选方案分析，以保证设计选项内容能够满足项目目标与约束条件。另外，通常也会设计一项"无任何行动"的备选方案，并将其作为各类设计方案的效益基准。
- 为使项目能够获得联邦资助，需根据《美国联邦法规》第23篇第940.11部分的要求完成系统工程分析，包括备选系统配置和技术选择。
- 许多州负责公路项目和智能交通系统设计与运营的州立机构及其他机构要求在项目设计过程中须包含备选方案分析环节（案例见参考文献[24]）。

在这一环节中，可考虑两类备选方案：

- 智能交通系统项目顶层备选方案选择。

如本书第3.2.2节中所述，需要根据地方智能交通系统预算情况，在所设计的备选方案内确定最终实施方案组合。表3.8中的第一列显示了案例中可考虑实施的备选方案。

- 项目级备选方案设计。

备选方案内可能包含了拟使用技术类型、实施强度（如路段上所需的断面检测器数量）与功能性设备布局（如可变情报板的最佳位置）。

3.3.1 设计约束

设计约束条件限制了项目适用措施及措施实施顺序。关于约束条件，参考文献[25]指出：

"项目目标的实现和用以满足特定功能需求的方法通常受到资源、制度和既有资产的约束。在某些情况下，为了解决问题应放宽约束条件。而在未发生上述情况时，通过应用约束分析可直接排除超出约束条件的备选方案，从而简化针对备选方案的选择过程。"以下将介绍一些较为常见的约束。

资源约束
- 资本融资。
- 运营经费预算。
- 维护经费预算。
- 人员水平与能力。

参考文献［24］认为设计约束是项目开发流程的组成部分。

根据联邦法规规定,项目的长期规划与短期规划均需考虑财务约束情况,以保证在规划期内项目推进计划与预期经费收入的一致性[26]。

制度约束
- 有长远规划的经费预算。
- 要求执行机构指定的标准规范。
- 要求应用国家智能交通系统架构标准和协议。
- 要求须具备与同一或指定辖区存在的其他智能交通系统的交互能力。
- 总体设计约束。
- 现有设施保护。
- 路权限制。
- 经济、社会、环境和社区相关考虑因素。

既有资产约束
- 要求尽可能地利用现有设备。
- 要求新增设备应兼容现有设备。

在对设计约束的初期判断中,将会出现以下情况之一:
- 项目需要尝试放宽约束条件,这是基于项目或设计方法的潜在效益分析得出的。
- 项目需要服从约束条件,从而在后续环节中直接排除超出约束条件的备选方案。

3.3.2 智能交通系统管理理念与目标的关系

本书第2章中介绍了可作为项目候选目标的相关总体目标。表3.9显示了这些目标与高速公路智能交通系统管理理念的关系,并可用于帮助确定项目的管理理念与备选方案。

表3.9说明了有助于实现目标的管理理念类型,而另一项关键的功能设计因素是智能交通系统措施的部署强度。行程延误时间随交通饱和度(图4.4)的增大而上升,且特定智能交通系统措施减轻延误时间的能力也随交通饱和度(q/C)的增大而上升。在给定成本下,q/C比越大,项目的效益越高,因而相应措施的实施也将产生更高的效益成本比,图3.7从理论上阐述了这一关系。由图可知,随着交通

饱和度的增大，相同的投入不仅能提供更大的效益，且产生的部分效益无法在较低交通饱和度情况下获取。

表3.9 高速公路智能交通系统管理理念与总体目标的关系

总体目标	管理理念							
	常发性交通拥堵检测技术	偶发性交通拥堵检测和交通事件跟踪	出行者信息	匝道控制	道路天气信息系统	驾驶员援助	面向系统规划与性能评估的数据收集和管理	智能交通系统设备运行与库存管理监测（安全性）
1. 缓解拥堵，缩短行程时间								
(a) 常发性交通拥堵——重要路段	√		√	√				
(b) 常发性交通拥堵——地点	√		√					
(c) 偶发性交通拥堵——重要路段		√	√			√		
(d) 偶发性交通拥堵——地点		√				√		
2. 降低事故发生率								
(a) 重要路段	√	√	√	√	√	√	√	
(b) 地点	√	√						
3. 减少汽车尾气排放和油耗							√	
4. 在大范围公路系统中作为出行通道	√		√		√			
5. 在地区性出行通道中作为分流路线								
6. 特殊交通管理功能								
(a) 主干路修缮交通监测	√	√	√	√		√		
(b) 支路修缮交通监测	√	√	√			√		
(c) 高承载车辆								
(d) 施工道路的交通信息	√	√	√			√		
(e) 面向驾驶员发布有关出行条件、停车、特殊事件、道路天气信息		√	√		√	√		
(f) 面向计划修缮主干路的交通管理	√							
(g) 面向驾驶员发布相关绕行路线信息			√					

(续)

总体目标	管理理念							
	常发性交通拥堵检测技术	偶发性交通拥堵检测和交通事件跟踪	出行者信息	匝道控制	道路天气信息系统	驾驶员援助	面向系统规划与性能评估的数据收集和管理	智能交通系统设备运行与库存管理监测（安全性）
7. 智能交通系统的操作性								
（a）运行效率	√	√	√		√			
（b）关联者参与	√	√	√	√	√	√	√	√
8. 纽约州交通部日常运行的改进								
（a）规划和/或评估数据收集	√				√		√	√
（b）智能交通系统设备监测							√	√
（c）运行效率						√		
（d）降低运行和/或维护成本								
9. 为残疾驾驶员提供帮助		√				√		
10. 提供旅游相关出行信息			√		√			
11. 安全								
（a）交通系统安全								√
（b）应急运行		√	√					
（c）信息系统安全								√
12. 营运车辆运行			√					

参考文献［24］提供了相关的交通运行水平分类方法，以便通过选择合适的智能交通系统实施强度来实现图 3.7 所示的理念。不同交通水平的定义如下：

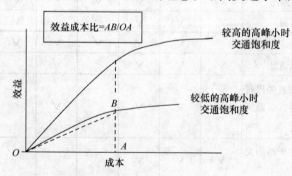

图 3.7 智能交通系统布设方案的效益与成本关系图

- 3级——道路中的单向连续路段，至少一半长度在高峰小时内处于D级或更差的服务水平下。
- 2级——道路中的单向连续路段，至少一半长度在高峰小时内处于C级或更差的服务水平下。个别地点或小段路面的服务水平可能会低于C级。此时可适当增加这些点段的设备布设密度。
- 1级——优于2级的交通状况。

表3.10[24]所示为在许多智能交通系统项目中普遍执行的设备布设或措施执行的常规强度，且与图3.7所示的效益与成本关系理念相匹配。

表3.10 高速公路智能交通系统典型实施特征

能力	1级——低	2级——中	3级——高
交通管理中心场地和人员配备	现场造价最低。配备的人员可能是兼职或临时员工	现场造价适中。配备的人员可能是兼职或全职员工	全职员工
智能交通系统关键功能集成管理系统	可能仅设置一台计算机以提供较低水平的管理能力	通常有	有
闭路电视监控系统覆盖率	低限度覆盖	大部分覆盖	全覆盖
道路主线检测器覆盖程度（断面或身份识别检测器）	通常没有	不连续	通常连续部署
可变情报板	设置在适当位置，可能在主要分流点处	设置在分流点和其他关键地点	在分流点及主线固定间距设置，并可能在关键入口处设置
巡逻服务	有时	经常	有
匝道控制	无	很少	频繁

第4章和第5章将就不同交通水平下的设备布设影响因素开展深入讨论。

参 考 文 献

1. May AD (1990) Traffic flow fundamentals. Prentice-Hall, Englewood Cliffs, NJ
2. Wardrop JG (1952) Some theoretical aspects of road traffic research, Road Paper 36. Proc Instn Civ Engrs Pt 2(1): 325–378
3. Drake JS, Shofer JL, May AD Jr (1967) A statistical analysis of speed-density hypotheses. Highway Research Record 154. Transportation Research Board, National Research Council, pp 53–87
4. Highway capacity manual (2000) Transportation Research Board, National Research Council, Washington, DC
5. Lomax T, Turner S, Shunk G (1997) Quantifying congestion. NCHRP Report 398. National Academy Press, Washington, DC

6. Peeta S et al (2000) Content of variable message signs and on-line driver behavior. In: 79th annual meeting of the Transportation Research Board, Washington, DC
7. Traffic assignment manual (1964) Bureau of Public Roads, U.S. Department of Commerce, U.S. Government Printing Office
8. Ullman GL, Dudek CL, Balke KN (1994) Effect of freeway corridor attributes upon motorist diversion responses to travel-time information. Transportation Research Record No. 1464. Transportation Research Board, pp 19–27
9. Jindahra P, Choocharukul K (2013) Short-run route diversion: an empirical investigation into variable message sign design and policy experiments. IEEE Trans Intell Transport Syst 14(1):388–397
10. Schroeder JL, Demetsky MJ (2010), Evaluation of driver reactions for effective use of dynamic message signs in Richmond, Virginia. Virginia Transportation Research Council Report VTRC 10-R16
11. Deeter D (2013) A sign of the times. ITS International, July/Aug 2013
12. Dudek CL (2004) Changeable message sign operation and messaging handbook. Federal Highway Administration Report No. FHWA-OP-03-070. Federal Highway Administration, Washington, DC
13. Wardrop JG (1952) Some theoretical aspects of road traffic research. In: Proceedings of the institute of civil engineers, part II, vol 1, pp 325–378
14. Neudorff LG et al (2003) Freeway management and operations handbook. Federal Highway Administration Report FHWA-OP-04-003. Federal Highway Administration, Washington, DC
15. Performance measures of operational effectiveness for highway segments and systems—a synthesis of highway practice (2003) NCHRP Synthesis 311. Transportation Research Board, Washington, DC
16. Gordon R (2012) Methodologies to measure and quantify transportation management center benefits. Report FHWA-HRT-12-054. Federal Highway Administration, Washington, DC
17. Lee DB Jr (2004) Making the case for ITS investment. In: Gillen D, Levinson D (eds) Assessing the benefits and costs of ITS. Kluwer Academic, Norwell, MA
18. Gordon RL, Tighe, W (2005) Traffic control systems handbook. Federal Highway Administration Report FHWA-HOP-06-006. Federal Highway Administration, Washington, DC
19. Levinson D et al (2004) Measuring the equity and efficiency of ramp meters. University of Minnesota, Minneapolis, MN
20. Brand D (2004) Benefit measures, values, and future impacts of ITS. In: Gillen D, Levinson D (eds) Assessing the benefits and costs of ITS. Kluwer Academic, Norwell, MA
21. Wang Z, Walton CM (2008) A multi-attribute utility theory approach for ITS planning. In: 87th annual meeting. Transportation Research Board, Washington, DC
22. Levine J, Underwood SE (1996) A multiattribute analysis of goals for intelligent transportation systems planning. Transport Res C 4(2):97–111
23. Maccubin RP et al (2003) Intelligent transportation systems benefits and costs: 2003 update. FHWA Report FHWA-OP-03-075. Mitretek Systems, Inc., Washington, DC
24. Project development manual, Appendix 6. New York State Department of Transportation, Appendix 6 https://www.nysdot.gov/portal/page/portal/divisions/engineering/design/dqab/pdm
25. Gordon RL (2003) Systems engineering processes for developing traffic signal systems. NCHRP Synthesis 307. Transportation Research Board, Washington, DC
26. Smith SA (1998) Integrating intelligent transportation systems within the planning process: an interim handbook. Report FHWA-SA-98-048. Federal Highway Administration, Washington, DC

第4章
偶发性交通拥堵：缩短交通事件处理时间

摘要：高速公路智能交通系统的一大作用是缩短了应急救援人员处置交通事件并恢复道路正常运行的时间。本章主要介绍了智能交通系统在协助交通事件处理上的相关工作及其效果体现，并在此基础上提供了智能交通系统组件现场布设位置的指导。本章内容包括：
- 交通事件不同阶段解析
- 交通事件对道路通行能力的影响及事件引发的延误时间模型
- 交通事件处理时间与延误时间的关系
- 适用于本地交通数据的延误时间模型
- 交通事件管理相关设计功能和技术
- 闭路电视监控系统覆盖要求和摄像机布设指导
- 交通检测器技术和布设指导
- 改善交通管理中心对交通事件管理的支持环境
- 交通事件管理效果评估

4.1 智能交通系统设计中的交通事件定义

交通事件是指发生在道路上或道路附近不在计划中的偶发性事件，如交通事故、车辆抛锚和货物溢漏等，事件的发生将导致道路通行能力的下降或交通需求的骤增。公路的维护与修缮有时也可视为交通事件，但此类情况不包含在本部分对"交通事件"的定义中；同时，自然灾害和恐怖袭击等紧急事件也属于不在计划中的事件，并可造成道路通行能力的下降或交通需求的骤增，但此类事件的影响范围和管理需求远不是道路网络所能支撑的。

国家事件管理系统（National Incident Management System，NIMS）可为交通事件管理提供全国范围内的综合性平台，并可满足所有行政区划和跨功能部门的管理需求。附录G简要介绍了国家事件管理系统的交通事件管理方法，并提供了一种常用的交通事件分类方案。

图4.1显示了各类交通事件的不同阶段[1]，对不同阶段的定义和解释参见表4.1[1]。

本书第4.5节将就智能交通系统在交通事件管理方面的相关问题展开详细讨论。

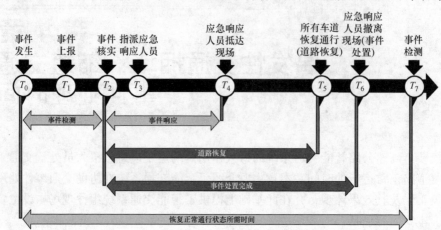

图 4.1　交通事件时间线

表 4.1　交通事件关键时间阶段

事件阶段	持续时间	定义
检测时间	$T_1 - T_0$	从事件发生到事件上报的时间。由于通常无法获取事件的实际发生时间,因而检测时间一般不包含在上报内容中
核实时间	$T_2 - T_1$	从事件上报到事件核实的时间
响应时间	$T_4 - T_2$	从事件核实到应急响应人员抵达现场的时间。执法人员不一定会第一个抵达事件现场,且响应时间取决于各应急响应单位与事件地点间的距离
道路恢复时间	$T_5 - T_1$	从第一次事件上报到第一次确认所有车道恢复通行的时间
事件处置时间	$T_6 - T_1$	从第一次事件上报到最后一名应急响应人员撤离现场的时间

4.1.1　交通事件对道路通行能力的影响

相较于物理层面的道路宽度变窄,事件引发的道路通行能力降低会对高速公路运行状况带来更大的影响。Lindley 在研究中[2]对这种影响进行了分析,见表4.2。

4.1.2　二次事故

二次事故是指由已存在交通事件引起的交通事故。很多时候,这些事故发生在由第一次事件引发的排队车流末端。Raub 在研究中[3]估算出警方通报的交通事故有至少15%属于二次事故。因此,通过降低交通事件引发的车辆排队持续时间,不仅可以减少事件造成的出行者延误时间,也能够降低二次事故的发生概率,进而降低总事故率。

表4.2 发生交通事件时高速公路路段通行能力衰减值

高速公路单向车道数	路肩无法使用	路肩处发生交通事故	导致车道堵塞		
			1条	2条	3条
2	0.95	0.81	0.35	0	不适用
3	0.99	0.83	0.49	0.17	0
4	0.99	0.85	0.58	0.25	0.13
5	0.99	0.87	0.65	0.40	0.20
6	0.99	0.89	0.71	0.50	0.25
7	0.99	0.91	0.75	0.57	0.36
8	0.99	0.93	0.78	0.63	0.41

资料来源:《交通运输研究记录》第1132卷,交通运输研究委员会,美国国家科学院,华盛顿特区,1987年,表1。

《弗吉尼亚州交通运输部操作手册》[4]中对二次事故的认定标准为:发生在第一次事故上游4.5mile范围内,且通行方向相同。同时,二次事故需在第一次事故结束后的30min内发生。

Murthy等[5]在对3425起交通事件记录分析后指出,未采用交通管理中心事故检测及可变情报板事故信息发布这两类智能交通系统管理措施时,其二次事故发生概率为采用了上述措施后的2.33倍。

4.1.3 作业区事故

车辆在常态环境下的通行条件与接近并通过作业区的通行条件间存在很大差异,从而导致了额外交通事故的发生。2003年,美国境内的作业区交通事故共造成1028人死亡,40000多人受伤[6]。Antonucci等[6]在研究中指出,通过智能交通系统相关策略和交通需求管理策略来减少通过作业区的交通量,是减少交通事故的有效手段。本书所讨论的分流诱导、出行信息服务、车道控制和速度管理等措施是上述策略执行的重要基础。

4.2 高速公路交通事件影响模型

部分高速公路交通事件会导致路段通行能力衰减至交通需求量之下,而确定型排队模型常用于此类交通事件相关的延误与时间线分析。图4.2通过一个简单的例子来说明此类模型。虽然此类模型无法展现动态交通流的所有细节特征,但其得出的近似结果精确度能够满足设计与评估需求⊖。

⊖ 此类模型与第4.3节中的相关模型均未考虑因上游排队车流尾部传递至本队列导致的额外车辆延误。

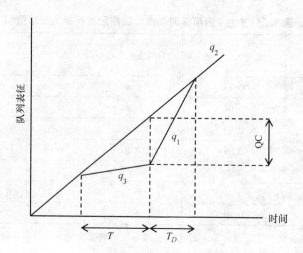

图4.2 交通事件的延误与时间线模型

交通事件处置完成后，排队车辆消散所需时间的计算公式为

$$T_D = (q_2 - q_3)T/(q_1 - q_2) \tag{4.1}$$

式中，q_1是事件处置完后的驶离交通流量（道路通行能力）；q_2是事件地点的驶入交通流量（需求交通量）；q_3是事件存在时的驶离交通流量（事件引发的衰减后通行能力）；T是从事件发生到处置完成的时间。

图中q_2表示驶入事件地点的车辆数，而q_1和q_3则表示从事件地点驶离的车辆数。q_2与q_3/q_1间的垂直距离表示队列中的车辆数。QC表示事件处置完成时的队列长度。D_I表示事件处置完成前的累积延误时间，计算公式为

$$D_I = (q_2 - q_3)T^2/2 \tag{4.2}$$

从事件处置完成到排队车辆消散间的累积延误时间计算公式为

$$D_Q = (q_2 - q_3)^2 T^2/[2 \times (q_1 - q_2)] \tag{4.3}$$

总延误时间计算公式为

$$D_T = D_I + D_Q$$

$$D_T = (q_2 - q_3)\frac{T^2}{2} + (q_2 - q_3)^2 T^2/[2 \times (q_1 - q_2)] \tag{4.4}$$

Morales[7]构建了一个包含全路段封闭时段的更为复杂的模型。

图4.3举例说明了车辆延误时间与事件处置时间的关系，案例设定包括单向三车道的道路条件，高峰时段无常发性交通拥堵的交通环境，以及发生了导致单车道堵塞的交通事件。图4.4说明了在相同案例设定下，延误时间与交通事件上游交通饱和度的关系。

不同机构提供的事件处置时间存在较大差异。Ozbay和Kachroo在研究中[8]提供了发生于弗吉尼亚州北部不同类型交通事件的相关数据。例如，对于同类型会引发车道堵塞的交通事件，在高速公路布设智能交通系统前，纽约州长岛地区和亚特

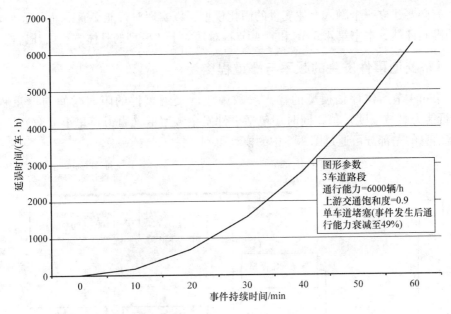

图 4.3　车辆延误时间与事件处置时间的关系

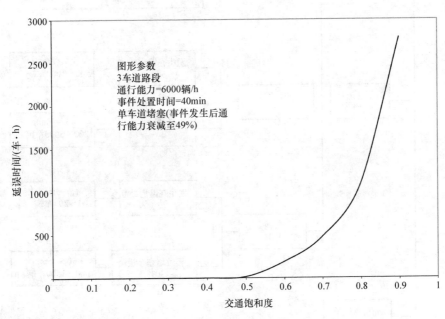

图 4.4　延误时间与交通事件上游交通饱和度的关系

兰大地区的事件平均处置时间分别为 49.6min 及 64min[9]。

第 4.1 节和 4.2 节的分析表明，由交通事件导致的延误时间与道路设施车道数、事件引发车道堵塞程度、事件处置时间、无事件影响下交通需求紧密相关。因此，有必要建立一个融入上述变量的简化模型，以实现对智能交通系统实际改善效果的准确评估，本书第 4.3 节和 4.4 节将对建立上述模型的具体方法展开讨论。

4.2.1 交通事件发生的频率与严重程度

第 4.4 节所建评估模型的输入参数中包含交通事件的阻塞时间与严重程度（通行能力衰减幅度）值，同时还包括事件发生频率值（百万英里事故数）。上述所需信息的一部分可通过图 4.5 中的模型得到。

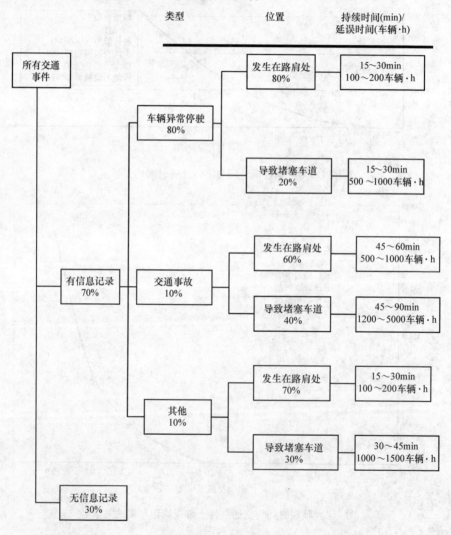

图 4.5 基于事件类型的已报告交通事件复合匹配图[10]

上述模型中不包含交通事件发生频率的相关信息。由模型可知，不同类型与地点下的事件持续时间差异较大，且由于这种差异很大程度上可能源于报告形式乃至事件定义上的不同,因此,对于从业者而言,有必要建立一套可供本地特征校准的模型与程序来获取相关信息。图4.6所示的模型结构由纽约州交通运输部(NYSDOT)开发完成,能够为高速公路运行管理机构提供利用本地数据进行模型校准的架构体系[11]。上述模型将事故与非事故交通事件分类解析,从而实现了对易于获取的事故发生率数据的直接利用。模型中的路段定义为两个道路立交中心点间的路面,且相关数据源于州内远离都市圈的数个区域的观测结果。由于纽约州交通运输部的事件数据未包含车道级的堵塞时间数据,图4.6引入了Kittleson和Vandehey研究[12]中所采用的数据作为补充。

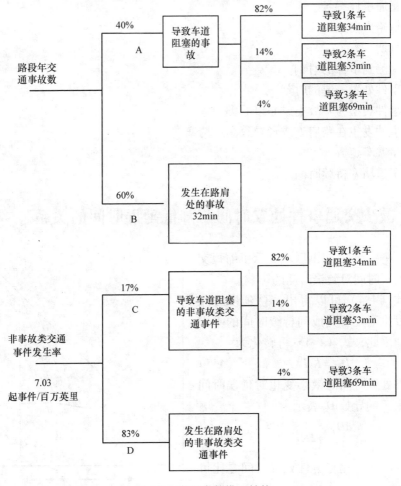

图 4.6　交通事件模型结构

4.2.2　交通事件模型构建所需数据收集

大量实践经验表明,因数据精准程度的不足,保存于交通管理系统内的交通事件历史记录很难支持对非事故类交通事件发生率及持续时间等信息的获取。例如，相较于交通管理系统通常记录的事件数据，建立图4.6中模型结构所需数据具有更小的数据颗粒度及不同的数据格式。因此，建议针对事件模型建立基于闭路电视监控的独立数据集，并由交通管理中心内了解该模型及其数据收集要求的工作人员进行操作。

为保证数据样本数量能够满足分析需求，数据收集工作可在多个路段同时开展。分析所需参数包括：
- 路段编号
- 交通事件编号
- 道路方向
- 日期
- 检测到事件的时刻
- 事件处置完成的时刻
- 事件类型为事故类或非事故类
- 事件发生在路肩处或者导致车道堵塞
- 堵塞车道数
- 车道堵塞持续时间

4.3 减少交通事件处置时间与降低延误时间的关系

图4.7中abcd包围区域展示了缩短交通事件处置时间对延误时间的影响。

由式（4.4）可以得出，总延误时间与事件发生至处置完成间持续时间的平方成正比。因此，式（4.4）可转化为

$$D_T = K T^2 \qquad (4.5)$$

事件处置时间的微小变化对延误时间的影响由 T 的导数 D_T 表示为

$$\frac{dD_T}{dT} = 2KT \qquad (4.6)$$

延误时间变化与事件处置时间之比可表示为

$$\left(\frac{1}{T}\right)\frac{dD_T}{dT} = 2K \qquad (4.7)$$

从上述公式可以得出，事件处置时间的稍许降低将带来在延误时间上两倍百分

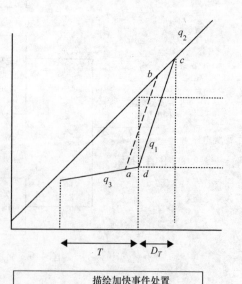

图4.7 交通事件处置时间缩短导致的延误时间减少

比的降低。

图4.8举例说明了由交通事件处置时间缩短而引起的延误时间减少现象。图中所使用的数据由事件处置时间缩短前后的延误时间差值输入至式（4.4）后计算得到。图4.9采用了相同的方法描绘了非高峰时段的相关情形。

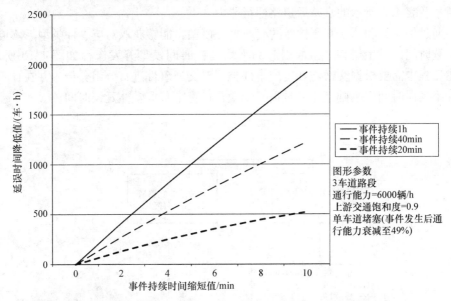

图4.8 由交通事件处置时间缩短所引起的高峰时段延误时间降低示例

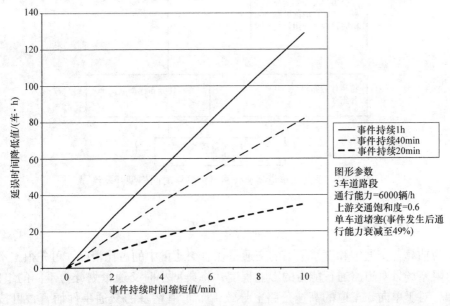

图4.9 由交通事件处置时间缩短所引起的非高峰时段延误时间降低示例

4.4 通行能力衰减与交通状况的相互作用

交通事件在任何时间点都可能发生，因此事件导致的延误时间将取决于当时的交通量及表 4.2 所示的衰减后道路通行能力。

通过图 4.5 和图 4.6 所构建的交通事件模型，能够获取对应事件类型下不同堵塞持续时间的发生概率。事故引起的平均延误时间模型开发流程如图 4.10 所示。上述流程中需要根据交通饱和度或事件类型对交通事件进行分组分析，并在计算得到分组延误时间的基础上，通过进一步融合估算来获取整体延误时间。

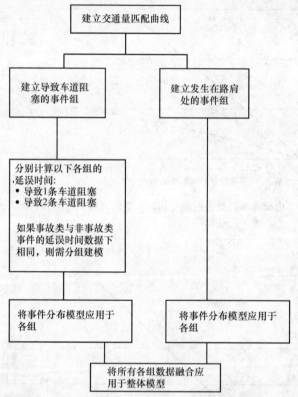

图 4.10　单向 3 车道高速公路事件延误时间模型开发流程

4.4.1　分组模型

为估算各交通饱和度水平下的交通量在总交通量中的占比情况，可先根据不同车道阻塞场景对道路通行能力的影响程度，将典型小时交通量划分为不同的组别。例如，对于单向 3 车道的高速公路上导致 1 个车道堵塞的交通事件而言，可按表 4.3 中的方法进行归组。其中，组别阈值（0.49 和 0.17）根据表 4.2 中车道阻塞下的通行能力衰减值确定。

表 4.3　单向 3 车道高速公路交通饱和度组别

组号	对应组别的交通饱和度范围	分析中对应组别所使用的交通饱和度特征值
1	$0.7 < q/C$	0.8
2	$0.7 \geqslant q/C \geqslant 0.49$	0.6
3	$0.49 \geqslant q/C \geqslant 0.17$	0.33
4	$0.17 \geqslant q/C \geqslant 0$	0.1

表 4.3 中最后一列数据为用于延误时间计算的组别交通饱和度特征值。同时，图 4.11 显示了这些组别与工作日高速公路交通量特征值的关系。在模型构建过程中，需将各小时的交通量分配至对应的组别并计算各组别的总交通量，以实现不同车道堵塞场景下所对应的年平均日交通量占比情况识别。

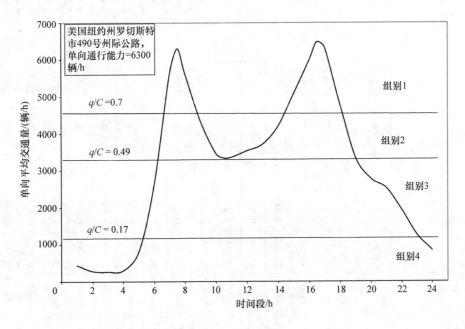

图 4.11　不同组别与交通量曲线的匹配关系

图 4.12 通过对 3 车道道路的算例解析，展示了可用于各组别交通总量在年平均日交通量中占比计算的工作表。

工作表中需要输入各通行方向的小时交通量及道路路段的通行能力，并以此计算交通饱和度。随后，根据表 4.2 中的组别定义将一天中各小时交通量分配至不同的组别。最后，将各组别中分配到的小时交通量累计值定义为对应组别的日交通量。

不同组别交通量占比计算表（3车道道路）

需要输入的数据

开始时间	道路路段: 390号州际公路至Mt. Read Blvd大道间的490号州际公路路段			预估通行能力 单向	v/c		导致车道阻塞的交通事件各组别交通量								发生在路肩处的交通事件组别交通量	
	方向				东行	西行	东行				西行				东行	西行
	东行	西行	总计	单向	v/c	v/c	组别1	组别2	组别3	组别4	组别1	组别2	组别3	组别4	v/c≥0.83	v/c≥0.83
12:00 AM	284	671	955	6300	0.045	0.107	0	0	0	284	0	0	0	671	0	0
1:00 AM	164	519	683	6300	0.026	0.082	0	0	0	164	0	0	0	519	0	0
2:00 AM	164	490	654	6300	0.026	0.078	0	0	0	164	0	0	0	490	0	0
3:00 AM	222	468	690	6300	0.035	0.074	0	0	0	222	0	0	0	468	0	0
4:00 AM	441	519	960	6300	0.070	0.082	0	0	0	441	0	0	0	519	0	0
5:00 AM	1550	842	2392	6300	0.246	0.134	0	0	1550	0	0	0	0	842	0	0
6:00 AM	3831	2088	5919	6300	0.608	0.331	0	3831	0	0	0	0	2088	0	0	0
7:00 AM	5830	2769	8599	6300	0.925	0.440	5830	0	0	0	0	0	2769	0	5830	0
8:00 AM	4714	2300	7014	6300	0.748	0.365	4714	0	0	0	0	0	2300	0	0	0
9:00 AM	2751	1869	4620	6300	0.437	0.297	0	0	2751	0	0	0	1869	0	0	0
10:00 AM	2182	1832	4014	6300	0.346	0.291	0	0	2182	0	0	0	1832	0	0	0
11:00 AM	2142	2031	4173	6300	0.340	0.322	0	0	2142	0	0	0	2031	0	0	0
12:00 PM	2143	2180	4323	6300	0.340	0.346	0	0	2143	0	0	0	2180	0	0	0

第4章 偶发性交通拥堵：缩短交通事件处理时间

时间			合计	通行能力	v/c	v/c								
1:00 PM	2201	2170	4371	6300	0.349	0.344	0	2201	0	0	2170	0	0	0
2:00 PM	2591	3064	5655	6300	0.411	0.486	0	2591	0	0	3064	0	0	0
3:00 PM	2869	4472	7341	6300	0.455	0.710	0	2869	0	4472	0	0	0	0
4:00 PM	2956	5282	8238	6300	0.469	0.838	0	2956	0	5282	0	0	0	5282
5:00 PM	2988	5148	8136	6300	0.474	0.817	0	2988	0	5148	0	0	0	0
6:00 PM	2151	2896	5047	6300	0.341	0.460	0	2151	0	0	2896	0	0	0
7:00 PM	1514	1905	3419	6300	0.240	0.302	0	1514	0	0	1905	0	0	0
8:00 PM	1261	1789	3050	6300	0.200	0.284	0	1261	0	0	1789	0	0	0
9:00 PM	1222	1659	2881	6300	0.194	0.263	0	1222	0	0	1659	0	0	0
10:00 PM	870	1207	2077	6300	0.138	0.192	0	870	505	0	1207	1067	0	0
11:00 PM	505	1067	1572	6300	0.080	0.169	0	505	0	0	1067	0	0	0
总计 =	47546	49237	96783				10544	3831	30521	2650	14902	0	29759	5830

发生在路肩处的交通事件中 $v/c \geq 0.83$ 组别的交通量比例

组别	比例
1	0.263
2	0.040
3	0.623
4	0.075

0.115

图 4.12 不同组别交通量占比计算表

表4.2 也反映了事件导致路肩无法使用时的高速公路通行能力衰减值，据此可以推断出当交通饱和度达到 0.99 时，此类交通事件才能够显著影响正常的道路通行。由于上述交通饱和度条件并不常见于图 4.11 中的交通量匹配曲线，故而在图 4.12 工作表的构建过程中未将此类交通事件纳入考虑。同时，表中也反映出在图 4.11 中的部分情况下，路肩处发生交通事故可能会导致交通拥堵，因而在图 4.12 的分析中考虑了路肩处发生交通事故场景下会导致延误时间显著增加的年平均日交通量占比。需要注意的是，案例中的交通量代表道路不会发生常发性交通拥堵。

读者可登录网站 http：//www.springer.com/us/book/9783319147673，查看图 4.12 所示 3 车道道路组别因子工作表文件。

4.4.2　每起交通事件节省时间

通过对组别交通量占比数据（图 4.12）与式（4.4）的事件延误模型的综合应用，可实现对交通事件导致的不同车道阻塞场景对应延误时间的计算。随后，进一步将所得到的延误时间与对应交通事件在事件总量中的占比（图 4.6）相结合，获取所有导致车道阻塞事件和路肩处发生事故所引起的平均延误时间。在前述案例的基础上，图 4.13 中的工作表进一步展示了平均延误时间计算过程。读者可登录网站 http：//www.springer.com/us/book/9783319147673，查看根据图 4.13 所列参数制作的平均延误结果工作表。

每张计算表均包含四行数据，每行数据则分别展示了一个组别延误时间计算过程。计算表各列内容描述如下，其中带 * 的列表示该列中的数据需通过分析员输入。

- B 列 *——从交通事件发生到处置完成的持续时间。在案例中，事件持续时间约为 53min（0.88h）。
- C 列 *——单向道路通行能力 = 6300 辆/h。
- D 列 *——交通需求量比例，即组别对应的交通饱和度特征值，可由表 4.3 得到。
- E 列——交通需求量，即道路通行能力（C 列）和交通需求量比例（D 列）的乘积。
- F 列 *——交通事件通行能力衰减值，可由表 4.2 得到。
- G 列——事件引发的衰减后通行能力，即道路通行能力（C 列）和交通事件通行能力衰减值（F 列）的乘积。
- H 列——交通事件引起的平均延误时间，通过将前面几列的数据代入式（4.4）计算得到。
- I 列 *——分组交通量占比，通过组别交通量比例分析得到（图 4.12）。
- J 列——分组交通量占比下交通事件引起的平均延误时间。首先计算交通事件引起的平均延误时间（H 列）和分组交通量占比（I 列）的乘积，随后将得到的不同分组数据加权得到此类交通事件引起的总加权延误时间。
- K 列 *——车道数权重，即数据集中引发对应车道数阻塞的交通事件比例，可由图 4.6 获得。权重值如需修改，则应由用户输入。

第4章 偶发性交通拥堵：缩短交通事件处理时间

交通事件平均延误时间计算（3车道道路）												
需要输入的数据												
路段	490号州际公路	路段61										
	A	B	C	D	E	F	G	H	I	J	K	L
	事件持续时间/h	通行能力		交通需求量比例	交通需求量	交通事件通行能力衰减值	事件引发的衰减后通行能力	交通事件引起的平均延误时间/（车·h）	分组交通量占比	分组交通量占比下交通事件引起的平均延误时间	此类交通事件引起的车道数权重	交通事件引起的加权平均延误时间/（车·h）
3车道-导致1条车道阻塞												
	0.88	6300		0.8	5040	0.49	3087	1928	0.263	507.1		
	0.88	6300		0.6	3780	0.49	3087	342	0.039	13.3		
	0.88	6300		0.33	2079	0.49	3087	0	0.623	0.0		
	0.88	6300		0.2	1260	0.49	3087	0	0.075	0.0		
								此类交通事件引起的总加权延误时间		520.5	0.82	427

图4.13 交通事件引起的平均延误时间计算表

3车道-导致2条车道阻塞								
0.88	6300	0.8	5040	0.17	1071	6378	0.263	1677.3
0.88	6300	0.6	3780	0.17	1071	2177	0.039	84.9
0.88	6300	0.33	2079	0.17	1071	484	0.623	301.2
0.88	6300	0.2	1260	0.17	1071	76	0.075	5.7
						此类交通事件引起的总加权延误时间	2069.1	
							0.14	290
3车道-导致3条车道阻塞								
0.88	6300	0.8	5040	0	0	9757	0.263	2566.2
0.88	6300	0.6	3780	0	0	3659	0.039	142.7
0.88	6300	0.33	2079	0	0	1201	0.623	748.5
0.88	6300	0.2	1260	0	0	610	0.075	45.7
						此类交通事件引起的总加权延误时间	3503.2	
							0.04	140
						交通事件引起的平均延误时间		857

图4.13 交通事件引起的平均延误时间计算表（续）

- L 列——交通事件引起的加权平均延误时间，即分组交通量占比下交通事件引起的平均延误时间（J 列）和车道权重（K 列）的乘积。

交通事件引起的平均延误时间是每类交通事件引起的加权延误时间之和。应用智能交通系统后延误时间的降低量可通过在工作表中调整项目实施前和实施后的事件持续时间（B 列）计算得到的平均延误时间相减后获得。本书第 4.4.4 节将就能够实现交通事件快速处置的智能交通系统措施展开讨论。

4.4.3 交通事件分类

交通管理机构通常根据事件严重程度来确定交通事件的响应措施。例如，查特怒加市城市规划组织与查特怒加市-汉密尔顿县区域规划署共同设计了一套基于交通流量、事件影响/延误时间、事件特征和响应人员类型的交通事件分类系统[13]。其中，4 级事件的处置时间通常小于 30min，从而保证道路通行车辆仅受轻微影响并较易通过事件地点。3 级事件的处置时间在 30min 至 1h 内，会对道路通行车辆产生中度影响，同时事件涉及人员无伤亡或仅有轻微受伤情况。2 级事件的处置时间在 30min 至 2h 内，会对道路通行车辆产生显著影响且很有可能造成人员受伤情况，交通管理是此类事件处理过程的必备环节，而事件现场处置需要强调多机构间的协作。1 级事件通常是指导致道路关闭并造成严重区域级拥堵的重大事件。上述分类系统是各交通运行机构采用系统中的典型代表。

4.4.4 交通事件管理方法

交通管理中心对交通事件的管理通常包括以下方法：
- 通过提供事发地便捷通道、缩短事件处置时间、保护人员安全等方式，协助应急响应单位处理交通事件，这也是交通事件管理部门实施多项政策的重要目标。美国联邦公路局提供了有关交通事件管理方面的指导意见[14]，而许多州的交通运输部及其他机构也制订了相应计划以满足应急响应单位的相关需求。交通管理中心负责向应急响应队伍提供拥堵情况及进入通道信息（并向驾驶员发布相关通道信息），同时协助应急响应队伍制定与交通事件有关的交通管理措施。
- 为驾驶员提供时间地点信息及车道引导，以帮助驾驶员通过必要的车道变更行为避免二次事故的发生。主动交通需求管理技术（见第 10 章）可用于协助执行该项管理措施。
- 通过鼓励出行者在发生交通事件时改变出行方式（如同路线公交服务），减少事件地点的交通需求。大流量通道管理技术（见第 11 章）可用于协助执行该项管理措施。
- 通过鼓励驾驶员分流至绕行路线以减少事件地点的交通需求，并保证绕行路线在由事故严重程度确定的事件管理区域内（见第 4.4.6 节）。

目前，许多机构已经建立了正式的交通事件管理架构。表 4.4[15]展示了特拉华州交通运输部的事件响应等级分类方法，而表 4.5[15]展示了交通管理中心对于

表 4.4 特拉华州交通运输部计划/意外事件的响应等级

响应等级	受影响区域	资源	应急指挥中心（EOC）启动意外事件响应程序	最高层决策	示例
1	特定地点/区域	正常人员配备	机构间正常通信——应急指挥中心未加入响应	正常运营	日常运营
2	整个大区或多个大区	人员和设备小范围重新调配——可能需要更为专业的人员。主要机构收到通报或加入响应	加强通信；本地/县级应急指挥中心可能部分或完全加入响应，但也可能未加入响应。州级应急指挥中心收到通报	大区管理者首席交通工程师/运行管理者	可能需要分流部分交通（即主干道堵塞）；重大事故；道路关闭；人员受伤；单独道路淹没；危险品事故；停电；拆梁钻孔频坏；大型活动（如 Dover Downs 赛事）
3	多个大区	人员和设备重新调配——需要更多专业的人员。支持机构（美国陆军工程兵团）收到通报。合约机构可响应	进一步增强通信，如涉及民众需求，医疗护理、避难所。受影响的本地/县级应急指挥中心可能加入响应，也可能部分或完全加入响应。特拉华州交通运输部分加入响应的县级及州级应急指挥中心联络协调	部门主管或交通运输部秘书	沿海风暴；大雨或大雪；有限疏散品事故；重大危险
4	全州/多个州	人员和设备全部启用。主要机构、合约机构加入响应。持续特拉华州应急支援的联邦协调	受影响的地方/县级和州级应急运输部与已加入响应的县级应急指挥中心联络协调——特拉华州应急指挥中心加入响应	州长、特拉华州紧急事务管理署或内阁成员	飓风；洪水；暴风雪；灾难性危险品事故；生化事故；大规模杀伤性武器；恐怖主义行为

表 4.5 特拉华州交通运输部交通管理中心的交通事件管理职责

响应等级	通报信息	交通管理中心			物资/人员	准备工作/组织
		控制	监控	信息传递		
1	正常沟通协调	运输管理系统正常运行（人员、设备、物资）。与受影响地区确认备用路径	交通管理系统执行常规监控	与其他机构、部门、媒体和邻近交通部门正常传递信息（通过信息交换网）	常规配置	遵循标准作业程序开展交通管理系统常规检查
2	根据交通作业程序标准配备适当的人员，如有需要，可请求和/或发起桥接/电话会议	设置和管理中心配置。根据事件影响调整路径，交通管理系统相关功能。与受影响地区通信以确定备用路径	针对事件监控需求调整交通管理系统。州级交通管理系统执行常规监控	通过交通信息频道、可变情报板、信息终端设备、互联网站及信息交换网等途径向其他机构、部门及公关媒体正常传递信息	根据短期及长期事件处置需求重新配置人员与物资	交通管理设备/系统需进行测试与验证，审查人员复核
3	根据交通作业程序标准配备适当的人员，如有需要，可请求和/或发起桥接/电话会议	设置和管理中心配置。根据事件影响调整路径，交通管理系统相关功能。与受影响地区通信以确定备用路径	针对事件监控需求调整交通管理系统。州级交通管理系统。应急指挥中心和911中心发出监控和调整请求	通过交通信息频道、可变情报板、信息终端设备、互联网站及信息交换网等途径向其他机构、部门及公关媒体正常传递信息	根据短期及长期事件处置需求重新配置人员与物资；预估后续发展对人员与物资的进一步需求	与县议会沟通
4	根据交通作业程序标准配备适当的人员，如有需要，可请求和/或发起桥接/电话会议	设置和管理中心配置。根据事件影响调整路径，交通管理系统相关功能。与受影响地区通信以确定备用路径	针对事件监控需求调整交通管理系统。州级交通管理系统。应急指挥中心和911中心发出监控和调整请求	通过交通信息频道、可变情报板、信息终端设备、互联网站及信息交换网等途径向其他机构、部门及公关媒体正常传递信息	根据短期及长期事件处置需求重新配置人员与物资；预估后续发展对人员与物资的进一步需求	采取预防措施以保障交通管理系统与数据安全，必要时，准备人员疏散或迁移交通管理中心

不同时间响应等级的管理职责与行动事项。

4.4.5 交通事件环境下的交通流重分配

交通分流措施是交通管理机构用于处置偶发性交通拥堵的常用措施，偶发性交通拥堵通常由交通事故、车辆抛锚、货物泄漏、路面问题、施工、天气问题及安全问题等事件引发。

图 4.14 通过一个简单的案例反映了常规条件与事件条件下高速公路交通量（实线）与替代路线交通量（虚线）间的差异，图中 $V5$ 代表了需分流的交通量。

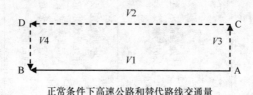

正常条件下高速公路和替代路线交通量

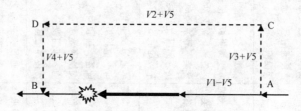

交通事件条件下高速公路和替代路线交通量

图 4.14 高速公路和替代路线交通量

图 4.14 的下半部分展示了交通事件条件下交通分流措施的执行效果。图中，高速公路（实线）上的加粗线部分代表了由于通行能力下降而可能发生车辆排队的区域。交通分流措施的执行能够降低高速公路交通量，并将分流交通量 $V5$ 转移至替代路线上。

出行成本⊖与路网中的所有路段均有关联。交通事件影响下的出行成本可以理解为在交通事件发生至交通恢复正常运行期间，路网中所有车辆的行程时间之和。对于发生交通事件的主线路段（AB 线），出行成本可表示为

$$T_{AB} = \sum_{n=1}^{N} f(V1 - V5), RC) \tag{4.8}$$

$$C_{AB} = K T_{AB} \tag{4.9}$$

式中，C_{AB} 是交通事件存续期间路段 AB 上的出行成本；f 是一个函数，取决于交通事件存续期间路段的流入交通量（$V1 - V5$）和交通事件处置完成前高速公路衰减后的通行能力 RC。RC 取值示例见表 4.2；K 是时间成本；n 是交通事件存续期间

⊖ 出行成本通常为出行时间成本和出行费用成本之和。在本例中，假设路线选择结果基本不会对出行费用成本产生影响。

路段 AB 上的车辆序列；N 是交通事件处置完成前路段上的车辆总数；T_{AB} 是交通事件存续期间路段 AB 的总行程时间。

其他路线的成本函数可在上述模型的基础上去除变量衰减后的通行能力后得到。

图 4.15 对比分析了未发生事件（正常运行）、交通事件环境下的过度分流和交通事件环境下的近似最优分流三种场景下各路段及整体路网的出行成本。在最后一种场景下，高速公路的分流交通量较少，从而令路段 AB 具有较高的个体成本，但路网的整体成本较低。由此可见，不同交通分流执行情况会对交通事件环境下的路网出行成本产生较大影响。

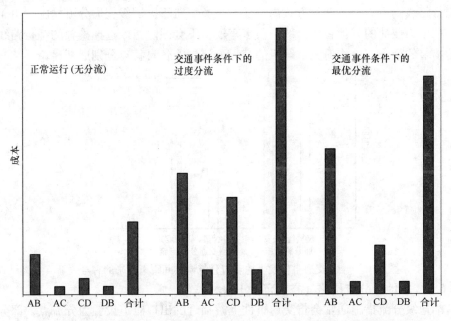

图 4.15　不同交通分流执行情况对交通事件环境下出行成本的影响示例

出口匝道处的分流比例 DF 可表示为

$$DF = \frac{V_{ED}}{V_{AD}} - \frac{V_{EW}}{V_{AW}} \qquad (4.10)$$

式中，V_{AD} 是对应出口匝道实施交通分流时的上游交通量；V_{AW} 是对应出口匝道未实施交通分流时的上游交通量，对于仅在一个匝道进行交通分流时，$V_{AW} = V_{AD}$；V_{ED} 是对应出口匝道实施交通分流时的匝道交通量；V_{EW} 是对应出口匝道未实施交通分流时的匝道交通量。

4.4.6　交通分流的空间范围

第 4.4.4 节所述的交通事件管理等级取决于事件影响、施工或天气状况的严重程度和预期持续时间。在未发生交通事件的情况下，也可按照绕行路线空间范围及分流点位置对可能的绕行路线进行分级，从而能够在交通事件发生后根据所需的绕行空间范围等级向驾驶员发布对应的信息类型。

本节讨论了不同空间作用范围下的三级交通分流措施，即本地级（1级）、区域级（2级）、大区级（3级）。在车流到达本地级交通分流地点前将尽可能多的车辆分流至替代路线上，能够最大限度地降低交通事件发生地点的拥堵程度与排队长度，从而有效控制整个通道的车辆延误时间，图4.16对上述作用原理进行了说明。

图4.17所示为理论上不同交通分流等级间的相互关系。大区级的分流绕行路线通常为高速公路，与之相对的本地级分流绕行路线通常为地面道路，而区域级分流绕行路线则可为上述两种方式内的任意一类。对于区域级交通分流措施，由于可能存在更为便捷的其他替代路线，很多车辆将不会跟随指令选择推荐的绕行路线。

本节的余下部分将对三个等级的交通分流措施各自特点分别展开讨论。

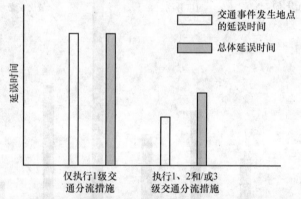

图4.16 增加交通事件发生地点与分流地点间距离带来的有益效果

4.4.6.1 本地级分流措施（空间范围1级）

本地级分流措施通常会将交通事件上游临近的出口匝道设置为分流点，部分车辆通过该点分流至地面道路后在下一个进口匝道重新返回高速公路，且绕行路线通常毗邻于高速公路。与此同时，本地级分流的实施通常由应急响应单位执行，虽然也会遇到需要执行道路封闭措施的严重交通事件，但在大多数情况下应急响应单位并不会采用封闭道路或其他较为激进的管理措施。

由于本地级分流的实施通常由应急响应单位执行，因而警察部门、交通管理机构及其他执行关联方通常会主动参与到交通分流预案的制定过程中。图4.18展示了跨机构合作下的1级交通分流运行情况的真实案例。

图4.19则展示了康涅狄格州一条高速公路的本地级交通分流预案。

康涅狄格州预案内容包括：
- 绕行路线指示。在某些情况下，货车可能需要单独的绕行路线。
- 转弯处提示前方绕行的交通标志。
- 交通信号灯的位置。

第4章 偶发性交通拥堵：缩短交通事件处理时间

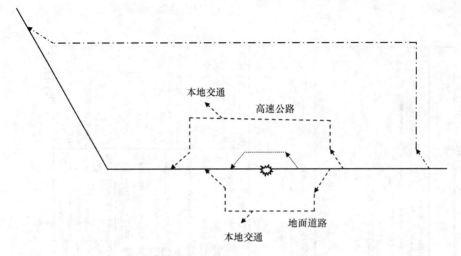

图 4.17 不同交通分流等级间的相互关系

图 4.18 交通分流运行情况案例
（资料来源：华盛顿州交通运输部）

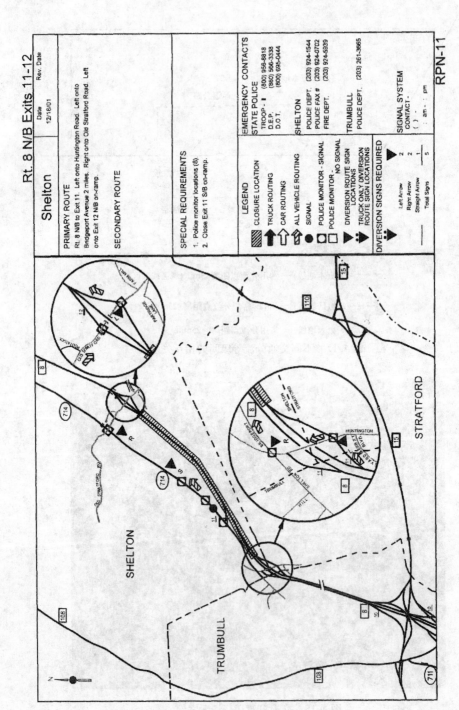

图 4.19 1 级交通分流预案示例

- 警用监控装置的位置。
- 紧急联系信息。
- 特殊需求。

大部分交通事件并不需要由多部门协作处置，故而这种情况下的交通分流通常由智能交通系统所属设备单独执行，几乎不需要警员在现场实施车辆引导。

可变情报板是交通管理机构用于执行交通分流措施的最常用设备。图 4.20[16]所示为利用固定式可变情报板发布中等强度信息。如果交通事件或施工持续时间较长，则可在使用固定式可变情报板的基础上补充布设一定数量的便携式可变情报板。

图 4.20　利用固定式可变情报板发布中等强度信息

如图 4.19 所示，分流交通标志（指路标志）可用于为驾驶员指明绕行路线。图 4.21[17]所示为一种绕行路线指路标志的版面形式，有时也可使用彩色标记来区分多条可选绕行路线。

图 4.21　绕行路线指路标志示例

动态指路标志是指布设在固定位置的交通标志,其版面上部分区域能够通过亮起或改变的方式来传递交通分流的相关信息。图4.22[18]所示为一种动态指路标志的版面形式,标志上部可变信息板显示的"绕行"信息提示驾驶员做出分流绕行决策,而可变箭头部分则可将车辆引导至绕行路线上。在常规运行情况下,"绕行"信息板不显示任何信息,而可变箭头的指示方向与常规指路标志的指示方向保持一致。

图4.22 典型动态指路标志

4.4.6.2 区域级分流措施(空间范围2级)

区域级分流措施的特点

区域级分流绕行路线的设置工作通常由交通管理机构承担,以便于在执行交通分流措施前制定相关的分流策略及向驾驶员发布的信息格式。分流绕行路线可全部由高速公路或地面道路组成,也可由两者共同构成,且多条绕行路线也可结合使用。分流绕行路线的相关信息可通过公路信息设备(如可变情报板和公路交通广播)及个人交通信息服务向驾驶员进行发布,而所在州的511服务也可用于发布出行前和出行途中的绕行信息。图4.23所示为特定交通事件下预设绕行路线网络中所启用的部分,而随着交通事件存续期间排队车流的变化,用于交通分流的绕行路线也可能发生变化。

第4章 偶发性交通拥堵：缩短交通事件处理时间

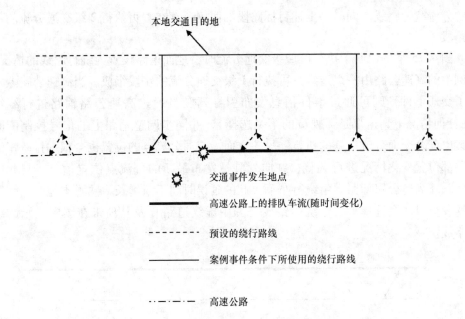

图 4.23　2 级措施下的机动车分流绕行路线示例

图中也显示了在通过时间发生地点后未返回高速公路的分流交通部分。

区域级分流绕行路线案例

图 4.24 所示为由西向东的封闭性公路内的一段道路所对应的区域级分流绕行路线。该段道路位于城市郊区，由长岛快速路（495 号州际公路）东行方向路段及北方州立公园大道（位于纽约州 135 号公路和 Sagtikos 公园大道之间的路段）组成。该段道路长约 11mile，并直接穿越了东行方向的主要道路，这些道路可作为对

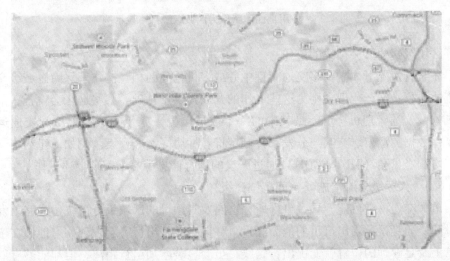

图 4.24　长岛快速通道的区域级交通分流可选路线

应的分流绕行路线。同时，上述目标路段的西侧还存在着可执行2级交通分流的相似路段。

图4.25举例说明了执行区域级交通分流时将地面道路设置为绕行路线的情况。案例中的高速公路由一组连续并可执行1级交通分流的路段组成。当高速公路上发生了交通事件，则可通过事件信息发布引导驾驶员通过高速公路辅路进行绕行（在任何情况下，这都是驾驶员的第一选择），并同步调整辅路上的信号控制配时方案以配合交通分流措施的执行。另一方面，交通分流点的位置也会根据排队车流的尾部位置变化情况进行调整，并向驾驶员发布最新的分流点位置信息。与此同时，随着高速公路辅路上由绕行车辆引起的延误时间不断增长，熟悉本地路网情况的驾驶员可能会选择事实性绕行路线（图中虚线道路）及其他未在图中显示的绕行路线。

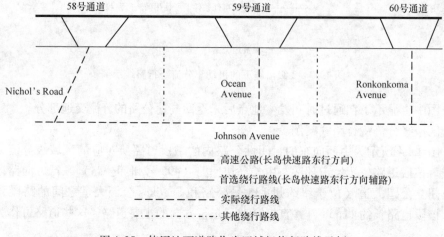

图4.25 使用地面道路作为区域级绕行路线示例

区域级交通分流预案的协作

在某些情况下，需要多交通管理中心或多机构间的相互协作来保障区域级交通分流的执行，而运行理念则为这些协作的开展提供了基础。某些地区会设置一个中心机构（交通管理机构可能是其中的一个成员单位）来承担成员单位间交通运行及事件数据的汇聚、交互与分发，并制定推荐性协同响应预案。例如，纽约市交通运行协调委员会（TRANSCOM）通过下设的运行信息中心来实现上述工作。

4.4.6.3 大区级分流措施（空间范围3级）

重大交通事件可能会导致事件所在道路及其预设的区域级分流绕行道路上发生长时间交通延误。当出行目的地需经过事件地点时，出行者会发现如果他们在事件地点上游足够远的位置就变更出行路线，虽会显著增加出行距离，但却能够有效地缩短出行时间并提高出行可靠性。大区级分流措施的绕行路线通常由封闭性公路构成，此类分流措施的执行案例如图4.26所示。

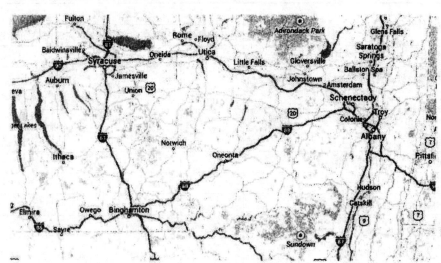

图4.26　大区级分流绕行路线示例

本例中，当88号州际公路西行方向发生重大交通事件时，可以将始于或途经奥尔巴尼（Albany）/斯克内克塔迪（Schenectady）地区并流向纽约州宾厄姆顿（Binghamton）地区或更远地区的交通进行分流。虽然由90号、481和81号州际公路组成的绕行路线将使行程距离从104mile增加到169mile，但在许多情况下，留在88号州际公路上的车辆延误时间仍会超过因绕行距离增加产生的额外行程时间。

类似于区域级交通分流的执行需求，大区级分流措施的执行通常也需从多个管理机构处获取交通运行状态信息。在某些情况下，大区性组织（如95号州际公路协同管理机构）会向交通管理机构和公众提供相关的交通运行状态信息。

4.5　面向交通事件响应能力提升的功能需求及其与提升技术间的关系

交通管理中心所需履行的职能如图4.1所示，具体内容详见第4.1节。

交通事件管理是一项涉及不同应急响应单位的多机构协作功能。智能交通系统和交通管理中心可以通过协助制定交通事件管理预案、提供事件检测与监控能力以及促进各事件响应单位间沟通等方式来支撑对交通事件的管理能力。表4.6列出了智能交通系统和交通管理中心能够提供的相关管理功能。

交通事件管理功能与交通管理业务及智能交通系统技术间的相互关系见表4.7。第4.5.1节和第4.5.2节针对部分业务和技术的有效应用展开讨论，而第5章则讨论了面向驾驶员信息发布的相关问题。

表 4.6 智能交通系统和交通管理中心相关的交通事件管理功能

交通事件管理功能	交通事件管理阶段			
	检测和核实	事件响应	事件处置完成	恢复正常通行
协调制定、归档和更新交通事件响应预案	√	√	√	√
将交通事件管理需求纳入运行计划和智能交通系统设计中	√	√	√	√
检测交通事件并确定其相关属性（阻塞车道数、发生地点）	√			
按交通事件类型和严重程度归类	√			
通知响应机构事故地点和特征	√			
提升常规交通运行状态		√	√	
选择响应预案。实施： • 车道和匝道控制 • 应急性交通信号配时方案 • 向驾驶员发布信息		√	√	√
促使应急响应单位展开行动		√	√	√
为应急响应单位提供交通状况和/或路线指引		√	√	√
向驾驶员发布交通事件信息（见第 5 章）		√	√	√
提供排队车流队尾检测		√	√	
交通事件管理结束				√

表 4.7 用于交通事件响应的交通管理业务与智能交通系统技术

业务与技术	功能						
	事件检测与核实	事件分类	响应预案执行	应急响应单位展开行动	向应急响应单位提供交通信息	排队车流队尾检测	交通事件管理结束
闭路电视监控系统	√	√	√	√			√
交通检测器	√		√		√	√	√
911 服务	√	√					
交通报告服务	√	√		√			
巡逻服务	√	√					
出警服务	√	√					
交通管理中心信息展示	√	√	√				
车道控制			√				
匝道控制			√				
应急性信号配时方案			√				

(续)

业务与技术	功能						
	事件检测与核实	事件分类	响应预案执行	应急响应单位展开行动	向应急响应单位提供交通信息	排队车流队尾检测	交通事件管理结束
事故指挥系统		√	√	√			
绕行路线运行监测和行程时间估算			√	√			
向应急响应单位发布交通信息					√		
向应急响应单位提供车内信息				√	√		

4.5.1 提升交通事件检测与核实能力

下面的各小节介绍了常用于交通事件检测与核实的方法。

4.5.1.1 公共服务接入点

大多数高速公路交通事件都是在公共服务接入点（提供911服务）接到驾驶员的手机报警电话后才被发现的。在很多情况下，报警电话中与交通事件相关的信息会通过专用数据通道滤出并传输至交通管理中心。当报警电话是由涉事车辆内的人员拨出时，公共服务接入点将自动记录车辆所在的位置信息。部分交通事件的相关信息易于核实，但也有部分交通事件的相关信息需借助其他技术（通常为闭路电视监控系统、出警服务或机动巡逻服务）进行核实。

4.5.1.2 闭路电视监控系统

闭路电视监控系统与交通检测器能够比其他技术（如911报警电话）更快速地检测到交通事件。闭路电视监控系统能够识别交通事件的类型和属性，从而可同时实现对交通事件的检测与核实，也可根据检测到的事件信息确定所需的应急服务类型。借助闭路电视监控系统核实交通事件通常是实现这一功能的最快捷方式。另一方面，高速公路上布设的闭路电视监控摄像机数量通常远超交通管理中心内的监控屏数量，因此需要应用摄像机的自动"交通巡查"功能来帮助管理者对大量路段进行有效监控。

非事故类交通事件通常在道路上均匀分布，而交通事故则多发于立交内部或周边区域且通常需要更多的处置时间。因此，将摄像机设置于立交区域能够实现设备效益的最大化。图4.27展示了闭路电视监控系统布设成本和效益的关系。图中，曲线A表示交通需求量较大时，系统效益随不同监控覆盖率的变化情况。曲线A呈下凹形，这是由于立交内部及周边区域的交通事故发生率通常高于远离立交的道路路段的事故发生率，从而使前期布设于立交内部及周边区域的摄像机能够取得更大的效益。曲线 B 表示交通需求量较低时，系统效益随不同监控覆盖率的变化情况（见图 4.4，作为交通事件延误时间敏感性分析案例）。曲线 C 表示闭路电视监控摄像机的安装成本。曲线 C 呈下凸形，这是由于随着监控覆盖率的上升，摄像机监控区域重叠的可能性也随之增大，从而导致道路上每英里所需的摄像机数量也随之增加。对于每类布设方案（以道路监控覆盖率表示），效益曲线与成本曲线之间的直线距离代表了方案净效益。而在交通需求量较低情况下布设过多的闭路电视监控摄像机时，净效益可能会降低至负值。

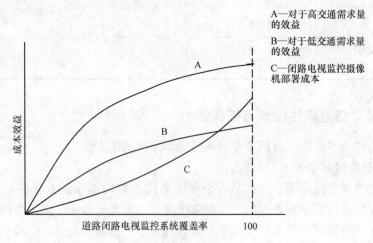

图 4.27　闭路电视监控系统覆盖率的成本效益

参考文献［11］针对不同的交通状况提出了摄像机初步安装位置考虑因素的相关建议。本书在第 3 章中按照部署"等级"将交通状况分为以下几级：
- 3 级——道路中的单向连续路段，至少一半长度在高峰小时内处于 D 级或更差的服务水平下。
- 2 级——道路中的单向连续路段，至少一半长度在高峰小时内处于 C 级或更差的服务水平下。个别地点或小段路面的服务水平可能会低于 C 级。此时可适当增加这些点段的设备布设密度。
- 1 级——优于 2 级的交通状况。

表 4.8[19] 所示为摄像机初步安装位置考虑因素的相关建议。由于部署等级和应用因素涵盖了多方面条件，建议可以考虑多种备选布设方案。

附录 B 论述了一种通过监测到的事件周期比例来评估闭路电视监控系统覆盖范围相对有效性（RTV）的指标，图 4.28 所示为上述指标在某条指定路段上的应用案例。读者可登录网站 http：//www.springer.com/us/book/9783319147673 查看用于计算相对有效性的工作表，工作表中用于相对有效性计算的路段事故数据详见附录 B。

4.5.1.3 交通检测器

道路上任意地点的交通流量可由第 3.1.1.1 节中的通用交通流方程计算得到，计算公式为

$$q = ku \qquad (3.1)$$

式中，q 是交通量（每车道每小时车辆数）；k 是交通密度（每车道每英里存在的车辆数）。u 是空间平均速度（mile/h）。

表 4.8 闭路电视监控摄像机初步安装位置考虑因素

部署等级	应用因素
1	事故高发地点，以及其他认为有需要的地点
2	事故高发地点、两条高速公路交汇互通立交、交通拥堵地点，以及其他认为有需要的地点
3	连续布设［平均每英里（道路中心线）布设 1.5~2.0 台摄像机］

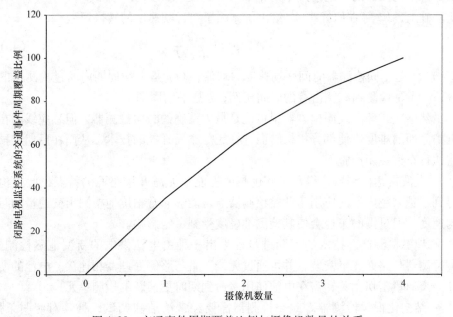

图 4.28 交通事件周期覆盖比例与摄像机数量的关系

本部分将重点讨论断面检测器与身份识别检测器的相关特性。其中，断面检测器可以实现车道级的大样本量检测，从而应用式（3.1）计算出不同车道上的交通流量；而身份识别检测器可以利用样本车辆通过检测路段的行程时间，计算出检测路段的行驶速度。需要说明的是，本节中讨论的身份识别检测技术通常不是车道级检测。

断面检测器

断面检测器主要用于对指定地点的车道级交通量、车辆速度、车道占有率进行检测，但部分类型的检测器无法获取所有的变量。大部分断面检测器能够输出车道

级的数据，需要根据预设周期汇聚检测数据从而得到所需的交通参数。

常用于高速公路监测的检测技术包括：

- 感应式环形线圈检测器（ILD）。感应式环形线圈检测器主要用于车道交通量与车道占用率（车辆占用环形线圈上方路面的时间比例）的检测。此类检测器可在一条车道上成对或单独使用。当检测器成对使用时，可以通过两个检测器的激活时间间隔来精确测定时间平均速度，随后可通过式（3.2）将时间平均速度转化为空间平均速度，并可通过式（3.1）计算出交通密度；当检测器单独使用时，除交通总量外，也可实现对车道交通量与车道占用率（车辆占用环形线圈上方路面的时间比例）的检测。当每条车道上均设有独立检测器时，需对车辆的平均长度及线圈沿行驶方向的平均长度做出相应的假设，以实现车辆行驶速度计算。虽然很多机构在计算时用常数来代替上述长度，但 Caltrans 采用了"g"因子来反映不同时段下每个检测器的车道占用率与车辆行驶速度间的关系，如式（4.11）[20]所示。在此基础上，Jia 等在研究中[21]给出了 g 因子与行驶速度的转换模型。

$$v(t) = g(t)\frac{c(t)}{o(t)T} \quad (4.11)$$

式中，$v(t)$ 是不同检测器时间平均速度的均值；$c(t)$ 是平均周期内通过检测器的车辆数；$o(t)$ 是检测到车辆占有的时间比例；T 是平均周期。

虽然感应式环形线圈检测器很可能是最为精确的断面检测器，但感应线圈在长期维护方面的难度迫使部分机构转而选择无需路面开挖的技术，从而在后期维护时无需执行车道关闭措施。

- 微波雷达检测器。得益于其优越的性能和无需开挖路面的特点，此类检测器得到了越来越广泛的应用。此类检测器通常能够非常精确地检测出交通量和时间平均速度，但过慢的车速会使其检测准确度受到一定影响。

- 地磁检测器。技术的不断进步催生出一种由电池供电的新型地磁检测器。此类检测器与路面齐平安装，并可通过无线网络与路侧处理器相连接。电池的使用寿命与交通量密切相关，需在电池使用寿命到期时更换新的检测单元。

- 结构化视频检测器。此类检测器需要经常清洁和调试，且其对照明条件、阳光照射和天气因素的要求较高，从而导致部分机构开始在高速公路上使用其他检测技术进行替代。

Klein 在研究中[22]围绕检测器技术展开了详细讨论。交通管理中心通常将检测器数据应用于地图上交通运行状态的展示，并以不同颜色对应相应区间的路段速度。检测器间距越小，就越容易发现可能由交通事件导致的低于周边路段的行程速度数据。基于历史经验，管理者通常会根据上述低行程速度数据推断存在潜在交通事件，并使用其他措施（如闭路电视监控系统、911 报警信息、巡逻服务和出警报告）来核实事件并获取其他的事件信息。断面检测器也能够为交通事件检测功能之外的其他功能提供信息服务，详见第 5～7 章。参考文献［19］提出了断面检测器布设间距方面的建议,对于严重拥堵的城市高速公路,检测器布设间距的建议值为 0.3~0.4mile(0.48~0.64km)。检测器的常规布设方法如下:
- 如果要采用匝道控制措施,需确定主线检测点的位置。
- 增设新的检测点,使每个进口和出口间的主线道路部分均设有一个检测点。
- 增设检测器,使毗邻检测器的间距不超过 0.33mile(0.53km)。
- 调整检测器位置以避免间距过小。

当采用匝道控制措施时,高速公路上检测器的典型布设间距平均为 0.25~0.33mile(0.40~0.53km)。

交通检测器也会经常发生故障或输出不准确的数据。为保证相关检测数据应用功能的正常运行,高速公路管理系统通常也需具备故障检测器识别及通过数据融合替换错误或缺失数据的相关功能。List 等人[23]详细研究了使用周围检测器数据进行数据插补的方法。

断面检测器也可用于交通事件检测,详见后续两个小节。

4.5.2 无事件检测算法断面检测器的事件检测方法

闭路电视监控系统、911 报警电话及出警报告等是交通事件检测的主要方式,但断面检测器在很多机构中也被用于协助开展交通事件检测。例如,路网电子地图能够显示道路各区段(两个检测点位置之间的近似中点)的行驶速度。在此情况下,虽然无法依靠路网电子地图实现对区段内交通事件的直接检测,但有经验的交通管理者能够根据对应区段的历史交通状态来推断区段内是否存在交通事件,这种方法在非高峰时段尤为有效。同时,这种推断性的检测方式也需要借助其他措施来进行对交通事件的核实。

当交通事件导致的道路衰减后通行能力无法满足上游道路的交通需求时,事件地点就会开始产生车辆排队现象,从而引起交通密度的上升及事件上游道路行驶速度的下降。排队长度会随着时间的推移不断增加,导致形成的交通波向事件上游传导。交通波到达交通检测器所需的时间很大程度上决定了事件引起的延误时间,从而影响管理者基于交通检测器数据的事件识别能力。下面将举例说明如何估算这一传导时间,交通波传导速度计算公式为[24]

$$w_{AB} = (q_A - q_B)/(k_A - k_B) \quad (4.12)$$

式中,k 和 q 代表的意义同上。下标 A 表示交通波影响范围下游排队区域的交通条件,下标 B 表示交通波影响范围上游道路的交通条件。

下面举例说明应用上述断面检测器开展交通事件检测的平均时间。图 4.29 解释了交通波的传播过程并描述了案例中的交通运行状态。

以下参数用于表示交通事件上下游的交通量与交通密度:

$q_A = 1100$ 辆/h。$q_B = 1600$ 辆/h。$k_A = 110$ 辆/mile。$k_B = 26.7$ 辆/mile。

将相关参数代入式(4.12),可计算出交通波向事件上游的传导速度为

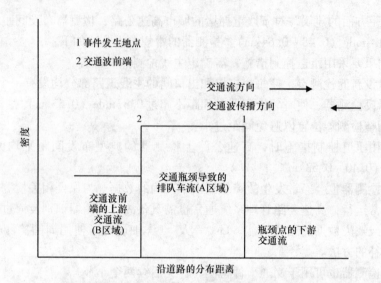

图4.29 交通事件引发瓶颈的交通波传导过程

6mile/h。若检测站间距为0.25mile，则交通波在这一道路长度上的通过时间为2.5min，假设交通事件在检测点间随机均衡分布，则平均传导时间为上述通过时间的一半。在此基础上，还需加上检测器数据平滑与处理时间（通常为1min）。图4.30所示为不同检测器间距下的平均检测时间（基于本案例参数）。

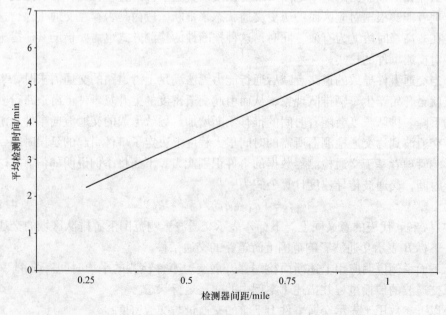

图4.30 平均检测时间示例

事件检测时间与交通事件场景密切相关，因而可引入参数 B1 来表示不同检测器间距下各类交通事件场景能够被及时发现的概率，同时，参数 B1 也被应用于第 4.6.3 节中的事件管理效率评估模型内。不同断面检测器布设间距下的参数 B1 值如下所示。

当 0.4mile ≥ 检测器间距时，B1 = 0.9。

当 0.7mile ≥ 检测器间距 > 0.4mile 时，B1 = 0.7。

当 1.0mile ≥ 检测器间距 > 0.7mile 时，B1 = 0.5。

当 2.0mile ≥ 检测器间距 > 1.0mile 时，B1 = 0.3。

当检测器间距 > 2mile 时，B1 = 0.1。

未布设检测器时，B1 = 0.0。

4.5.3　具有事件自动检测算法的断面检测器

上一节介绍了交通事件的一种人工检测技术。而基于断面检测器数据处理技术，也能够实现对潜在交通事件的自动检测与提醒，尽管这一功能尚未大规模应用，但在相关试点中取得了不同程度的效果[4,25,26]。事件自动检测算法的性能评估项包括检测率、误报率和检测耗时，但在这些评估项上，上述算法的性能通常弱于其他方法的性能。Martin[25]认为，"高速公路上视频监控覆盖率及手机使用率的持续攀升，降低了交通管理系统对事件自动检测算法的需求程度。"

身份识别检测。身份识别检测能够获取指定车辆通过两个预设点位的时间差，部分检测技术根据布设的路侧设备来标定检测点位，而其他检测技术则能够标定虚拟点位。上述时间差的获取过程被称为车辆匹配或车辆重新识别。常见的身份识别检测技术包括：

- 电子标签及其读卡器。在设有收费设施的区域，有较高比例的车辆都安装有电子标签，而当车辆匹配技术的使用者为公共机构时，也能够保障车辆身份信息的安全性。基于电子标签读卡器的 TRANSMIT 系统是一套采用了上述方法的身份识别系统。测试结果表明，上述系统在 New York State Thruway 和 GardenState Parkway 应用时的交通事件检测率分别约为 89% 和 72%，事故误报率范围分别为 10%~22% 与 16%~32%。近年来，TRANSMIT 系统已经推广到纽约市大都市区，并应用于 New York State Thruway 的其他路段[27]。交通事件的检测时间及定位精度与用于估计行程时间的预设点位间距相关，但由于读卡器的布设牵涉到基础设施建设，减少预设点位间距需要巨额的投入。

- 基于 GPS 技术的个人交通信息服务。在驾驶员的许可和配合下，可利用手机通信或其他通信技术将车辆位置信息传输到企业运营中心，通过车辆重新识别技术确定行驶速度、行程时间和路线信息。驾驶员还可提供如交通事件、施工区域和天气状况等其他信息。在某些情况下，相关企业会将身份识别数据与来自交通管理中心和其他渠道的信息结合使用。

- 蓝牙读卡器。蓝牙是一个开放的无线通信平台，可用于连接各种电子设备。许多计算机、车载收音机和仪表板系统、掌上电脑、手机、耳机或其他个人设备都具备蓝牙功能，以实现规范化的设备间信息传输。蓝牙设备之间的互联是通过在查询与接收设备间传输与接收一个48位机器访问控制（MAC）地址来实现的。查询设备内的小型无线收发器不断发送设备特定的MAC地址，以搜索准备与之通信的其他设备，且当蓝牙设备连接上另一个设备后，仍会继续发送其MAC地址。由于存在设备间重复MAC地址的可能性，蓝牙设备通常都会由制造商赋予唯一的MAC地址。当设备被售出后，这些唯一的MAC地址不会被追踪或易于获取，从而使MAC地址成为不包含个人信息的识别码。MAC地址的持续传输特征令其具有不涉及个人数据或其他敏感信息的可检测性与可测量性，从而确保出行者身份及其个人信息不会泄露。在此基础上，通过两个点位匹配到的相同MAC地址，可帮助确定点位间的行程时间。根据现有经验，每5min可匹配3对，每15min可匹配9对，每小时可匹配36对，每天可匹配864对[28]。费城76号州际公路的匹配率范围为3.5%~4.7%[28]。

虽然身份识别检测主要用于获取行程时间，但该技术也可通过当前行程时间与历史行程时间的对比分析来提供一定的事件检测能力。

机动巡逻服务与出警服务

在工作周的大部分时间里，很多地方都提供机动巡逻服务，而其他时间也可能提供这一服务。机动巡逻服务不仅能够发现和确认交通事件，也能够帮助处置小型交通事件及协助其他响应单位开展事件处置和交通管理。

警察巡逻也能够发现和确认交通事件。而当检测到交通事件时，警察通常会是第一响应单位。

在某些情况下，也可利用其他机构提供的记录以协助交通管理。图4.31[29]所示为加利福尼亚州公路巡逻队提供的交通事件管理记录，对应交通事件的详细信息在图中下半部分列出。

4.5.4 通过智能交通系统提升交通事件响应、处置与恢复速度

交通管理机构通常按交通事件的严重程度进行分级，并根据不同等级提供相应的响应措施。

4.5.4.1 交通事件响应预案

交通事件响应预案的制定通常由责任关联方设立的专门小组或委员会来承担。其中，交通管理中心需承担的任务包括：
- 面向驾驶员信息发布措施，建立一套预设信息组。
- 面向交通分流措施，合理规划绕行路线，制定应急信号配时方案。
- 运行辅助控制与显示装置，如车道控制信号、漏光式标志和动态指路标志。

图4.32[30]显示了事件等级及预期交通状况对交通事件响应预案选择的影响。

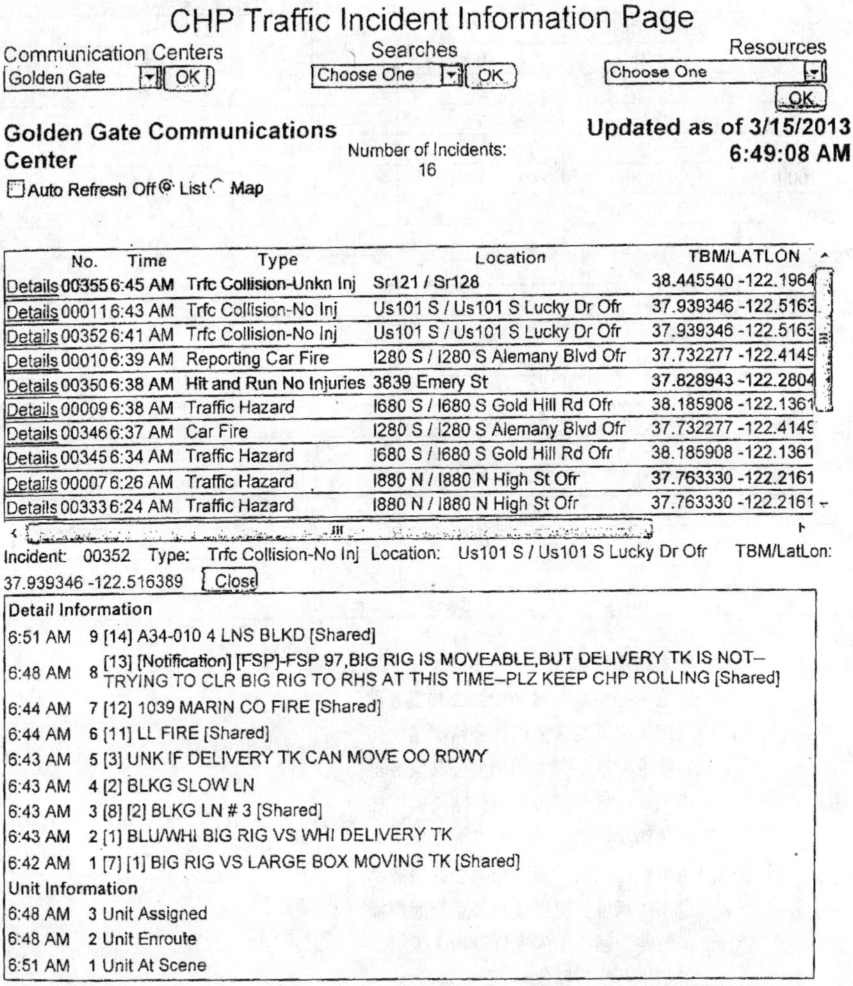

CHP Traffic Incident Information Page

Communication Centers: Golden Gate OK | Searches: Choose One OK | Resources: Choose One OK

Golden Gate Communications Center　Number of Incidents: 16　**Updated as of 3/15/2013 6:49:08 AM**

Auto Refresh Off　List　Map

	No.	Time	Type	Location	TBM/LATLON
Details	00355	6:45 AM	Trfc Collision-Unkn Inj	Sr121 / Sr128	38.445540 -122.1964
Details	00011	6:43 AM	Trfc Collision-No Inj	Us101 S / Us101 S Lucky Dr Ofr	37.939346 -122.5163
Details	00352	6:41 AM	Trfc Collision-No Inj	Us101 S / Us101 S Lucky Dr Ofr	37.939346 -122.5163
Details	00010	6:39 AM	Reporting Car Fire	I280 S / I280 S Alemany Blvd Ofr	37.732277 -122.4149
Details	00350	6:38 AM	Hit and Run No Injuries	3839 Emery St	37.828943 -122.2804
Details	00009	6:38 AM	Traffic Hazard	I680 S / I680 S Gold Hill Rd Ofr	38.185908 -122.1361
Details	00346	6:37 AM	Car Fire	I280 S / I280 S Alemany Blvd Ofr	37.732277 -122.4149
Details	00345	6:34 AM	Traffic Hazard	I680 S / I680 S Gold Hill Rd Ofr	38.185908 -122.1361
Details	00007	6:26 AM	Traffic Hazard	I880 N / I880 N High St Ofr	37.763330 -122.2161
Details	00333	6:24 AM	Traffic Hazard	I880 N / I880 N High St Ofr	37.763330 -122.2161

Incident: 00352 Type: Trfc Collision-No Inj Location: Us101 S / Us101 S Lucky Dr Ofr TBM/LatLon: 37.939346 -122.516389 Close

Detail Information	
6:51 AM	9 [14] A34-010 4 LNS BLKD [Shared]
6:48 AM	8 [13] [Notification] [FSP]-FSP 97,BIG RIG IS MOVEABLE,BUT DELIVERY TK IS NOT–TRYING TO CLR BIG RIG TO RHS AT THIS TIME–PLZ KEEP CHP ROLLING [Shared]
6:44 AM	7 [12] 1039 MARIN CO FIRE [Shared]
6:44 AM	6 [11] LL FIRE [Shared]
6:43 AM	5 [3] UNK IF DELIVERY TK CAN MOVE OO RDWY
6:43 AM	4 [2] BLKG SLOW LN
6:43 AM	3 [8] [2] BLKG LN # 3 [Shared]
6:43 AM	2 [1] BLU/WHI BIG RIG VS WHI DELIVERY TK
6:42 AM	1 [7] [1] BIG RIG VS LARGE BOX MOVING TK [Shared]
Unit Information	
6:48 AM	3 Unit Assigned
6:48 AM	2 Unit Enroute
6:51 AM	1 Unit At Scene

图 4.31　加利福尼亚州公路巡逻队交通事件记录

4.5.4.2　提高机构间沟通

美国的很多州根据国家事件管理系统（NIMS）和事件指挥系统（ICS）的指导方针，制定其交通事件响应流程。附录 G 将对这两个系统进行深入讨论。

事件响应机构之间的合作协调是交通事件高效管理与处置的关键，相关过程的关键要素包括：

- 管理理念。管理理念明确了参与机构的角色与职责，表 4.9 所示为费城地区管理理念，并在表中列出了各参与机构及其职责[31]。

发生时段	预估持续时间	受影响车道数/响应等级			
		0 个车道	1 个车道	2 个车道	2 个以上车道
0000–0600	<2h	0	0	1*	3*
	2~4h	0	0	2*	3*
	>4h	0	0	2*	3*
0600–1000	<0.5h	1	1	2	3
	0.5~2h	1	1	2	4
	>2h	1	2	3	4
1000–1500	<2h	1	1	2	3
	2~4h	1	1	2	3
	>4h	1	2	3	3
1500–1900	<0.5h	1	1	2	3
	0.5~2h	1	1	2	4
	>2h	1	2	3	4
1900–2400	<2h	0	0	1*	3*
	2~4h	0	0	2*	3*
	>4h	0	0	2*	3*

0 级　　　　　　无需特殊行动
1 级　　　　　　实施响应预案,通知相关公共服务部门
　　　　　　　　启用 1 级可变情报板和公路交通广播
2 级　　　　　　实施响应预案,通知相关公共服务部门
　　　　　　　　启用 2 级可变情报板和公路交通广播
　　　　　　　　将公路交通广播闪光灯设为 2 级
3 级　　　　　　实施响应预案,通知相关公共服务部门
　　　　　　　　启用 3 级可变情报板和公路交通广播
　　　　　　　　将公路交通广播闪光灯设为 3 级
　　　　　　　　指示推荐绕行路线
4 级　　　　　　实施响应预案,通知相关公共服务部门
　　　　　　　　启用 4 级以上可变情报板和公路交通广播
　　　　　　　　将公路交通广播闪光灯设为 4 级
　　　　　　　　指示强制绕行路线

n 级可变情报板　　n = 进入交通事件发生通道前的发布点数量
n 级公路交通广播　n = 在公路交通广播循环周期内重复相关信息的次数（例如,在 3min 周期内）
n 级 *　　　　　　* = 通知工作人员可能需要在正常工作时间以外执行操作。

图 4.32　ARTEMIS 交通事件响应预案选择

- 履行上述职责可能需要的机构间协议。
- 用于共享文本、语音和视频资料的中心系统间通信计划和架构。图 4.33 所示为伊利诺伊州收费公路管理局的交通事件相关通信流程[32]。

表4.9 费城地区交通事件管理角色与职责

领域	责任相关方	角色与职责
交通管理中心	新泽西州交通运输部州级交通管理中心/南部交通管理中心	• 实施交通监控，识别交通事件 • 通知9-1-1中心已发生交通事件 • 调度紧急服务车辆进行交通管制 • 在可变情报板上发布事件信息 • 将交通事件信息输入511服务系统 • 通过区域多通道综合信息共享平台（RIMIS）通知其他机构 • 调整绕行路线上的交通信号配时方案 • 请求维护人员清理现场 • 向信息服务提供商和媒体提供事件信息 • 制定并实施大型活动交通管制预案
交通管理中心	宾夕法尼亚州交通局工程特区6-0区域交通管理中心	
交通管理中心	伯灵顿郡桥梁委员会交通管理中心	
交通管理中心	特拉华州河港收费桥梁联合委员会办公室	
交通管理中心	特拉华河港务局交通规划委员会	
交通管理中心	新泽西州各郡交通管理中心	
交通管理中心	新泽西州收费公路管理局交通管理中心	
交通管理中心	费城交通管理中心	
交通管理中心	PTCOCC	
交通管理中心	州交通局管理中心	
9-1-1呼叫中心	新泽西各郡911呼叫中心	• 接听民众拨打的9-1-1报警电话 • 派遣第一批响应队伍 • 从交通管理视频中核实交通事件 • 派遣增援警察、消防及紧急服务人员
9-1-1呼叫中心	新泽西警局勤务调度中心	
9-1-1呼叫中心	宾夕法尼亚州各郡911呼叫中心	
9-1-1呼叫中心	费城警察局无线电室调度中心	
9-1-1呼叫中心	宾夕法尼亚州警局诺里斯敦统一调度中心	
应急响应机构	新泽西州警局	• 确定第一批响应队伍所需资源 • 执行交通调控和交通管制 • 执行事件指挥系统相关流程 • 根据需要请求额外资源
应急响应机构	宾夕法尼亚州警局	
应急响应机构	伯灵顿郡桥梁委员会警队	
应急响应机构	特拉华河港务局警队	
应急响应机构	市政警察、消防、紧急医疗队	
应急响应机构	费城警察局消防部门	
信息服务提供商	新泽西州交通运输部511系统/出行者信息	• 511系统更新数据库和电子地图 • 更新信息服务提供商/交通管理部门数据库和电子地图 • 向注册用户发送出行者提醒消息
信息服务提供商	宾夕法尼亚州交通局511系统/出行者信息平台	
信息服务提供商	新泽西州收费公路管理局511系统/出行者信息平台	
信息服务提供商	宾夕法尼亚州收费高速公路管理局/出行者信息平台	
信息服务提供商	南新泽西州交通管理局511系统/出行者信息平台	
信息服务提供商	信息服务提供商	
信息服务提供商	新泽西州和宾夕法尼亚州交通管理部门	

(续)

领域	责任相关方	角色与职责
设施维护办公室	新泽西州交通运输部维护办公室	• 接收911、警察或交通管理部门的援助请求 • 派遣维修队
	宾夕法尼亚州交通局工程特区6-0各郡维护办公室	
	特拉华州河港务局桥梁维护办公室	
	伯灵顿郡桥梁委员会维护办公室	
	特拉华州河收费桥梁联合委员会办公室	
	新泽西州收费公路管理局维护办公室	
	新泽西各郡公共工程部门	
	费城街道局	
	宾夕法尼亚州收费高速公路管理局维护办公室	
	南新泽西州交通管理局维护办公室	
大型活动组织单位	活动组织单位	• 告知交通管理部门即将开展的大型活动

同时,以下措施可促进信息共享和协同响应:

• 不同管理中心同地协作。最常见的同地协作单位包括高速公路交通管理运行中心、交通信号控制中心、警察勤务中心和应急管理中心。

• 使用智能交通系统标准协议。标准协议有助于不同管理中心之间的信息交互,而管理中心通常支持的协议包括美国智能运输系统通信协议标准体系(NT-CIP)[33]和电气和电子工程师协会1512系列标准[34]。

4.5.4.3 向响应单位提供相关交通信息

第4.5.1.3节中介绍的检测技术或个人交通信息服务可为应急响应单位及驾驶员提供行驶速度、行程时间或路线等相关信息。如果应急响应单位能够获取高速公路和主要地面道路的交通运行信息,就能够优化调整应急响应队伍进入事件现场的路线,或根据拥堵情况就近调遣救援车辆。上述交通运行信息的最佳展现形式为路段速度或拥堵情况的电子路网地图,或是指示进入事件现场的最快路线,并可通过车载视听显示设备实现交通运行信息的不断更新。向应急响应单位提供上述信息的前提是有能力获取高速公路及可用于进入事件现场的替代路线上的行程时间。

4.5.4.4 主要应急响应路线的制定与管理

以下应急响应路线管理措施将有助于更快速地进入事件现场。

• 交通信号优先控制。通过无线、光学或声波通信链接的方式,实现独立交叉口处的信号优先控制。也可通过特定调度中心(如消防部门下属中心)实现预设路线沿线的信号优先控制。

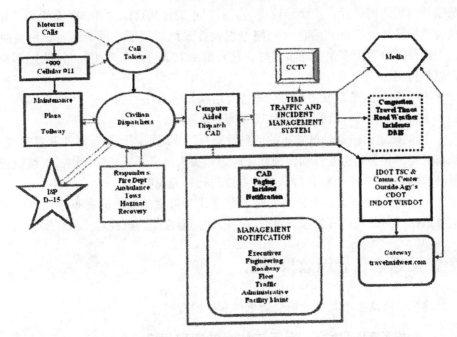

图4.33 伊利诺伊州收费公路管理局交通事件通信流程

- 确定有利于应急救援车辆通行的道路维护作业优先顺序。在应急响应单位常用路线上执行车道关闭或其他降低道路通行能力的道路维护作业可能会增加这些路线上的行程时间。因此，合理规划道路维护作业以缩短车道关闭时间，协调道路维护与施工作业以保障救援车辆使用的替代路线不会同时受两者的影响，是应急救援车辆快速进入事件地点的重要保障措施。同样，优先开展上述路线的冰雪清除作业也能够提升事件响应速度。应急响应单位提供的信息能够协助确定需要优先处理的道路区域。
- 高速公路上应急车辆掉头通道。通过在合适地点设置应急车辆掉头通道，可有效缩短救援车辆位置至高速公路事件多发路段的行程时间。如有必要，可使用由应急车辆远程控制的闸门来禁止其他车辆进入掉头通道。
- 根据应急救援车辆通行路线需求，适当协调施工计划。
- 根据应急救援车辆路线要求，协调交通稳静化规划。交通稳静化措施通常会对应急救援车辆的速度和可达性产生不利影响，因此，参与制定交通稳静化规划的机构与应急响应单位间的相互协调显得尤为重要。Atkins 与 Coleman[35]研究了交通稳静化措施对应急车辆速度的影响，这项研究使俄勒冈州波特兰市将部分街道归为主要应急响应道路，并在这些道路上重点布设信号优先控制设备并避免使用交通减速装置。同样，其他地方[36]也在设法解决这一问题。

4.5.4.5 排队尾部检测

在交通事件的发展过程中，排队车流尾部会逐渐向上游移动。排队车流尾部可能与事件现场距离较远,从而导致现场人员很难确定其具体位置。断面检测器和闭路电视监控系统可提供此信息(闭路电视监控系统提供了一种劳动密集型解决方案,当需要同时监控多个交通事件时,这种解决方案可能不适用)。排队尾部检测具有以下作用:

- 协助现场人员采取适当的交通管理措施。
- 协助应急车辆找到进入事件现场的最佳路线。
- 协助确定面向驾驶员发布的信息及绕行路线规划。当交通事件处置完成后,排队车流尾部仍会向上游移动,因此在应急救援人员离开现场后,也需继续执行排队尾部检测。第10.4节将就排队报警系统进行补充说明。
- 排队消散完成。检测排队何时消散完成是解除向驾驶员发布存在事件信息的重要依据,对此项内容的检测可通过断面检测器及闭路电视监控系统实现。

4.6 交通事件管理效果评估

后续章节将从多个角度分析交通事件管理的有效性。

4.6.1 所推荐管理功能、运行与技术的实现程度

美国联邦公路局制定了交通事件管理自评估计划以反映所推荐管理功能、运行与技术的实现程度。表4.10列出了所涵盖的问题类型及响应单位的反馈情况。

表4.10 自评估问题和反馈结果示例[37]

问题编号	问题	评估得分为3分以上的占比
4.2.1.1	是否定义了"重大事件"的相关标准——事件等级或代码	17%
4.2.1.2	是否有为应对重大事件安排高级机构人员7/24全天候待命	77%
4.2.1.3	是否针对事件处置和危险物品处置拟定了一份预先确定(批准)的资源(包括专用设备)联系清单	66%
4.2.1.4	是否为快速响应预先储备好应急设备	44%
4.2.2.1	是否对所有应急响应人员进行了交通管制措施培训	30%
4.2.2.2	是否根据《交通管制设施标准手册》对各个等级的事件采用现场交通管制措施	29%
4.2.2.3	是否在事件引发车辆排队完全消散后再结束交通管制	14%
4.2.2.4	是否了解现场的设备准备和应急照明流程,以确保应急救援人员安全,并最大化通过事件地点的交通量	16%
4.2.3.1	是否采用了事故指挥系统	54%
4.2.3.2	是否制定了死亡事故特别调查政策和程序	51%

(续)

问题编号	问题	评估得分为3分以上的占比
4.2.3.3	是否制定了涉及危险品事故应对特别政策和程序	69%
4.2.3.4	是否制定了交通事件快速处置政策	36%
4.2.3.5	是否针对可用并签约的拖车和道路恢复运营商（包括运营商能力）拟定一份合格清单	74%
4.2.3.6	是否提供机动救援巡逻服务	70%

4.6.2 常规指标

虽然智能交通系统的常规性能指标（如延误时间和事故数量的减少）也与交通事件管理效果有关，但被认为与交通事件管理直接相关的指标包括[38]：

- 道路恢复时间（从第一次事件上报到第一次确认所有车道恢复通行的时间）。
- 事件处置时间（从第一次事件上报到最后一名应急响应人员撤离现场的时间）。
- 二次事故数量。

4.6.3 交通事件管理效果评价模型

以下章节将介绍应用于交通事件管理的智能交通系统备选设计方案评价模型。该模型可用于智能交通系统设计方案对交通事件管理支撑潜力的评估，并通过一个取值范围在0.0到1.0间的参数（H）表示。模型具体细节如下。

4.6.3.1 交通事件管理功能与科学技术的关系

参数 H 由以下功能要求构成：

1）事件的及时检测（H_1）。
2）事件及其类别的及时确认（H_2）。
3）交通管理中心在事件响应和处置管理方面的及时协助（H_3）。
4）排队尾部和排队消散的及时检测（H_4）。

上述各项需求的实现概率取决于所采用的技术和业务。

表4.11中使用指标 g 表示上述功能需求，V_{ng} 表示技术或业务满足要求 g 的潜在能力。这些参数的默认值见表4.12。

表中，B1是不同检测器间距条件下各事件场景的及时检测概率（见第4.5.1.3节）；RTV是闭路电视监控系统检测到的道路交通事件比例（见附录B；K35是巡逻服务水平的修正系数（见附录F）；K40是巡逻服务的换算系数（见附录F）。

表 4.11 满足功能需求的概率

技术和业务	满足需求的概率
1. 911/公共安全应答点信息获取	V_{1g}
2. 出警行动	V_{2g}
3. 闭路电视监控系统	$V_{3g} \times RTV$
4. 机动巡逻服务	$V_{4g} \times K35 \times K40$
5. 电子交通检测（断面或身份识别检测器）	$V_{5g} \times B1$

表 4.12 V_{ng} 的默认值

功能需求（g）	技术				
	V_{1g}	V_{2g}	V_{3g}	V_{4g}	V_{5g}
1. 及时检测	0.6	0.3	0.9	0.5	0.4
2. 及时确认和分类	0.3	0.6	0.9	0.5	0.2
3. 及时协助	0	0.9	0.8	0.5	0.2
4. 排队尾部和排队消散检测	0	0.1	0.5	0.2	0.8

用户可根据经验或应用中的特殊考虑对上述默认值进行修正。

4.6.3.2 交通事件管理的潜在有效性评价模型

模型用 H_g 表示每项交通事件管理功能需求的潜在有效性。由于交通事件管理的各项支持技术会存在部分功能重叠的情况，本书采用了概率论和贝叶斯推理（例如，见 Klein[22]）相结合的方法来实现这些重叠部分的模拟，H_g 的计算过程为

$$H_g = 1 - 所有技术都不满足功能 g 的概率$$

所有技术都不满足功能 g 的概率 =（1 - 技术 1 满足功能要求的概率），…，（1 - 技术 5 满足功能要求的概率）

因此得到 H_g 的计算公式为

$$H_g = 1 - (1 - V_{1g})(1 - V_{2g})(1 - V_{3g} \times RTV) \times (1 - V_{4g} \times K40 \times K35) \times (1 - V_{5g} \times B1) \quad (4.13)$$

交通事件管理的潜在有效性包括以下内容：
- 事件的及时检测（H_1）。
- 事件及其类别的及时确认（H_2）。
- 事件管理（H_M）。
- 应急响应人员的及时协助（H_3）。
- 排队尾部和排队消散的及时检测（H_4）。

由于 H_3 和 H_4 均有助于交通事件管理，因此得到 H_M 的计算公式为

$$H_M = YH_3 + (1 - Y)H_4 \quad (4.14)$$

其中 Y 表示交通事件管理措施的及时性（取值范围为 0~1.0）。对于具有良好应急

响应服务的大都市地区，Y 可取值 0.8 以上。

H 值的计算公式为

$$H = H_1 H_2 H_M \qquad (4.15)$$

4.6.3.3 智能交通系统交通事件管理措施的效益

缩短交通事件处置时间可以带来以下效益：

- 减少车辆总延误。
- 通过缩短车辆排队现象持续时间减少二次事故数。
- 降低燃油消耗。
- 减少车辆尾气排放。

延误时间和事故数量的减少与第 4.6.3 节及其他部分讨论的很多参数有关，如图 4.34 所示。

模型部分参数的默认值在表 4.13 中列出。

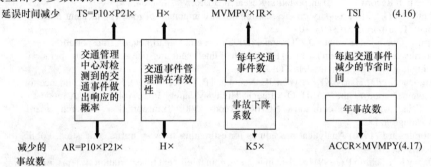

P10-当交通管理中心有人值勤时，交通事件得到有效管理的概率
P21-交通事件发生时交通管理中心有人值勤的概率
H-交通事件管理潜在有效性
MVMPY-年平均百万车英里数
IR-每百万车英里数的交通事件数
TSI-每起交通事件节省的延误时间
K5-事故下降系数
ACCR-事故率

图 4.34　减少延误时间和事故数量的效益模型

表 4.13　减少延误时间和事故数量的效益模型参数默认值

符号	参数	默认值
P10	当交通管理中心有人值勤时，交通事件得到有效管理的概率	如果交通管理中心运行手册或操作指南支持对交通事件进行管理，则该参数值 = 1.0
P21	交通事件发生时交通管理中心有人值勤的概率	如果交通管理中心全天候运行，则该参数值 = 1.0。如果交通管理中心只在工作日上午 6 点到下午 7 点时段由工作人员值勤，则 58.6% 的车辆行驶里程和事故数将在这一期间发生[11]
K5	事故下降系数（智能交通系统支撑下的交通事件管理能够减少的事故比例）	默认值取 0.10

读者可登录网站 http://www.springer.com/us/book/9783319147673，在工作表《事故管理潜在有效性》中实现对式（4.13）～式（4.15）的计算。附录 C 介绍的案例说明了同时部署闭路电视监控摄像机和交通检测器时实现效益最大化的设计方法，并详细解读了对应的计算工作表。

Schrank 等[38]基于 EPA 的机动车污染物排放模型——MOVES 模型[39]，提出了油耗量和尾气排放量的估算流程。

参 考 文 献

1. Conklin CA, Bahler SJ, Belmore KL, Hallenbeck M, Ishamura J, Schnell GM, Clark JE, Cathleen E, Kandarpa R, Hill D, But A (2013) Transportation management center data capture for performance and mobility measures guidebook. Joint Program Office, Report FHWA-JPO-13-062, Washington, DC
2. Lindley JA (1987) A methodology for quantifying urban freeway congestion. Transportation Research Record 1132. Transportation Research Board, Washington, DC
3. Raub RA (1997) Secondary crashes: an important component of roadway incident management. Transport Q 51(3):93–104
4. Traffic Operations Center (TOC) manual (2008) Virginia Department of Transportation
5. Murthy G, Lu JJ, Rajaram L (2013) Evaluation of intelligent transportation systems operations using logistic regression models. ITE J
6. Antonucci ND, Hardy KK, Bryden JE, Neuman TR, Pfefer R, Slack K (2005) Guidance for implementation of the AASHTO Strategic Highway Safety Plan, Volume 17: A guide for reducing work zone collisions, NCHRP Report 500. Transportation Research Board, Washington, DC
7. Morales JM (1986) Analytical procedures for estimating freeway traffic congestion. Public Roads 50(2):55–61
8. Ozbay K, Kachroo P (1999) Incident management in intelligent transportation systems. Artech House, Boston, MA
9. Presley MW, Wyrosdick KG, Sulbaran TA (2000) Calculating benefits for NAVIGATOR, Georgia ITS. 79th annual meeting of the transportation research board, Washington, DC
10. Traffic Incident Management Handbook (2000) PB Farradyne
11. Region 4 ATMS local evaluation report (2005) Dunn Engineering Associates
12. Kittleson W, Vandehey M (2013) SHRP 2- incorporation of travel time reliability into the HCM, Kittelson and Associates. August 2013
13. Chattanooga urban area incident management plan. Chattanooga Urban Area Metropolitan Planning Organization and Chattanooga – Hamilton County Regional Planning Agency, May 2010
14. Owens N et al (2010) Traffic incident management handbook, Report FHWA-HOP-10-013. Federal Highway Administration, Washington, DC
15. Transportation incident and event management plan. Delaware Department of Transportation (2004) Edwards and Kelcey
16. Online 08/22/14 http://www.bing.com/images/search?q=dynamic+message+signs+traffic+illustrations&qs=n&form=QBIR&pq=dynamic+message+signs+traffic+illustrations&sc=0-0&sp=1&sk=#view=detail&id=4D19201188287BC363EAF0A59342CDC4B8E43756&selectedIndex=43
17. Alternate route handbook (2006) Dunn Engineering Associates Federal Highway Administration Report No. FHWA-HOP-06-092, Washington, DC
18. Intelligent Transportation Systems (ITS) design manual (2000) Wisconsin Department of Transportation

19. Project development manual, Appendix 6. New York State Department of Transportation, Appendix 6. https://www.nysdot.gov/portal/page/portal/divisions/engineering/design/dqab/pdm
20. PeMS user guide, Caltrans, May 2013
21. Jia Z, Chao C, Coifman B, Varaiya P (2014) The PeMS algorithms for accurate, real-time estimates of g-factors and speeds from single-loop detectors, online April 25, 2014, http://robotics.eecs.berkeley.edu/~varaiya/papers_ps.dir/gfactoritsc.pdf
22. Klein LA (2001) Sensor technologies and data requirements for ITS. Artech House, Boston, MA
23. List GF, Williams B, Rouphail N (2014) Guide to establishing monitoring programs for travel time reliability, SHRP 2 Report S2-LO2-RR2. Transportation Research Board, Washington, DC
24. May AD (1990) Traffic flow fundamentals. Prentice-Hall, Englewood Cliffs, NJ
25. Martin PT et al (2001) Incident detection algorithm evaluation. University of Utah, Salt Lake City, UT
26. Automatic incident detection algorithms. ITS Decision Report, Partners for Advanced Transportation and Highways (PATH), University of California at Berkeley, 27 Feb 2001
27. Mouskos KC et al (1999) Transportation operations and coordinating committee system for managing incidents and traffic: evaluation of the incident detection system. Transport Res Rec 1679:50–57
28. Bluetooth travel time technology evaluation using the BlueTOAD™. KMJ Consulting Inc., 4 Jan 2010
29. California highway patrol online 03/15/2013. http://cad.chp.ca.gov/gov/traffic.aspx
30. ARTIMIS operations plan (1997) The advanced regional traffic interactive management & information system
31. Regional ITS architecture for the Delaware Valley, Delaware valley regional planning commission executive summary, Version 2.0, June 2012
32. Incident management operating information and procedures guide. Illinois Tollway, Jan 2013
33. The NTCIP guide updated version 4 (2009) American Association of State Highway and Transportation Officials, Institute of Transportation Engineers, National Electrical Manufacturers Association
34. Guide for implementing IEEE STD 1512 using a systems engineering process (2008) The Institute of Electrical and Electronics Engineers, Inc.
35. Atkins C, Coleman M (1997) The influence of traffic calming on emergency response times. ITE J 67(8):42–46
36. Guidelines on traffic calming devices. Street and Traffic Division, Public Works Department (2006) City of Kansas, MO
37. Traffic incident management (TIM) self assessment national executive summary report (2003) Federal Highway Administration
38. Schrank D, Eisele B, Lomax T (2012) TTI's 2012 urban mobility report. Texas A&M University System, December, 2012
39. MOVES (Motor Vehicle Emission Simulator). Environmental Protection Agency, online 3 Sept 2014. http://www.epa.gov/otaq/models/moves/

第 5 章
偶发性交通拥堵：向驾驶员发布交通事件信息

摘要：面对缓解偶发性交通拥堵的现实需求，本书第 4 章探讨了如何通过缩短交通事件的响应时间来减少延误时间，而本章将介绍智能交通系统中的另一项重要措施——驾驶员信息发布。面向常发性和偶发性交通拥堵的信息发布策略与交通分流效果不尽相同，因此本书将其分为两个章节分别展开论述。

驾驶员信息发布可通过以下方式缓解偶发性交通拥堵：

- 在发生交通事件时，引导行驶在高速公路上的驾驶员绕行通过事件地点。需要执行交通分流措施的场景包括：
  - 驾驶员当前行驶或将要驶入的高速公路上发生了导致道路通行能力衰减的交通事件。
  - 远处道路同时存在导致道路通行能力衰减的交通事件和重大活动施工，为避开远处道路上的事件发生地点，驾驶员可能需要调整整个出行路线。
- 在出行前或行程初期，引导驾驶员改变出行方式或出发时间。
- 让驾驶员掌握异常交通情况，如交通事件、车道堵塞和车道关闭等，使驾驶员能够更早地做好相关准备，从而有效降低交通事故发生率。

本书第 3.1.4 节讨论了偶发性交通拥堵下交通分流措施的常规问题，并给出了相关分流曲线。同时，第 3.1.4 节也讨论了偶发性交通拥堵下驾驶员信息发布的相关政策问题。而在本章中，将针对偶发性交通拥堵下交通分流措施的以下方面展开讨论：

- 与驾驶员的通信技术。
- 信息发布策略和政策，以及利用信息内容和强度影响驾驶员的分流比例。
- 半自动和人工分流控制策略。
- 分流交通对替代路线的影响。
- 面向分流交通、高速公路上剩余未分流交通以及通道交通的延误时间降低模型。
- 分流交通对替代路线的影响及其控制必要性。

本章为交通工程师提供了可用于协助可变情报板选址的相关指导意见及简化模型；讨论了面向驾驶员发布的信息质量重要性，并提出了一种简化质量评估方法；

此外，本章也介绍了智能交通系统在紧急疏散中的应用，并建立了相关的信息生成和发布模型。

5.1 交通分流措施

5.1.1 驾驶员信息发布技术

5.1.1.1 与驾驶员的通信技术

交通信息的发布业务通常由公路设施管理机构承担，但在某些情况下，公路设施管理机构会将此项业务委托外包给私营企业，从而由私营企业直接向驾驶员或车辆发布相关交通信息。表 5.1 列出了部分能够实现的与驾驶员通信技术。

由管理机构负责执行的交通信息发布措施包括可变情报板及公路交通广播（车内收音机接收发射器信号）。同时，管理机构采用的其他通信方式（如 511 电话信息服务）可在出行前或出行中为驾驶员提供交通信息服务，包括由州交通管理部提供的交通和道路状况详细信息及公共交通信息。

由私营企业提供的交通信息发布途径包括商业电台广播、卫星广播、交通状况电视播报以及车载 GPS 导航系统。车载 GPS 导航系统可通过手机或卫星信号实现对实时交通状态与出行路线信息的更新。同时，车联网项目[1]将为交通信息发布提供一项新技术，可通过与路侧设备与邻近车辆的数据交互实现车内信息的实时发布。

发布的交通信息可能会使驾驶员变更其行驶车道、出行路线、出行方式或出发时间。出行方式和出发时间的调整主要发生于出行前，而本书将主要围绕出行中发生的交通分流绕行问题展开讨论。

5.1.1.2 分流信息

Dudek 在研究中指出，管理机构发布的信息中不应包含驾驶员已经掌握的内容[2]。根据这一方针，向驾驶员发布的信息应仅限于偶发性事件的相关内容，但美国联邦公路局倾向于在有无事故时段都通过可变情报板发布行程时间[3]。

表 5.1 与驾驶员间的通信技术

技术	信息覆盖特征	限制	交通事件响应速度	数据来源
可变情报板	覆盖常用道路及其周边区域	信息长度受可读性因素的限制	好	主要源于管理机构自有的智能交通系统设备，个人交通信息服务数据可作为补充
公路交通广播	覆盖半径通常为 3~5mile	信息长度受信息循环周期的限制	好	主要源于管理机构自有的智能交通系统设备，个人交通信息服务数据可作为补充

（续）

技术	信息覆盖特征	限制	交通事件响应速度	数据来源
商业广播电台	覆盖区域广，可用于出行前规划	常规广播对交通事件的播报率受节目播放时段的限制，而卫星广播一般具有更好的时间覆盖率	一般	主要源于个人交通信息服务。管理机构自有的智能交通系统设备数据可作为补充
商业电视	覆盖区域广，可用于出行前规划		一般	主要源于管理机构自有的智能交通系统设备，个人交通信息服务数据可作为补充
车载 GPS 导航系统（车辆自带或后期加装或智能手机）	覆盖区域广	显示的视觉信息可能导致驾驶员注意力分散	取决于交通信息源	主要源于个人交通信息服务。管理机构自有的智能交通系统设备数据可作为补充
E 511 服务（公共机构）	覆盖区域广，许多州都发布道路路段信息或通过其他方式获取的特定信息。可用于出行前规划	在车内选择所需信息时可能导致驾驶员注意力分散	取决于交通信息源	手机服务提供商
个人网站	覆盖区域广	可用于出行前规划。提供车内信息时需保证使用安全性	取决于交通信息源	主要源于个人交通信息服务。管理机构自有的智能交通系统设备数据可作为补充

向驾驶员发布交通异常状况信息通常会使其做出分流绕行的决策。交通分流信息包括以下两类：

- 显性分流信息——有时也被称为主动分流信息，相关信息会提示有必要执行交通分流，并可能指出推荐绕行路线。表 3.1 中，信息强度为 4、5、7、8 级的信息属于主动分流信息，其作用下的分流比例通常大于隐性信息（或被动信息）作用下的分流比例。Dudek[2] 建议执行 3.1.4.2 节所述政策时应采用显性分流信息。

近年来，部分智能手机和互联网服务设备能够为驾驶员指明最快路线，从而提升了显性分流信息发布对交通运行的作用效果。例如，WAZE（https：//www.waze.com/）根据实测交通运行情况提供最快路线。图 5.1 和图 5.2 所示为 WAZE 典型的带有行程时间的可选路线显示界面（最适合用于出行前路线规划）。需要注意的是，图中所示路线内包含了一条免费路线。当驾驶员选定路线后，系统将在途中的适当位置给出语音导航提示。由于显性路线导航中采用的是最快路线,故而此类信息可认为是显性分流信息的一部分。

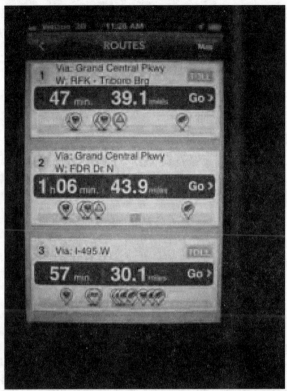

图 5.1　绕行路线

图 5.2　可选路线在地图上的显示界面

- 隐性分流信息——指示道路上发生事故、车道阻塞和关闭、路面施工、重大活动、超预期的延误及行程时间等信息，驾驶员会根据经验判断所增延误并决定是否变更出行路线。上述信息均属于隐形或被动分流信息，而表 3.1 中信息强度为 1、2、3、6 级的信息属于这一类别，同时，行程时间信息也可视为属于这一类别。

5.1.2 交通分流执行政策与策略

高速公路上发生交通事件时，分流交通的选项包括：
- 绕过事件发生地点后返回下游高速公路。
- 变更至能够更快到达目的地的地面绕行路线。

虽然在某些情况下驾驶员能够直接将另一条高速公路作为替代路线，但大多数情况下绕行路线的一部分甚至全部都是由地面道路组成的，从而导致高峰时段内绕行路线几乎没有通行能力余量。

在非高峰时段，即使执行的交通分流等级较低，也有可能导致作为绕行路线的地面主干道发生交通拥堵。图 5.3 和表 5.2 所示为中午非高峰时段内的交通分流简单示例。

图 5.3 所示为中午时段高速公路发生单车道堵塞交通事件下的交通分流执行情况，分流交通在驶出高速公路后进入由中等通行能力主干路构成的替代路线上，并在事件地点下游返回高速公路。事件地点上游设有可变情报板以执行交通分流信息发布。同时，交通事件条件下高速公路衰减后的通行能力为基本通行能力的 49%（表 4.2），即 913 辆/h。

考虑信号影响的主干道通行能力为 1980 辆/h。图 3.5 指出，当地面道路的交通饱和度超过 0.9 时，可能会发生严重拥堵。因此，若采用了保障绕行道路在非高峰时段不发生严重拥堵的执行方针，则上述主干道的最大交通量为 1782 辆/h，而主干路可承担的最大高速公路分流交通量为 412 辆/h。

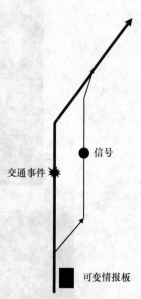

图 5.3 非高峰时段内的交通分流示例

上述方针可确保：
- 绕行线路上的行程时间低于事件发生道路上的行程时间。
- 绕行线路上原有交通流的运行状态在可接受范围内。

上述方针的具体实现策略要求管理机构通过合理的分流信息发布将分流交通量控制在 412 辆/h 以下或将分流比例控制在约 10% 以下。第 3.1.4.1 节中阐述了通过信息"强度"来控制交通分流比例的方法，而在本例中，需要采用较低强度的信息（表 3.1）来保障较低的交通分流比例。另一方面，本例也说明了需要密切监控绕行路线交通状况,来确保上述交通分流策略的有效执行。

表 5.2 非高峰时段内的交通分流示例参数

参数	符号或关系式	值
3 车道高速公路(单向)		
常规通行能力	C	6300 辆/h
阻塞车道数		1
衰减后通行能力	$RE = 0.49C$	3087 辆/h
高速公路常规交通量	q	4000 辆/h
欠缺的通行能力	$CD = q - RE$	913 辆/h
作为绕行路线的主干道(2 车道)		
单向通行能力	RC	3600 辆/h
主干道沿线绿信比	G	0.55
考虑信号影响的主干道通行能力	$CS = GRC$	1980 辆/h
无严重拥堵时主干道最大交通量	$MF = 0.9CS$	1782 辆/h
主干道常规交通量	qA	1370 辆/h
无严重拥堵时主干道可承担的最大高速公路分流交通量	$MDF = MF - qA$	412 辆/h
主干道无严重拥堵时的最大分流比例	$DF = MDF/q$	0.103

5.1.3 交通网络战略性管理

交通管理中心对交通分流措施的执行方针可包括:

- 允许绕行路线上存在一定程度的拥堵。在第 5.1.2 节的案例中执行这一方针能够使可接受交通饱和度上升至 0.96,从而使分流交通量增长至 531 辆/h,即约 13% 的分流比例。但绕行主干路上的公共交通也将出现一定程度的延误。
- 在合理范围内降低高速公路上的延误时间。过度加大分流比例将显著增加绕行主干路上的延误时间。
- 执行相关策略以最小化交通通道上的出行者延误时间。
- 除遇道路封闭或涉及危险品的情况,否则避免使用显性分流信息。

管理机构将根据上述一项或多项方针执行驾驶员信息发布。在某些情况下,管理机构已经确定了要执行的方针,而在其他情况下,发布信息的格式选择也已经隐含了将要执行的方针。

相关方针的执行可由交通规划中的传统交通分配模型提供支撑。这些模型中均包含有交通需求部分(出行生成和出行者行为)与交通供给部分(道路网络特征)。针对不断变化的道路网络条件,交通流优化模型的交通需求与交通供给部分均应能够对交通短时变化做出快速反应,而动态交通分配(DTA)模型能够满足上述需求。例如,DynaMIT[4] 构建了能够反映出行需求和交通网络特征短时变化的相关模型,并可支持现场监控数据和交通控制数据的实时输入与计算。

5.1.3.1 交通分流比例

交通分流比例是交通分流措施执行过程中保障上述方针能够实现的关键变量。交通分流措施可视为由两部分组成,一部分(PDF)为私营企业提供的交通信息服务,另一部分(DF)为受交通管理中心管理并受其信息影响的相关公共服务。两部分同时影响下的总分流比例(TDF)如下:

$$TDF = PDF + DF \tag{5.1}$$

对式(4.10)进行变换,得到出口匝道处受公共服务影响的分流比例(DF)为

$$DF = (V_{E2} - V_{E1})/V_M \tag{5.2}$$

式中,V_{E1}是分流信息发布前的出口匝道交通量;V_{E2}是分流信息发布后的出口匝道交通量;V_M是出口匝道上游主线交通量。

从实际运行角度出发,DF的最优获取方法为通过不同类型分流信息发布前后主线和出口匝道交通流量变化量计算得到。通过测量可变情报板发布特定交通信息时交通流量变化量,可以获取对应信息类型(见表3.1中定义示例)的DF值,从而在今后需要相似交通分流比例的场景下快速确定所需的信息类型。图5.4所示为适用于DF值测定的交通检测器点位配置情况,在图中三个点位中任选两个点位布设交通检测器,即可实现对DF值的测定。

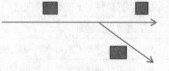

图5.4 检测器点位配置

能够影响交通分流比例的公共服务也包括其他公共机构运作媒体,如提供协同信息的公路交通广播和511网站。

通过汇集受公共服务影响的分流比例历史数据,形成的数据库可用于选择适用于当前交通事件管理的信息强度,同时,上述数据库也可作为新设可变情报板的初始运行依据。

5.1.3.2 交通分流比例模型

如果无法通过第5.1.3.1节所述方法测定交通分流比例,则可考虑采用分析法对分流比例进行估算。Peeta等[5]在研究中建议采用分析法来实现通过可变情报板信息强度对交通分流水平进行调控,并给出了作为调控依据的二项式logit模型。

$$PD = 1/(1 + e^{-U}) \tag{5.3}$$

式中,PD是分流绕行概率;U是采取分流绕行和未采取分流绕行驾驶员间的效用差异。

在Peeta的公式中,

$$U = KD + NMV + MV \tag{5.4}$$

式中,KD是一个常数;NMV是一个数值,表示由信息类型以外的其他影响因素所构成的变量集;MV是一个数值,表示信息类型(显示强度)。

基于表 3.1 中的信息类型,表 5.3[5]列出了适用于特定驾驶员特征的模型参数集及对应的分流绕行概率。

表 5.3　基于消息强度的分流绕行概率[5]（重绘后）

参数	信息特征	参数值	显示因子（由作者增加）
KD		-1.88	
NMV		+0.54	
以下各行表示不同信息类型的 MV		信息类型参数（MV）	
信息 1	仅提示发生事故	0	0.20
信息 2	仅提示事故发生地点	-0.09	0.19
信息 3	仅提示预估延误时间	+0.61	0.32
信息 4	仅提示推荐绕行路线	+0.82	0.37
信息 5	提示事故发生地点和推荐绕行路线	+2.08	0.67
信息 6	提示事故发生地点和预估延误时间	+2.49	0.75
信息 7	提示预估延误时间和推荐绕行路线	+2.73	0.80
信息 8	提示事故发生地点、预估延误时间和推荐绕行路线	+3.55	0.89

Peeta 的研究以意向调查为基础,因此诸如驾驶员理解力、可变情报板可见度及驾驶员反应时间等现实因素通常使实际分流绕行概率低于调查值。Mansoureh 与 Ardshirri[6]研究发现,通过意向调查和驾驶模拟器得到的分流绕行概率之间存在着显著差异。

由于意向调查结果存在局限性,本节所示数据应被视为论述信息强度对驾驶员分流绕行决策影响程度的技术文献案例。

5.1.3.3　系统设计中的管理要素

前述章节讨论了能够对交通分流比例产生影响的驾驶员发布信息相关参数。在系统设计时考虑到相关因素将使系统变得更为高效。然而,交通分流比例受很多措施的影响,从而导致很难构建能够影响分流比例的参数集,同时这些参数在不同的道路环境下也存在着差异。

5.1.4　交通分流策略

交通分流措施执行过程中的相关方针能够通过适当的分流策略得以实现。

分流策略包括开环控制（基本不对受管控高速公路及其分流绕行路线进行监控）和闭环控制。下面将详细介绍上述两种策略。

5.1.4.1　开环控制

分流策略的选择取决于措施执行中需要满足的方针,而这些方针规定了面对特定事件条件（如交通事件及其严重程度）的具体要求。分流策略可由基于驾驶员信息发布的交通分流措施构成，并通过诸如匝道控制、特殊信号配时方案和车道功能变更等交通管制措施来辅助实施。同时，交通仿真可用于协助分流策略的制定。在执行开环控制时，相关的控制策略无法根据实时变化交通运行状况进行调整（不论人工或自动）。开环控制的使用条件通常为运行环境不支持应对当前交通运行状态的实时监测，又或是交通管理中心工作负荷超过其及时响应能力。

5.1.4.2 闭环控制

闭环控制是指根据系统操作员的人工观察及交通检测器的检测手段获取的交通运行状况来调整交通分流比例及其他交通管理措施。某些情况下，交通管理者有能力获取事件发生道路及主要绕行路线上的检测器数据和/或闭路电视监控图像，但在其他情况下（特别是绕行路线为地面道路时），交通管理者很难获取绕行路线上的交通运行情况。以下部分介绍了闭环控制的几种形式。

人工闭环控制

图 5.5 所示为人工闭环控制的示意图。操作员可通过交通检测数据和闭路电视监控系统观测交通状况，汇总源于其他渠道的交通事件信息，并在此基础上按照既定方针执行信息发布。

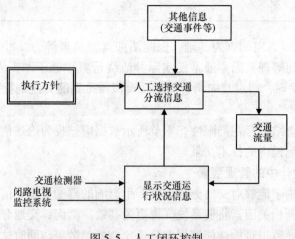

图 5.5 人工闭环控制

交通检测器的信息通常以彩色编码图的形式显示，以利于操作员快速理解信息。当配备有交通监控设备时，这是最常用的信息支持方式。

交通管理中心通常会根据信息发布措施执行后增加的地面道路交通需求，相应调整对应道路的信号配时方案，而自适应交通信号控制系统可实现相关方案的自动调整。

近年来，基于闭路电视监控系统和身份识别信息的交通检测能力有了较大发展。可用于交通检测的身份识别信息源设备包括蓝牙读卡器、电子标签读写器以及管理机构可接入的私营企业 GPS 导航系统。

半自动闭环控制

适用这种控制形式的交通状态信息包括行驶速度、延误时间或交通密度等。执行半自动闭环控制时，会根据选定分流方针的规则和约束条件自动推荐一组分流发布信息和控制方案。操作员根据可获取的附加信息（如闭路电视监控观测和其他渠道信息）对分流发布信息和控制方案进行修正。与人工闭环控制一样，交通管理者需要有能力获取事件发生道路及绕行路线上的交通运行状态信息。

图 5.6 所示为半自动闭环控制的示意图。通过对交通检测器数据的处理（可能包括交通预测），获取可用于交通分流控制的交通状态信息。同时，半自动闭环控制也需要交通管理者有能力获取管控道路及绕行路线上的交通运行状态信息。

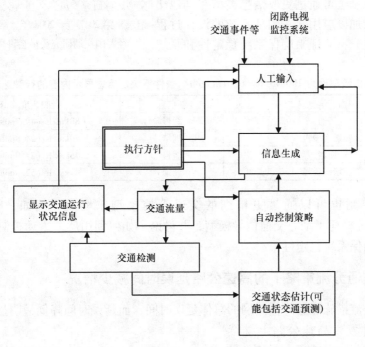

图 5.6 半自动闭环控制

半自动闭环控制是借助交通检测器数据执行的，因而一般可同时用于常发性和偶发性交通拥堵。附录 D 介绍了一个半自动闭环控制的案例，案例中管控道路上布设有交通检测器，但绕行路线上未布设交通检测器。绕行路线上也布设有交通检测器的半自动闭环控制场景如下例所示。

安大略省多伦多地区的 401 号公路上设有几条快速车道和几条集散车道，两类车道间每隔几英里均有通道提供交换机会。COMPASS 系统在每个换道点的上游道路处均设有可变情报板，其上显示了当前两类车道在换道点下游检测点的实测行驶速度。半自动闭环控制的特性如图 5.7 所示[7]。

两条道路间的交通变更比例随可变情报板上显示的两条道路交通状况而变化。表 5.4 所示为显示两条道路交通状况的通用 COMPASS 信息结构。

COMPASS 控制策略是一个相对简单的半自动闭环控制案例。闭环控制不需要明确解析发布信息与交通分流比例的关系，因为这种方式会根据实测交通运行状况调整信息强度。COMPASS 案例中，分流控制策略能够基本均衡两条受管控道路上的行驶车速。

闭环控制也可通过更改信息类型在其他交通管理场景加以应用。在闭环系统的设计过程中，应通过分析验证来确保系统稳定性和系统性能。

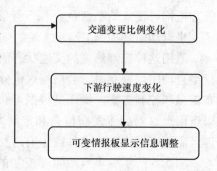

图 5.7　可变情报板反馈控制环路示意图（资料来源：美国华盛顿特区国家科学院交通运输研究委员会会刊《交通运输研究记录》第 2047 卷，2008 年，第 16 页图 5。经美国交通研究委员会许可转载）

表 5.4　自由流车速为 100km/h（62.1mile/h）条件下决定信息显示内容的行驶速度阈值[7]

当前信息	新信息	行驶速度阈值
畅通	缓慢	80km/h（49.7mile/h）
畅通或缓慢	拥堵	40km/h（24.8mile/h）
拥堵	缓慢	45km/h（27.9mile/h）
拥堵或缓慢	畅通	85km/h（52.8mile/h）

此类控制也可以通过更精细的交通管控模型来实现。例如，Kachroo 与 Ozbay[8]研究构建了动态交通诱导模型，并讨论了如何利用反馈主动控制来优化行程时间并确保系统稳定性。

5.1.5　交通分流策略下的高速公路延误时间减少情况

交通分流措施能够降低路网的总体延误时间，而延误时间降低最明显的交通流是仍在事件发生高速公路上继续行驶（未绕行）的车辆，第 5.1.6 节将对这一情况进行举例说明。

图 4.2 显示了交通事件对延误时间的影响，而图 5.8 通过类似的图形显示了交通分流措施对排队车辆延误时间的影响。图 5.8 中新增的线段代表了交通分流措施下的交通需求量，而 a、b、c 和 O 点围成的区域表示交通分流措施下的延误时间。交通分流措施在交

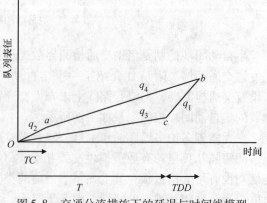

图 5.8　交通分流措施下的延误与时间线模型

通事件检测并核实（TC）后开始执行，O_{ab} 和 O_{cb} 线之间的垂直距离表示指定时刻的排队车辆数。

下列定义适用于图 5.8 和下文中的公式：

q_1 是事件处置完后的驶离交通流量（道路通行能力）。

q_2 是事件地点的驶入交通流量（交通分流执行前）。

q_3 是事件存在时的驶离交通流量（事件引发的衰减后通行能力）。

q_4 是事件地点的驶入交通流量（交通分流执行后）。

T 是从事件发生到处置完成的时间。

TC 是从事件发生到执行交通分流措施的时间。

TDD 是从事件处置完成到交通分流措施下排队车辆完全消散的时间。

基于图 5.8 中的几何关系可推导出如下公式。

TC 时段的累积延误时间：

$$DD = 0.5\,TC^2(q_2 - q_3) \tag{5.5}$$

从 TC 到 T 时段的累积延误时间（DC）：

$$DC = 0.5q_4(T-TC)^2 + (T-TC)TC(q_2-q_3) - 0.5q_3(T-TC)^2 \tag{5.6}$$

从事件处置完成到排队车辆完全消散间的时间（TDD）：

$$TDD = (q_4(T-TC) + q_2 TC - q_3 T)/(q_1 - q_4) \tag{5.7}$$

事件处置完成后的累积延误时间（DQC）：

$$DQC = 0.5\,TDD^2(q_1 - q_4) \tag{5.8}$$

综上，仍在事件发生高速公路上继续行驶（未绕行）车辆的总延误时间（DIF）的计算公式为

$$DIF = DD + DC + DQC \tag{5.9}$$

式（4.4）为未实施交通分流措施情况下的总延误时间 D_T，而排队车辆完全消散所需总时间为 $T + T_D$，其中

T 是从事件发生到处置完成的时间；T_D 是事件处置完成后排队车辆完全消散的时间 [见式（4.1）]。

在此期间道路通过的车辆总数（NND）为

$$NND = q_2(T + T_D) \tag{5.10}$$

在此期间的平均车辆延误时间（ADND）为

$$ADND = D_T/NND \tag{5.11}$$

同样，在实施交通分流措施的情况下，排队车辆完全消散前道路通过的未分流车辆数计算如下：

$$ND = q_2(T + TDD - TC) \tag{5.12}$$

在此期间的平均车辆延误时间（ADD）为

$$ADD = DIF/ND \tag{5.13}$$

图 5.9 所示为用于计算分流交通关键变量及总延误时间（DIF）、车均延误减

少量的工作表案例《高速公路延误时间减少情况》（读者可登录网站 http://www.springer.com/us/book/9783319147673 查看该工作表）。

因交通分流引起的车辆排队长度缩短现象能够节省的高速公路延误时间

需要输入的数据		不实施交通分流	实施交通分流
通行能力/(辆/h)	q_1	6000	6000
需求交通量/(辆/h)	q_2	4500	
交通分流后的需求交通量/(辆/h)	q_4		4050
事件引发的衰减后通行能力/(辆/h)	q_3	3500	3500
分流比例	F	0.1	0.1
$1-F$	G	0.9	0.9
拥堵持续时间/h	T	1	1
事件检测与核实所需时间/h	TC	0.07	0.07
事件处置完成后排队车辆完全消散的时间/h	TD	0.67	
事件处置完成前的延误时间/(车·h)	D_T	500	
事件处置完成到排队车辆完全消散的延误时间/(车·h)	D_Q	333	
事件发生到事件检测期间的延误时间/(车·h)	DD		2
事件检测到处置完成期间的延误时间/(车·h)	DC		303
事件处置完成到排队车辆完全消散间的时间/h	TDD		0.30
事件处置完成后的延误时间/(车·h)	DQC		87
高速公路总延误时间/(车·h)		833	392
未绕行交通车均延误时间/h		0.111	0.074
未绕行交通延误时间减少量/(车·h)	DIF		441
未绕行交通车均延误时间减少量/h	IDV		0.037
未绕行交通延误时间减少比例（%）			33.3
绕行交通量/(辆/h)	VD		450

图 5.9 交通分流措施下的高速公路延误减少值计算表

5.1.6 交通分流对干线交通运行的影响

推荐的交通分流方针与策略须满足以下条件：
- 因显性或隐性分流信息而选择绕行的驾驶员应受益于其分流绕行决策。否

第 5 章　偶发性交通拥堵：向驾驶员发布交通事件信息

则，驾驶员可能会认为发布信息缺乏可信度，并在将来不再遵循相关信息。

- 交通分流应有利于整个道路网络。
- 执行基于信息发布的交通分流措施时，其影响（特别是对于地面道路的影响）不应超过与本地管理责任方事先商定的限制条件。同时，可采用特殊的信号控制配时方案以协助交通分流措施的执行并降低其不利影响。

下面通过一个仅包含一条绕行路线的简单案例来说明上述概念。基于图 5.9 中的高速公路数据可得出，当交通分流比例为 0.1 时，分流绕行交通量为 450 辆/h。表 5.5 列出了案例中涉及的相关参数。

案例中，当信号配时方案不做调整时，采用的方针将分流绕行交通量限制在 396 辆/h 以下。因此，未达到 450 辆/h 的预期分流绕行交通量水平，需要采用替代的特殊信号配时方案。

绕行车辆能够减少的车均延误时间是未绕行车辆减少的延误时间（IDV）与车辆在绕行线路上额外减少的延误时间（TOND）之和。绕行车辆能够减少的总延误时间（TSVD）等于绕行车辆能够减少的车均延误时间与绕行车辆数（ND）的乘积。相关公式如下所示：

$$ND = VD(T + TDD - TC) \tag{5.14}$$

$$TSVD = ND(IDV + TOND) \tag{5.15}$$

式中，VD 是绕行交通量。

表 5.5　非高峰时段地面道路交通分流措施影响示例

参数	符号或关系式	常规绿灯时间分配方案	交通分流措施下的绿灯时间分配方案
道路通行能力/(辆/h)	RC	3600	3600
干线道路绿信比①	G	0.4	0.5
信号灯控制的通信能力/(辆/h)	CS = GRC	1440	1800
方针要求	非高峰时段无新增严重拥堵		
无严重拥堵时的最大交通量/(辆/h)	MF = 0.9CS	1296	1620
无严重拥堵时的常规背景交通量/(辆/h)	NFA	900	
无严重拥堵时的最大可接受分流绕行交通量	MDF = MF − NFA	396	720

① 表中绿信比不含损失时间（排队启动损失时间 + 绿灯结束后清空损失时间）。

在图 3.3 假设分流比例为 10% 的案例中，绕行车辆与未绕行车辆相比减少的延误时间（TOND）约为 5min。代入案例参数得出：

绕行车辆数 ND = 572 辆

绕行车辆减少的总延误时间 TSVD = 68.6 车辆·h

未绕行车辆的延误时间下降了 441 车辆·h（图 5.9 中未执行分流措施和执行分流措施下的延误时间差值）。由于 TSVD 远小于未绕行车辆的延误时间，可见交通分流措施对于整个交通系统的提升效益主要体现在未分流交通上（源于事件发生道路上车辆排队长度的缩短）。在本例中，绕行车辆的效益提升远高于未绕行车辆。

5.1.7 交通事件分流策略下的交通通道延误时间减少情况

交通通道总延误时间的减少值（CDS）等于未绕行车辆和绕行车辆减少的延误时间之和减去绕行路线上正常通行车辆（交通分流前已存在）产生的额外延误时间（DAR），计算公式为

$$CDS = DIF + TSVD - DAR \tag{5.16}$$

上述简化模型假设条件包括：交通事件情况下所有绕行车辆都将驶入计划中的绕行路线，且绕行路线上正常通行车辆也将继续使用该路线。而若使用交通分配模型，则可更精准地估算实际驶入绕行路线的交通量。

如图 3.5 所示，随着绕行交通量越来越接近绕行路线能够提供的通行能力，DAR 开始呈指数级增长，从而可能令 CDS 也显著降低。

5.2 可变情报板位置设计要素

可变情报板具有多种形式，从简单的漏光式标志及便携式情报板到大型信息屏。图 5.10 展示了可用于偶发性交通情况（如道路施工、交通事件和天气状况）信息发布的大型信息屏的相关实例。

此类可变情报板需大量的资金投入，并通常会在智能交通系统项目成本中占据很大比例。因此，根据成本效益原则确定此类可变情报板的数量及位置显得非常重要。可变情报板的具体位置取决于许多因素，如视距因素、道路结构引起的安装限制、周边环境问题、电力接入可行性以及维护条件，上述问题的相关讨论可参见 Dudek[2] 的研究成果。以下各节将从功能角度开展可变情报板位置选择分析，即考虑可变情报板在向驾驶员发布交通事件及其他交通相关内容时的效用。

5.2.1 可变情报板功能部署基本原则

可变情报板部署的关键功能目标是保证当其下游发生交通事件时最大数量的驾驶员能够看到可变情报板。Abbas 与 McCoy[9] 在研究中论述了这一原则在路网层面的实现方法示例。

5.2.2 用于协助可变情报板功能部署的简化模型

很多智能交通系统项目的应用范围有限，只能覆盖某条高速公路或高速公路某

第5章 偶发性交通拥堵：向驾驶员发布交通事件信息

图 5.10 用于偶发性交通情况信息发布的可变情报板
a）显示施工信息的可变情报板（资料来源：柏诚集团）
b）显示交通事件信息的小型可变情报板（资料来源：达科公司）
c）显示天气状况和限制速度的可变情报板（资料来源：达科公司）

一路段。针对上述条件，本节在参考文献［9］中的相关概念基础上，建立了两个简化模型以协助确定可变情报板的功能部署。所述模型的基本理念如图 5.11 所示，图中通过简单案例说明了设于事件地点前最后一处交通分流点上游位置的可变情报板的功能部署。图中的双圈符号代表事件地点，网格区域代表交通事件引起的拥堵区域。

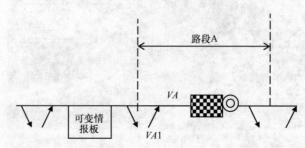

图 5.11　设置于事件排队区域前最后一处交通分流点上游路段的可变情报板

驾驶员在驶入事件地点所处路段 A 之前遇到可变情报板的概率（$P34$）为收到可变情报板信息但未绕行的车辆在驶入拥堵区域车辆中所占的比例。在本例中：

$$P34 = (VA - VA1)/VA \tag{5.17}$$

式中，VA 是事件引发车辆排队区域上游的主线交通量；$VA1$ 是可变情报板至事件地点间的驶入交通量。

第 5.2.2.1 节和第 5.2.2.2 节将根据以下两种情况对简化模型进行详细讨论：
- 能够获取起讫点数据。
- 不能获取起讫点数据。

5.2.2.1　当能够获取起讫点数据时 $P34$ 的计算方法

本节针对公路出行起讫（OD）分布数据可获取的单一高速公路场景，构建了用于计算 $P34$ 值的数学模型。OD 数据可通过以下途径获取：
- 交通规划模型。
- 根据交通量反推 OD 数据（出行表）计算程序模型。
- 为收集 OD 数据而开展的专门调查。

假设目标道路上仅设有一块可变情报板，同时道路上游未设置可变情报板，如图 5.12 所示。图中，实心矩形表示可变情报板的位置。

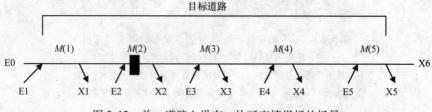

图 5.12　单一道路上设有一块可变情报板的场景

每个 E、X 符号均代表了一个车辆驶入及驶离目标道路的节点。根据这一概念，t_{23} 代表由 E2 驶入并在 X3 驶离目标道路的交通量，而 E0 和 X6 分别代表目标道路的驶入和驶离主线交通量，路段 2 上的实心矩形代表了设置的可变情报板。当某一路段发生了交通事件时，计划在该路段及其下游才会驶离目标道路的车辆通常会考虑是否需要绕行，而未在可变情报板路段驶离目标道路的车辆可视为未绕行交通。在此情况下，路段 J 的 $P34$ 值计算公式为

$$P34(J) = (路过可变情报板并在路段 J 或其下游驶离的交通量之和)/M(D) \tag{5.18}$$

式中，D 是设有可变情报板的路段。

在本例中：

$$P34(3) = (t_{03} + t_{04} + t_{05} + t_{06} + t_{13} + t_{14} + t_{15} + t_{16} + t_{23} + t_{24} + t_{25} + t_{26})/M(2) \tag{5.19}$$

$$P34(4) = (t_{04} + t_{05} + t_{06} + t_{14} + t_{15} + t_{16} + t_{24} + t_{25} + t_{26})/M(2) \tag{5.20}$$

$$P34(5) = (t_{05} + t_{06} + t_{15} + t_{16} + t_{25} + t_{26})/M(2) \tag{5.21}$$

当目标道路上设有多块可变情报板时，每块可变情报板均能为其与下游可变情报板间的路段提供交通事件下的交通分流服务，如图 5.13 所示。图中，主线路段 1 和 3 分别设有一块可变情报板。

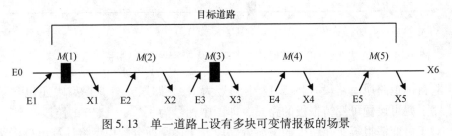

图 5.13 单一道路上设有多块可变情报板的场景

对于目标区域最末的可变情报板，能够为其下游发生交通事件时提供交通分流服务。纳入计算范围的交通量包括：

- 起始节点——上游可变情报板至指定可变情报板间的所有驶入节点。
- 目的节点——目标路段下游的所有驶离节点，且应位于指定可变情报板下游路段。

在本例中：

$$P34(4) = (t_{24} + t_{25} + t_{26} + t_{34} + t_{35} + t_{36})/M(3) \tag{5.22}$$

$$P34(5) = (t_{25} + t_{26} + t_{35} + t_{36})/M(3) \tag{5.23}$$

对于目标区域非最末的可变情报板，纳入计算范围的交通量包括：

- 起始节点——指定可变情报板上游的所有驶入节点，若其上游设有另一块可变情报板时，则起始节点为两块可变情报板间的所有驶入节点。
- 目的节点——从目标路段（指定可变情报板下游）开始至下游可变情报板

所在路段（包括所在路段）上的所有驶离节点。

在本例中：

$$P34(2) = (t_{12} + t_{13} + t_{14} + t_{15} + t_{02} + t_{03} + t_{04} + t_{05})/M(1) \quad (5.24)$$

$$P34(3) = (t_{13} + t_{14} + t_{15} + t_{03} + t_{04} + t_{05})/M(1) \quad (5.25)$$

5.2.2.2 当不能获取起讫点数据时 P34 的计算方法

本节针对无法获取 OD 数据的情况，建立了驾驶员在路过交通事件分流点前遇到可变情报板概率的计算模型。该模型利用基于高速公路主线和出口匝道交通量的简化交通分配方法，通过递归计算来获取 P34 值，其计算示例如图 5.14 所示。

图中，路段 2 设有一块可变情报板，相关参数定义如下：

$M(J)$ 是路段 J 的主线年平均日交通量（位于进口匝道与出口匝道间的主线交通量）。

$X(J)$ 是路段 J 的出口匝道年平均日交通量总和。

$R(J)$ 是路段 J 最后一个出口匝道下游的未绕行（遇到过可变情报板）交通量。

M_D 是目标路段上游最近的设有可变情报板路段的主线年平均日交通量。

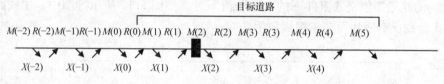

图 5.14 当无法获取 OD 数据时单一道路上设有一块可变情报板场景的计算示例

除目标道路所属路段（图 5.14 中编号为 1~5 路段）外，模型中还包含了目标道路上游可设置可变情报板的路段，即图中标号为 -2、-1、0 的路段。

对于可变情报板所在路段的下游各路段，上述交通分配模型将计算出目标路段所属出口匝道下游处的未绕行交通量［记为 $P34(J)$］，这一交通量为进入目标路段的未绕行交通量［$R(J)$］和出口匝道下游的剩余主线交通量与路段主线交通量之比（B_J）的乘积。上述关系可用如下公式表示：

$$B_J = 1 - X(J)/M(J) \quad (5.26)$$

$$R(J) = R(J-1)B_J \quad (5.27)$$

$$P34(J) = R(J-1)/M_D \quad (5.28)$$

P34 的计算示例如图 5.15 所示，读者可登录网站 http：//www.springer.com/us/book/9783319147673 内《P34 的计算》查看此工作表。对于道路上的每块可变情报板，需要在"路段设置的可变情报板数量"一列中对应路段处输入"1"。对于目标道路上游设有可变情报板的路段，需要输入其主线交通量，以及由该路段驶入目标道路的交通量，同时，还需输入目标区域上游及区域内各路段（除最末路段）的出口匝道交通量。

驾驶员在驶入事件地点前遇到可变情报板的概率（P34）								
	需要输入的数据（取决于道路结构）							
路段 n	路段设置的可变情报板数量	主线年平均日交通量	出口匝道年平均日通量	B	R	基数	中间分量	P34
-2	0	0	0	0.000	0	0		
-1	0	0	0	0.000	0	0		
0	0	0	0	0.000	0	0		
1	0	41800	4200	0.900	0	0	0.000	0.000
2	1	57200	5500	0.904	51700	57200	0.000	0.000
3	0	57150	5600	0.902	46634	57200	0.904	0.904
4	0	59750	5500	0.908	42341	57200	0.815	0.815
5	0	54700					0.740	0.740

图 5.15　$P34$ 计算工作表

通过上述公式或工作表，可实现对不同数量和位置的可变情报板布设场景的具体分析，进而获得可变情报板的高效布局（基于驾驶员在驶入事件地点所处路段之前遇到可变情报板的概率）。

5.3　驾驶员获得信息的质量

智能交通系统受到的支持度很大程度上取决于最终用户（即驾驶员）及其感受到的系统服务价值，而用户满意度通常可由偏好调查来采集。部分州正通过这一方式积极征求公众对智能交通系统和其他交通服务的反馈意见。例如，特拉华州交通运输部会向公众征求相关交通服务重要性的信息。2009 年，在关于发布"预计何时会发生交通延误和道路关闭信息"的相关调查中，这一信息的重要性在 1~7 分的评分体系中得到了 5.1 分。

某些情况下，相关调查旨在评估特定服务的质量与价值。例如，对于 511 系统的用户满意度调查显示，亚利桑那州为 71%，华盛顿州为 68%[11]，旧金山湾区为

92%，蒙大拿州为90%[12]。

从系统设计者的角度来看，驾驶员获得信息的质量或其感受到的效益取决于以下几点：
- 用于交通事件及其引发拥堵检测和核实的技术及服务有效性。
- 交通事件发生时交通管理中心执行信息发布的工作人员水平（许多中心未配备全职人员）。
- 驾驶员接收和理解信息的能力。

5.4 智能交通系统及其技术在应急疏散中的应用

5.4.1 概述

各级政府中的许多机构都参与了应急疏散的规划和执行，这些任务的成功完成有赖于机构间的协同合作及共享资源的合理使用。

应急疏散中可能出现的情况包括：
- 需执行疏散的区域可提前预测，也可能无法预测。
- 疏散行动的大致时间可提前预测，也可能无法预测。

需执行疏散的情况通常包括以下几类：
- 气象相关事件，如飓风。
- 危险品相关事件。
- 核电站事故。
- 国土安全相关事件。

应急疏散通常需要各级政府中不同机构间的通力规划与协同。《高速公路管理和运行手册》[13]针对这一主题进行了详细介绍。

5.4.2 智能交通系统及其技术的应用

智能交通系统及其相关技术在应急疏散方面所能提供的支持主要有规划、交通管制、公路和交通相关信息。

5.4.2.1 规划

在针对应急管理与疏散情况的多机构协同机制规划编制中，常用到以下方法：
- 为不同机构提供通用地图，并利用GIS系统为应急疏散组织行动提供帮助。相关功能包括灾害预测、脆弱性分析、资源存贮情况、现有基础设施存量情况以及庇护所位置及状态[14]。
- 通过仿真方法来模拟交通疏散路线、交通需求、通行能力和应急交通管控措施。用于此类目的的仿真案例可参见橡树岭评估模型系统（OREMS）[15]。

5.4.2.2 交通管制

疏散预案中相关行动可能包含了交通管制。交通管制措施的应用示例如下：

- 交通信号的特殊配时方案。相关措施可能包括保障疏散路线的信号配时方案，常通过增加疏散方向绿信比及延长信号周期来实现。在某些情况下，也可在疏散路线沿线实施疏散方向的绿灯常亮控制。
- 高速公路上的可逆车道。多乘员车道和双向左转车道可转化为可逆车道，或为保障整体交通管理规划将常规车道转化为可逆车道。在某些情况下，也可利用辅助交通管制设施（如车道控制信号灯和匝道接入闸门）来保障整体交通管理规划的执行。
- 静态标志常用于为驾驶员指明应急疏散路线。
- 闭路电视监控系统用于协助交通管理中心处置应急路线上的交通事件。

5.4.2.3 公路与交通相关信息

表 5.1 中列出的信息发布技术常用于在应急疏散中向驾驶员提供相关信息。在应急疏散中，交通管理中心是整个疏散管理执行主体的组成部分。下文及图 5.16 论述了摘自参考文献 [16] 的一个信息发布模型。

图 5.16 所示信息流展示了在整个灾情期间生成并向公众传递的全部信息。而信息流中的时间顺序及依存关系在灾情发展、各参与机构的进入或退出、发布信息演化中发挥着关键作用。此外，信息流中也包含一个连续的反馈环路，将公众响应情况融入发布信息和减灾成效中。

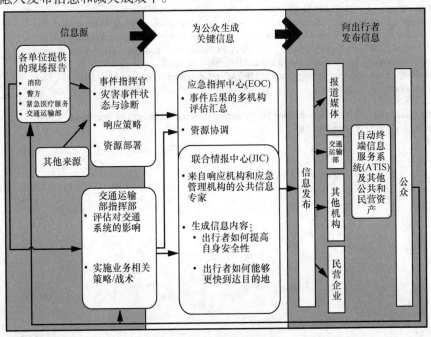

图 5.16　信息发布模型

参 考 文 献

1. Connected Vehicle Applications, Research and Innovative Technology Administration, U.S. Department of Transportation. http://www.its.dot.gov/connected_vehicle/connected_vehicle_apps.htm Online 14 Sept 2014
2. Dudek CL (2004) Changeable message sign operation and messaging handbook. Federal Highway Administration Report No. FHWA-OP-03-070, Federal Highway Administration, Washington, DC
3. Travel Time Messages on Dynamic Message Signs, Federal Highway Administration. http://ops.fhwa.dot.gov/travelinfo/dms/signs.htm Online 14 Sept 2014
4. DTA System Enhancement and Evaluation of Traffic Management Center, Task P: Framework for the Use of DynaMIT-P (2000) Massachusetts Institute of Technology
5. Peeta S et al (2000) Content of variable message signs and on-line driver behavior. In: 79th annual meeting of the Transportation Research Board, Washington, DC
6. Mansoureh J, Ardshirri A (2013) Exploring travelers' behavior in response to dynamic message signs (DMS) using a driving simulator. Report No. MD-13-SP209B4K, Morgan State University, Oct 2013
7. Foo S et al (2008) Impacts of changed CMS messages on traffic diversion rates. In: 87th annual meeting of the Transportation Research Board, Washington, DC
8. Kachroo P, Ozbay K (1999) Feedback control theory for dynamic traffic assignment. Springer, London
9. Abbas MM, McCoy PT (1999) Optimizing variable message sign locations on freeways using genetic algorithm. In: 78th annual meeting of Transportation Research Board, 10–14 Jan 1999, Washington, DC
10. 2009 report on customer satisfaction. Delaware Department of Transportation
11. Intelligent transportation systems for traveler information—deployment benefits and lessons learned. U.S. Department of Transportation. http://www.its.dot.gov/jpodocs/repts_te/14319.htm. Accessed 27 May 2008
12. Americas travel information number—implementation and operational guidelines for 511 services, version 3.0 (2005) 511 Deployment Coalition, Washington, DC
13. Neudorff LG et al (2003) Freeway management and operations handbook. Federal Highway Administration Report FHWA-OP-04-003, Federal Highway Administration, Washington, DC
14. Pal A et al (2005) Enhancements to emergency evacuation procedures. UTCA Final Report 01105, University of Alabama, Tuscaloosa, Alabama, Aug 2005
15. Oak Ridge evaluation modeling system (OREMS), Center for Transportation Analysis, Oak Ridge National Laboratory. http://cta.ornl.gov/cta/One_Pagers/OREMS.pdf. Accessed 27 May 2008
16. Communicating with the public using ATIS during disasters—concept of operations (2006) Batelle and PBSJ, Columbus, OH

第 6 章 常发性交通拥堵：向驾驶员发布交通运行信息

摘要：第 3.1.3 节简单介绍了常发性与偶发性交通拥堵间的区别，而本章将就常发性交通拥堵相关主题开展进一步论述。讨论主题包括交通管理中心和其他机构在面向驾驶员的信息发布方面的实际应用，常发性交通拥堵易发时段及时段内的变化因素。同时，本章也介绍了常发性交通拥堵下如何开展交通分流及高峰过渡时段的交通分流机会。

6.1 常发性交通拥堵的本质

如第 4 章和第 5 章所述，偶发性交通拥堵通常是因道路常规通行能力骤降引起的。而常发性交通拥堵则通常是因道路的交通需求超过其通行能力引起的，其具体体现为高速公路上较低的行程速度及较差的服务水平，并可能导致车辆难以出入高速公路。而这一过饱和的交通需求及由此产生的交通拥堵通常会在一定时空范围内反复出现。例如，都市圈的通勤高峰时段经常会发生严重交通拥堵，而周末的购物和休闲出行也经常会引发常发性交通拥堵。对于由大型活动引发的交通拥堵而言，部分交通工程师会将其视为常发性交通拥堵，但也有部分交通工程师会将其视为偶发性交通拥堵。

6.2 常发性交通拥堵下面向驾驶员的信息发布

第 5.1.1.1 节介绍了常用于面向驾驶员的信息发布的技术与方法。在常发性交通拥堵与偶发性交通拥堵两类场景下，交通信息发布措施采用了相同的基础技术，但在显示的信息类型方面存在着一定差异。表 6.1 列出了信息发布技术常用的信息类型。

图 6.1 所示为典型的常发性交通拥堵信息，而美国联邦公路局也推荐将行程时间[1]加入到发布信息中。同时，当道路未发生交通拥堵时，可变情报板可不显示任何信息或显示图 6.2 所示的默认信息（熟悉系统的驾驶员会明白这些信息表明当前道路未发生交通拥堵）。

表 6.1 常发性和偶发性交通拥堵信息内容

技术	常发性交通拥堵信息	偶发性交通拥堵信息
由州政府机构发布的信息		
可变情报板	行程时间、存在延误、不存在延误、默认信息或表示不存在延误的空白板面①	事件地点和性质、存在延误、绕行路线信息、施工信息
公路交通广播	很少使用	事件地点和性质、存在延误、绕行路线信息、施工信息、天气状况、疏散信息
州政府网站/511网站	存在延误、行程时间、交通运行状态地图、行程时间可靠性	事件地点和性质、施工信息、天气状况、疏散信息
511 咨询电话	延误、行程时间②	事件地点和性质、天气状况、疏散信息
由其他机构发布的信息		
商业或卫星广播电台	存在延误、有限的行程时间信息。报道通常围绕如跨河通道等常发堵点。有时会提供预估的延误时间	事件地点和性质、施工信息、天气状况、疏散信息
基于实时 GPS 数据的信息服务	最快路线、交通运行状态地图	最快路线、交通运行状态地图、事件与施工地点

① 应根据相关政策确定是否在可变情报板上发布常发性交通拥堵信息。
② 当交通运行状态明确时，部分地区会提供这一信息。

图 6.1 典型的常发性交通拥堵信息

图 6.2　表示未发生交通拥堵的默认信息

此外，可变情报板也可显示由第 5.1.4.2 节所述半自动闭环控制策略生成的信息，策略所需输入数据可源于断面或身份识别检测器数据，也可源于私营企业提供的交通信息。同时，由于上述策略在信息生成时通常不考虑交通拥堵形成原因，因而发布的信息经常与常发性交通拥堵相关。针对这一情况，在大部分交通事件条件下，系统操作员将用另一条描述了事件性质、位置及驾驶建议的信息来替代自动生成的信息。

6.3　常发性交通拥堵期间的变化因素

都市圈的高峰时段经常会发生常发性交通拥堵，而在拥堵影响范围内的车辆通常只能以较低的速度行驶。一周中各天交通需求、各月交通需求及随机交通需求的波动性，使不同日期间的相同出行过程（处于同一时段并采用同一路线）仍会在行驶速度和行程时间上存在差异。

图 6.3 中的案例可反映出上述波动情况，图中水平方向的十字交叉点代表了俄勒冈州波特兰市某个地点测得的每小时平均速度，时间跨度为 2008 年 4 月 1 日至 2008 年 4 月 11 日期间的工作日。图中的竖线表示对应时段的速度波动幅度，其上下端点位置由速度平均值加减速度标准差决定。根据上述定义，从图中可以得到各时段的交通运行情况，如 15—16 点时段内，位于道路 304.4 里程桩处的北行线检测站的实测平均速度为 19.6mile/h，速度标准差为 6.3mile/h。根据时段交通运行情况，可认为 15—16 点及后一小时（16—17 点）均属于高峰时段。与此同时，高峰时段的前一小时（14—15 点）和后一小时（17—18 点）属于高峰过渡时段，表现为上述两个小时的平均速度高于 30mile/h，但速度标准偏差也较大。

速度标准差是行程时间可靠性的评价指标。行程时间可靠性可结合交通拥堵、行驶速度或行程时间信息进行发布，为驾驶员提供预估延误时间，从而缓解其焦虑情绪，并在某些场景中为驾驶员提供交通分流机会。图 6.4 所示为华盛顿州交通部

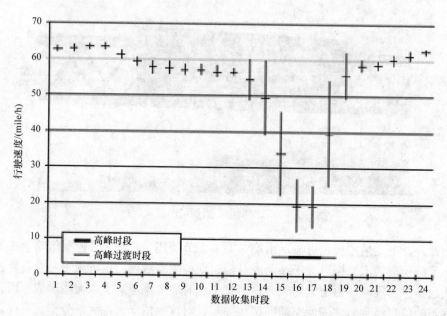

图6.3 5号州际公路北行线304.4里程桩处的实测平均速度和速度标准差,图中数据源于俄勒冈州波特兰大区交通档案记录（PORTAL）。PORTAL是在波特兰州立大学Robert Bertini博士的指导下开发完成的

511 网站提供的行程时间可靠性信息实例。

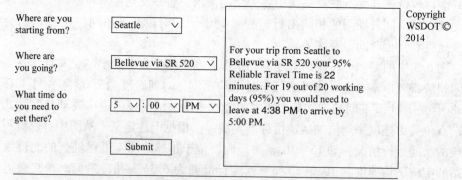

图6.4 有关行程时间可靠性的网络信息

6.4 常发性交通拥堵下的交通分流策略

主要城市区域的交通拥堵模式通常遵循 Wardrop 原理（见第 3.1.5 节）。这些原理表明，尽管常发性交通拥堵可能会产生显著的交通延误，但在没有发生偶发性交通拥堵的情况下执行交通分流措施对驾驶员个体和整个交通系统而言都不太可能起到明显成效。

然而，Wardrop 原理假设交通状态是恒定的，因而驾驶员都确切知道出行通道的交通运行状态。然而，图 6.3 和类似数据均显示出在部分时段的交通运行状态会有显著波动。在某些情况下，这种波动性可能会带来延误时间减少的机会。

在高峰时段，高速公路可能呈现出较低的行驶速度，但绕行路线通常也呈现出较低的行驶速度，从而令交通管理者很难获得执行交通分流措施的机会。然而，在高峰过渡时段，部分时间内高速公路上的行驶速度较慢（图 6.3），而绕行路线上的交通饱和度通常会低于高峰时段的相应饱和度，从而可令交通管理者获得在高峰过渡时段执行交通分流措施的机会。

由于能够执行交通分流措施的机会非常有限，且因可变情报板发布的常发性交通拥堵信息引起的单次行程延误时间减少值通常仅为几分钟，导致整个道路交通系统能够获得的延误减少收益也较为有限。但应注意的是，这一延误减少收益几乎没有边际成本。

参 考 文 献

Travel time messages on dynamic message signs. Federal Highway Administration. http://ops.fhwa.dot.gov/travelinfo/dms/signs.htm Online 14 Sept 2014

第 7 章

匝道控制

摘要：匝道控制常用于大都市圈内高速公路，以减少延误时间并提高通行安全。为实现上述目标，匝道控制通过：①使匝道车流平稳汇入主线，从而提升高速公路的有效通行能力及安全性；②减少驶入高速公路的匝道交通量，从而降低高速公路的交通饱和度。本章涵盖的主题包括：

- 匝道控制设备安装要求与信号控制率。
- 交通流崩溃模型及匝道控制在改善交通流崩溃中的作用。
- 匝道控制策略，包括定时式、响应式、单点级和系统级匝道控制。
- 匝道容量需求和匝道排队控制策略。
- 公众对匝道控制的接受程度。
- 匝道控制效益模型。

7.1 引言

进口匝道的管控策略包括：

- 匝道控制。
- 匝道关闭。
- 特殊措施，包括受控匝道上的公交分流车道。

《高速公路管理和运行手册》[1]和《匝道管理手册》[2]对上述措施进行了详细介绍，并为相关措施的具体执行提供了指导。其中，匝道控制是上述措施中最常用的方法，也是本章讨论的主题。

匝道控制是通过在高速公路进口匝道上设置交通信号灯（图 7.1）来实现的。匝道控制能够使驶入车流在汇入点处平稳汇入主线，从而提升主线服务率（瓶颈通行能力）并降低事故发生率。如果设定的匝道信号控制率低于匝道的车辆平均到达率（限制性匝道控制），则会引发匝道上的车辆排队并使到达车辆产生额外的延误事件。面对这一情况，部分车辆将分流至绕行线路，从而减少进口匝道处汇入主线的需求交通量。汇入需求交通量的减少又反过来降低了汇入点及其下游的需求交通饱和度，从而减少了高速公路主线上的车辆延误时间。如果匝道信号控制率与车辆平均到达率相等（非限制性匝道控制），则引发的车辆排队较短，因而通常不会导致大量车辆分流至绕行线路。

图 7.1 用于匝道控制的交通信息灯显示方式

7.2 背景

7.2.1 早期匝道控制项目

林肯隧道是首批实施匝道控制以增加车道交通流量的项目之一[3]。林肯隧道内不允许变换车道，且隧道上斜坡底部经常会出现瓶颈交通流。早期实验表明，定时式匝道控制能够将车道交通量由每车道 1200 辆/h 增加到每车道 1320 辆/h，但一旦发生交通拥堵，这一较高的通过量就无法继续维持。其后开展的一项实验则根据检测到的交通量和行驶速度来执行匝道控制，其实验结果见表 7.1。

表 7.1 林肯隧道匝道控制实验结果[3]

	无控制	受控
每车道平均通过量/（辆/h）	1210	1290
每车道半小时内的最大通过量/（辆/h）	1260	1430
平均行驶速度/(ft/s)①	27.2	40.9
平均交通密度/(辆/mile)	75.8	47.5

① 1ft=0.3048m。

匝道控制项目最早出现于 20 世纪 60 年代的芝加哥、底特律、洛杉矶和休斯敦。这些项目采用了定时式和响应式匝道控制策略，项目应用规模多年来不断扩大。目前，美国已有 28 个大都市圈拥有匝道控制系统，世界其他地区也在使用该项技术。

7.2.2 匝道控制设备安装要求

根据预设信号控制率和匝道排队空间配置要求，可选用不同类型的匝道控制设备。例如，可选择执行单车道控制或多车道控制，又或是选择执行一灯一车放行控制或一灯多车放行控制（车队控制）。

图 7.2[1]所示为单车道一灯一车放行控制下的设备常规布局，配有采用悬臂式或柱式安装的标准三相（红-黄-绿）或两相（红-绿）信号灯。此外，有时也会通过设置交通标志或警示灯来提示前方正在执行匝道控制。

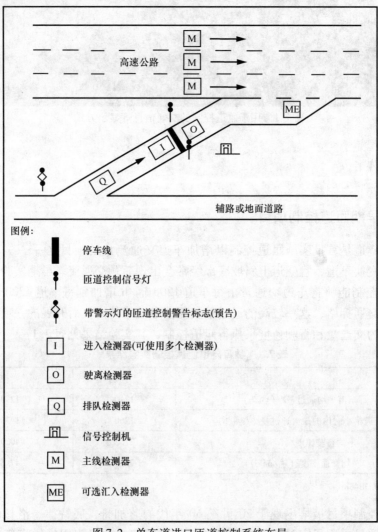

图 7.2　单车道进口匝道控制系统布局

对于一灯一车控制方式，其实际信号控制率是由信号周期（等于期望信号控制率的倒数）决定的。在上一控制周期结束（信号灯红灯启亮状态）后，当进入（或需求）检测器检测到有车辆到达时，信号灯将转为绿灯启亮状态，并持续到驶离（或通过）检测器检测到车辆离开。随后，信号灯将保持红灯启亮状态直至周期时间满足阈值。此后，信号灯才能够对进入检测器检测到的下一辆到达车辆进行响应。

部分匝道控制设备采用汇入检测器作为数据来源。汇入检测器能够检测到高速公路匝道与主线的主要合流区内是否存在车辆，当汇入检测器检测到合流区域有静止不动的车辆时，信号灯将在预设的最大时间内保持红灯启亮状态，以避免合流区域拥堵并降低追尾事故的概率[1]。

同时，匝道控制系统通常会设置一个或多个排队检测器以防止排队车辆溢出到地面道路，并根据检测数据提高信号控制率甚至终止执行匝道控制，第7.4.5.2节将对这一策略的具体执行展开讨论。在某些情况下，排队检测器也可用于限制车辆在匝道上的等待时间（不超过预设值）[1]。另一方面，如第7.4.5.1节所述，匝道排队空间不足将会影响限制性匝道控制的执行效果。

主线检测器的布设形式与需要执行的具体控制策略紧密相关（见第7.4节）。同时，匝道的物理特征和交通需求特性应满足匝道控制的执行条件。其中，匝道控制设备的部署要求见第7.4.5节，而表7.2列出了可接受的匝道信号控制率。

表7.2 匝道信号控制率范围[4]

控制方式	受控车道数	信号控制率的近似范围 /(辆/h)	备 注
一个绿灯间隔允许一辆车通过	1	240~900	当信号控制率达到900辆/h，通常无法实现所有通过车辆的完全停车
车队控制——一个绿灯间隔内，每条车道允许一辆车通过	2	400~1700	适用于900辆/h以上的信号控制率
			需要两条车道来提供车辆排队
			各条车道上的车辆可同步或按顺序放行
车队控制——一个绿灯间隔允许多辆车通过	1	240~1100	基于车队长度限制，一个绿灯间隔内可通过1~3辆车
			适用于受匝道几何条件限制无法控制多条车道时提高信号控制率
			需要设置可变标志以显示绿灯间隔内允许通过的车辆数

7.3 交通流特征与高速公路通行能力

7.3.1 通行能力近饱和状态下的交通流特征

随着交通需求（即交通量）的增加，高速公路的交通密度不断增大且行驶车速不断降低，当交通需求接近道路通行能力时，交通流的运行情况将开始恶化。在此情况下，交通运行效率因周期性的紊流而急剧下降，并随后引起稳定交通流的迅速崩溃，从而导致了交通运行效率的进一步恶化。图7.3所示为稳定交通流的崩溃示例。

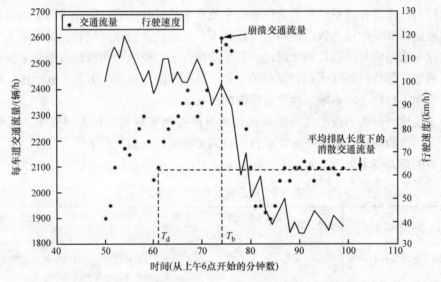

图7.3 上午高峰时段车速和车流随时间变化趋势

（资料来源：美国华盛顿特区国家科学院交通运输研究委员会会刊《交通运输研究记录》第1748卷，2001年，第111页图1。经美国交通运输研究委员会许可转载）

已有大量文献（例如参考文献[5-6]）研究了稳定流（未拥堵状态）与不稳定流（拥堵状态）间的转变特性。Banks在研究[5]中推荐使用图7.4所示模型，图中的直线段 OAC 构成一个倒V模型，加上直线段 AB 构成倒λ模型。同时，虚线椭圆表示区域内的实际数据点分布较为离散，而拥堵交通密度是指车流停滞时的密度值。

由图中可见，随着交通量的增加，平均交通密度以近似线性的比例增加，直到交通量达到 A 点位置附近。这一近似线性关系意味着车速变化很小。当交通量接近 A 点时，交通流变为不稳定状态的可能性上升，从而导致交通流量与行驶车速的下降及交通密度上升。在高速公路某一路段上，首次发生这种转变的位置被称为

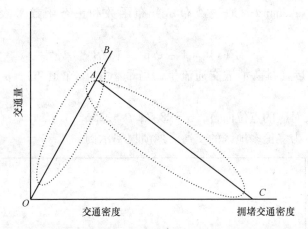

图 7.4 交通量与交通密度的关系示意图

瓶颈位置。瓶颈位置常位于进口匝道处或其附近，因为这一区域可能会发生合流后交通量超过道路通行能力的情况。直线段 AC 显示了不稳定交通流的总体发展趋势，但实际数据可能与此趋势存在很大差异。在图 7.5 中，Shawky 与 Nakamura[7] 展示了适用于东京某一高速公路路段的交通流崩溃前最大交通流量和流出率（交通流崩溃后排队消散交通流量）累积分布概率曲线。

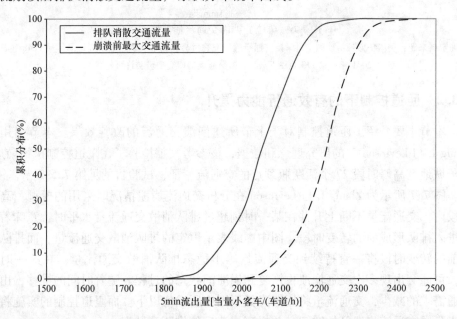

图 7.5 累积分布概率（重绘后）

（资料来源：美国华盛顿特区国家科学院交通运输研究委员会会刊《交通运输研究记录》第 2012 卷，2007 年，第 14 页图 6b。经美国交通运输研究委员会许可转载）

Shawky 与 Nakamura[7]通过威布尔分布函数和正态函数来表示累积概率分布$P(x)$：

$$P(x) = 1 - \exp(-(x/\beta)^{\alpha}) \qquad (7.1)$$

式中，x 是流出量（排队消散交通流量，当量小客车/车道/h）；α 是形状参数；β 是尺度参数。

对于图 7.5 对应的点位而言，$\alpha = 28.7$，$\beta = 2256$。

图 7.6 所示为多伦多地区的交通流崩溃概率示例。

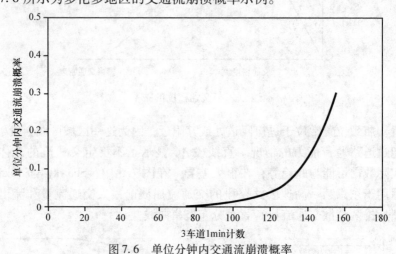

图 7.6　单位分钟内交通流崩溃概率

（资料来源：美国华盛顿特区国家科学院交通运输研究委员会会刊《交通运输研究记录》第 1748 卷，2001 年，第 113 页图 5。经美国交通运输研究委员会许可转载）

7.3.2　匝道控制下的有效通行能力提升

本节主要介绍了匝道控制对于上节所述崩溃交通流的改善效果。本节引用了 Zhang L 与 Levinson[8]的研究理念和数据，该参考文献检验了在匝道控制执行前后，双子城地区高峰时段 27 个活跃瓶颈点的交通流特征，试验目的见第 7.5.2 节。

图 7.7 所示为 Zhang L 与 Levinson 在分析交通流崩溃情况时采用的模型。高峰时段内，交通流量不断上升并在某一时刻超过排队消散交通流量水平时，意味着已经进入排队形成前的转变时段。图中虚线表示恒定的排队消散交通流量，而排队形成前的转变时段将一直持续到交通流量等于稳态排队消散交通流量。在这一时段内，可能会出现多次交通崩溃再恢复到崩溃前状态的过程。随着时间的推移，由于交通需求的减少，交通流量将逐渐降低至图中所示值以下。而匝道控制的实施将有助于延缓交通流崩溃开始时间，并提高崩溃后的排队消散率。

尽管不同瓶颈点的匝道控制执行效果存在差异，Zhang L 与 Levinson 的研究结果仍展现出以下平均提升效果：

- 匝道控制使排队形成前的转变时间平均值从 60min 增加到近 2h，增幅

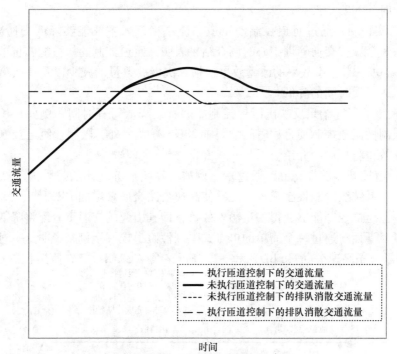

图 7.7 匝道控制执行前后的瓶颈点交通流量匹配程度

为 73%。

- 由于稳态排队消散时段内的平均交通流量比排队形成前转变时段的平均交通流量低 5.8%，因此，排队形成前转变时段的延长会显著减少延误时间。
- 在匝道控制执行后，排队形成前转变时段的平均交通流量增加了 3%。
- 在匝道控制执行后，稳态排队消散时段的平均交通流量增加了 2%。
- 匝道控制执行前后，下午高峰时段交通流平均崩溃次数从 1.2 次降至 0.4 次。这一定程度上是由于近一半执行了匝道控制的瓶颈点完全消除了交通流崩溃现象。
- 排队车辆数和排队持续时间的减少能够降低排队车辆溢出至上游进口匝道的概率。

在随后的研究中，Zhang L 与 Levinson[9]指出匝道控制能够带来两类通行能力的提升。

- 第 1 类：瓶颈上游的通行能力能够得到提升，这是因为瓶颈点处形成的车辆排队较短且交通流能够在更长的时间内保持稳定。
- 第 2 类：如上文所述，瓶颈点处的通行能力将得到提升。

7.3.3 匝道控制下的高速公路服务水平提升

非限制性匝道控制和限制性匝道控制都可以通过以下方式提升高速公路的通过

量、延误时间和安全性：

- 事实证明，通过匝道控制使匝道车流平稳汇入主线能够降低交通事故率。一项针对8个城市交通管理中心的调查结果表明，匝道控制的执行能够将事故率降低24%~50%[10]。事故率的改善效果包括二次事故数量的减少以及首次事故和二次事故造成延误时间的降低。

- 大量的研究结果反映出匝道控制能够有效降低行程时间。例如，长岛快速路的非限制性匝道控制使行程时间缩短了20%[10]。另外，限制性匝道控制能够获得的额外效益将在后面介绍。

- 匝道控制能够提高道路通过量。例如，在明尼苏达州明尼阿波利斯-圣保罗都会区，系统级限制性匝道控制能够使高速公路交通量增加10%[11]。

限制性匝道控制能够获得一项额外效益，即其引起的交通重分配将降低匝道需求交通量。下面将通过一个简单的单点式限制性匝道控制示例来说明这一过程。图7.8显示了一条高速公路（FBD）和一条绕行路线（EACD）。在匝道控制执行前，

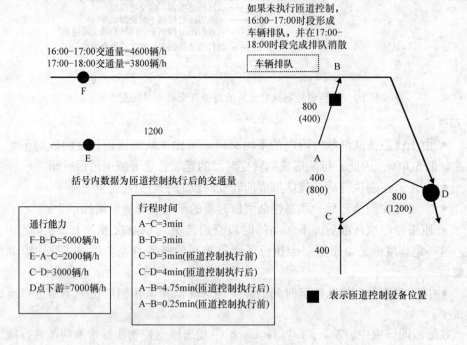

图7.8　单点式限制性匝道控制示例

B 处匝道的驶入交通量超过了 5000 辆/h 的通行能力,并导致如图所示的排队,造成 2h 高峰时段内延误达 400 车辆·h。

下面将举一个简单的单点匝道限流控制示例来说明这一概念。图 7.8 显示了一条高速公路(FBD)和一条备用路径(EACD)。在匝道控制执行前,匝道合流点 B 的交通量超过高速公路通行能力(5000 辆/h),从而引发了图中所示的车辆排队现象,并在持续 2h 的高峰时段内造成了 400h 的车辆延误。同时,在匝道控制执行前,路段 EA 上前往 D 点及更远地点的车辆大多会选择通过高速公路出行,因其行程时间能够缩短 2.75min。而在下游的匝道合流点 D,主线交通和绕行交通合流后的总交通量仍低于高速公路通行能力。

图 7.9 包含了匝道控制执行前后的相关数据。当匝道控制将驶入率限制到 400 辆/h,进口匝道处的车辆排队开始形成,直到高速公路的行程时间与绕行路线的行程时间大致相等。

在进口匝道A处有绕行选择交通和绕行路线背景交通的总车辆小时数				
未执行匝道控制时的进口匝道交通量(UERV)		800		
执行匝道控制时的进口匝道交通量(MERV)		400		
绕行路线背景交通量(BAT)		400		
绕行路线分流交通量(DAT)		400		
在C点进入绕行路线的交通量(CTA)		1000		
路段	未执行匝道控制时的行程时间/min	未执行匝道控制时的总车辆小时数	执行匝道控制时的行程时间/min	执行匝道控制时的总车辆小时数
AC	3.0	40.0	3.0	80.0
BD	3.0	80.0	3.0	40.0
CD	3.0	140.0	4.0	240.0
AB	0.3	6.7	4.8	63.3
小计		266.7		423.3
主线因车辆排队引起的延误时间		400.0		0.0
总计:绕行路线上的行驶时间+主线车辆排队引起的延误时间		666.7		423.3
通过匝道控制减少的系统总延误时间		243.3	辆时间	
执行匝道控制时A点车辆的行程时间/min				
高速公路	7.8			
绕行路线	7.0			

图 7.9 限制性匝道控制工作表示例

利用以下公式可以计算各路段(主线车辆排队路段除外)的行驶时间:

路段行驶时间 =（路段交通量）×（路段行驶分钟数/60）×（高峰时段持续时间）
(7.2)

限制性匝道控制能够显著减少系统总延误时间，但不同驾驶员得到的收益不尽相同。在本例中，主线车辆排队现象的消除使得行驶在 A 处匝道上游主线上的驾驶员获得较大收益；但对于绕行路线上前往 D 点及更远地方的驾驶员而言，无论其选择驶入高速公路匝道、留在绕行路线、在受控匝道下游某一点进入绕行路线，都将经历更长的行程时间。

7.4 匝道控制策略

本章前几节介绍了匝道控制措施的相关背景资料，并论述了利用匝道控制措施缓解交通拥堵的相关机制。但是，匝道控制的实施也会带来一些潜在负面影响，包括：
- 对于惯常驶入匝道通过高速公路出行的驾驶员，不论其是否选择绕行路线，都会蒙受额外的延误时间。
- 对于虽不驶入匝道但通过绕行路线出行的驾驶员，会蒙受额外的延误时间。
- 可能会导致匝道处车辆排队溢出至地面道路网络。
- 因上述原因引起驾驶员不满。

某种程度而言，匝道控制项目的成功与否取决于其前期规划的合理性。在前期规划中，需要准确判断匝道控制的实际可行性，并针对具体问题选择最有效控制策略。交通仿真技术是匝道控制项目的有效评价手段，能够评估不同匝道控制策略对绕行路线、受控匝道周边高速公路网络的影响程度以及匝道使用者和分流绕行者蒙受的额外延误，从而为匝道控制策略的选择提供有力支撑。

7.4.1 匝道控制策略概述

非限制性匝道控制策略的信号控制率将高于车辆平均到达率，其匝道排队长度相对较短，且主要由匝道上游地面道路上信号控制条件下的放行车队或无信号控制条件下的小型车队构成。同时，排队车辆通常会在下一信号周期放行车队到达前通过匝道。因此，非限制性匝道控制策略对相关设备的要求较低（无需布设主线检测器），也无需强制要求设备与交通管理中心的通信。

限制性匝道控制策略包括单点级控制、系统级控制、定时式控制及响应式控制。限制性匝道控制项目的成功与否取决于其前期的详细规划。表 7.3 总结了限制性匝道控制策略的主要特征。

相较于非限制性匝道控制策略，限制性匝道控制策略能够获得更高的系统整体效益。但正如第 7.5 节所述，限制性匝道控制策略会被很多驾驶员认为于自身不利。当交通管理机构遇到这一问题或预计推出限制性匝道控制方案会受到质疑时，可将非限制性匝道控制策略作为替代方案以提升通行能力并减少事故发生率。非限制性匝道控制策略可以最小化匝道延误，而驾驶员通常也会认可平稳汇入高速公路的益处。另一方面，当限制性匝道控制策略所需车辆排队空间不足时，也可选择非限制性匝道控制策略。

表7.3 限制性匝道控制策略的主要特征

	定时式		响应式	
	单点级控制	系统级控制	单点级控制	系统级控制
功能				
通过车流平稳汇入主线改善交通安全	可用	可用	可用	可用
通过车流平稳汇入主线提升通行能力	可用	可用	可用	可用
通过单个匝道的控制缓解对应瓶颈点交通拥堵	可用	非必须	可用	非必须
相邻受控匝道之间有大量未受控匝道	可用	相较于单点式匝道控制可能具有更好的效果	可用	相较于单点式匝道控制可能具有更好的效果
通过上游多个匝道的控制缓解指定瓶颈点交通拥堵	不可用	可用	不可用	可用
长期（战略性）交通流量重分配	可用	可用	相较于定时式匝道控制可能具有更好的效果	相较于定时式匝道控制可能具有更好的效果
短期交通流量重分配（包括偶发事件）	不可用	不可用	可用	可用
实施要求				
人工收集数据	通常需要	通常需要	通常不需要	通常不需要
主线检测器	不是必备，但可用于数据库构建	不是必备，但可用于数据库构建	必备	必备
交通管理中心进行管理，现场设备需要与交通管理中心进行通信	有益，但不是必备	有益，但不是必备	必备	必备
较大的车辆排队空间	必备	必备	必备	必备
匝道车辆排队溢出保护	必备	必备	必备	必备
建设与维护成本	相对较低	相对较低	单价较高	单价最高

7.4.2 定时式限制性匝道控制

采用单点定时式限制性匝道控制缓解常发性交通拥堵时，应保证受控匝道下游绕行路线能够容纳重新分配至其上的车流，并且：
- 匝道合流点处或合流点下游路段的拥堵缓解不需要上游匝道也执行匝道控制。
- 上游匝道处无法执行匝道控制。

其典型应用场景为第7.3.3节案例所示的针对单个瓶颈点的拥堵缓解。

当出现以下情况时，可采用系统定时式限制性匝道控制来缓解常发性交通拥堵：
- 通过单个匝道的控制无法完全满足高速公路需要减少的交通量要求。部分场景下瓶颈点上游匝道即使将信号控制率调整至最低可行值也可能无法将瓶颈点处的需求交通量降低至通行能力之下，此时可通过在上游匝道增设匝道控制以进一步降低需求交通量，从而达到或接近上述目标。
- 高速公路存在多个瓶颈点时，则可考虑在多个匝道执行匝道控制。

May在研究[12]中通过类似于第7.3.3节案例的分析方式，建立了多匝道控制的关联关系（称之为供需分析）。研究中将系统级匝道控制的最优控制策略描述为使主线交通量最大化的线性规划流程，并在分析中通过简化方式来处理分流至绕行路线的交通流。

线性规划模型中的约束条件包括：
- 每条高速公路路段上的交通量必须低于其通行能力。
- 信号控制率必须在实际限制区间内。
- 部分进口匝道可能无法执行匝道控制。在这种情况下，高速公路汇入交通量等于匝道上的到达交通量。
- 可能的其他限制条件，如匝道排队长度限制和绕行路线可接受通行能力保障下的可重新分配交通量限制。

交通仿真技术可用于协助系统定时式匝道控制策略设计[13]。

7.4.3 单点响应式限制性匝道控制

单点响应式匝道控制可根据匝道附近的实时交通状况调整调节率。这种控制模式是许多全系统响应式匝道控制策略的一部分。

7.4.3.1 占有率

与定时式匝道控制相比，单点响应式匝道控制可根据主线交通量的日常变化和短期变化适当调整信号控制率，以提高控制性能。许多匝道控制算法都将时间占有率作为确定信号控制率的关键参数。

占有率是交通检测器检测区域有车存在的时间与指定时间段之比。在智能交通系统中,它有时被用作交通密度(每车道每英里拥有的车辆数)的替代参数。

不同类型的交通检测器在车道上具有不同的车辆感应距离,即检测器感应到的车辆占用时间计算为

$$t_j = (LV + LD)/S_j \tag{7.3}$$

式中,t_j 是检测器检测到的车辆 j 占用时长;LV 是车长;LD 是检测器感应区长度;S_j 是车辆 j 的速度。

按照以下公式,将某一时间段内的 t 值相加再除以该时间段,即得到该类检测器指示的占有率

$$\theta = \left(\frac{1}{T}\right) \sum_{j=1}^{m} t_j \tag{7.4}$$

式中,θ 是检测器指示的平均时段 T 内的占有率;m 是平均时段 T 内通过检测器的车辆数。

Shawky 与 Nakamura[7]认为交通流崩溃概率与占有率有关,就像崩溃概率与交通量的关系一样(图7.5)。特定匝道汇入车流的数据点最佳拟合线如图7.10所示。Shawshy 与 Nakamura 研究指出,不同匝道处交通流崩溃概率与占有率之间的关系比它与交通量之间的关系更为一致,因此,将占有率作为控制变量可能更可取。《澳大利亚高速公路匝道信号手册》进一步巩固了这一结论,该手册指出,在不同的天气和照明条件下,临界交通量(图7.11 中的 O_{cr} 点[14])更加稳定和一致。

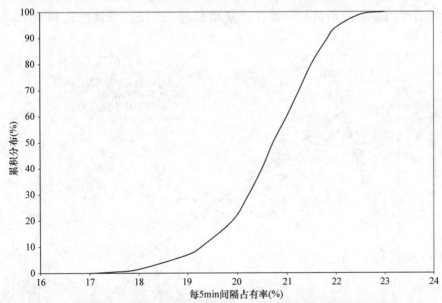

图7.10 交通流崩溃累积概率与占有率关系图(重绘后)

(资料来源:美国华盛顿特区美国国家科学院交通运输研究委员会会刊《交通运输研究记录》第2012卷,2007年,第16页图8a。经美国交通研究委员会许可转载)

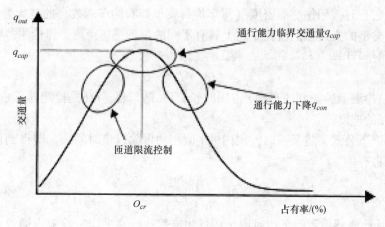

图 7.11 交通量与占有率关系图

图 7.12 所示为晚高峰时段开始前至该时段期间单位分钟时段的交通量与占用率数据关系图。图中的趋势线可与图 7.4 所示的交通量与密度关系图中的趋势线进行比较。图 7.12 中拥堵状态趋势线的零交通量截距对应于图 7.4 的阻塞密度点。它的值小于 100% 占有率，因为对于大多数检测器，每检测到一辆车时，检测器本身感应到的表观长度小于阻塞密度下车距。例如，常用的 6ft^2 感应线圈检测器的感应距离约为 6ft，而阻塞密度下的车距较长。因此，堵塞密度下的平均车距大于道路沿线的检测器感应距离，即使在严重堵塞的条件下，也无法达到 100% 的占有率。

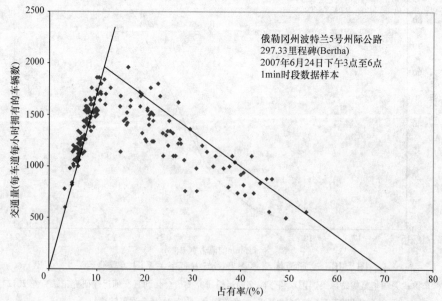

图 7.12 交通量与占有率数据（根据俄勒冈州波特兰地区交通档案记录相关数据绘制）

7.4.3.2 合理设置信号控制率

一种常用的匝道信号控制率设置方法为根据上一间隔内的实测占有率来预设当前间隔的信号控制率,设置方法见表 7.4[15]。而占有率可由布设在匝道合流点附近的主线检测器获取,如图 7.2 所示。

表 7.4 信号控制率设置示例

占有率(%)	信号控制率/(辆/min)
≤10	12
11～16	10
17～22	8
23～28	6
29～34	4
>34	3

然而,分钟级占有率数据的变化幅度较大,尤其是当交通流处于非拥堵流态与拥堵流态间的转变区间时。在图 7.12 所示相同地点处,1min 间隔的实测部分占有率数据如图 7.13 所示,数据检测时段包括了非拥堵交通流与拥堵交通流间的转变时段以及部分拥堵交通流时段。

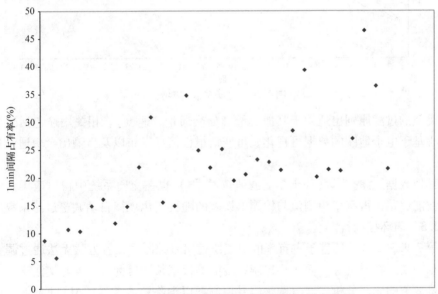

图 7.13 1min 间隔的实测占有率数据随时间变化图
(根据俄勒冈州波特兰地区交通档案记录相关数据绘制)

如果使用采集到的原始数据进行匝道控制,则当前占有率可能与上一间隔的实测占有率(用于设置当前间隔的信号控制率)存在显著差异,从而导致连续间隔期间的信号控制率的显著波动。针对这一问题,许多智能交通系统采用了经过滤或平滑处理的占有率数据。常用的一阶线性滤波模型[4]如下

$$\theta_o(j) = \theta_o(j-1) + K(\theta_I(j) - \theta_o(j-1)) \quad (7.5)$$

式中，$\theta_o(j)$ 是第 j 个时刻的过滤输出；$\theta_I(j)$ 是过滤输入数据值（$j-1$ 与 j 时刻间变量的平均值）；K 是 0~1.0 范围内的过滤系数（$K=1.0$ 表示无过滤）。

如图 7.14 所示，随着过滤等级的上升（K 值降低），未过滤数据曲线中剧烈的分钟级波动得到了有效降低。但是，过滤等级的上升也会带来过滤后数据的时间延迟。因此，在选择 K 值时需要兼顾降低占有率随机性与追踪长期趋势的双重需求。

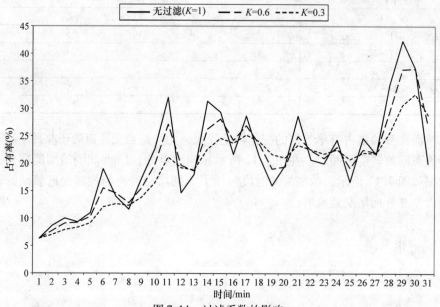

图 7.14 过滤系数的影响

类似的过滤原则也适用于其他变量（如交通量、速度），相关用途包括交通管理中心基于电子地图的数据可视化、可变情报板信息发布以及将输出至交通服务供应商。

其他数据过滤技术（如卡尔曼滤波技术[16]）也在交通系统中得以应用，卡尔曼滤波能够基于占有率检测值与检测器误差的随机变化规律自动调整过滤系数。

7.4.3.3 闭环控制

第 7.4.3.2 节所述基于占有率的单点匝道信号控制率设置方法无法通过调整信号控制率实现特定目标。而闭环控制系统能够根据预期目标函数值与实测交通参数估算函数值的比对分析，通过调整信号控制率以消除两者差异。ALINEA 是一种常用的闭环控制系统，可通过线性控制理论将信号控制率调整至预期占有率水平[17]。预期占有率水平（占有率设定值）可根据通行能力或交通流崩溃概率确定。信号控制率的计算公式为

$$R(j) = R(j-1) + K_R(\theta_S - \theta_M(j)) \quad (7.6)$$

式中，$R(j)$ 是 j 时刻后的信号控制率（匝道交通量）；K_R 是可调节参数；θ_S 是占

有率设定值；$\theta_M(j)$ 是主线检测器（通常设于匝道与主线合流点下游）检测到的 $j-1$ 至 j 时刻间的占有率。

ALINEA 模型的控制环路如图 7.15 所示。在模型中，检测点检测到的合流交通量为合流点上游主线交通量（q_U）与信号控制率之和，且这一检测值存在着相当于匝道信号灯至检测点间车辆行程时间的物理延时。同时，主线检测点也能够根据式（7.3）和式（7.4）获取占有率数据。在此基础上，根据式（7.6）用占有率设定值 θ_S 减去检测器实测占有率 θ_M，并将其差值乘以参数 K_R，得到的结果即为相对于前一个计算间隔的信号控制率调节量。各时间间隔计算得到的信号控制率调节量相对较小，因此不需要按前述方法进行占有率数据过滤。ALINEA 已在美国和欧洲的很多地区部署应用。

SWARM 2 是一套单点响应式匝道控制算法。Chu 与 Liu[18] 在研究中指出，SWARM 2a 应用基于车头时距理论的交通密度函数来计算单点信号控制率。从理论上讲，这一算法试图通过优化交通密度来保障受控匝道上游检测点的车头时距，从而实现交通流量的最大化。SWARM 2b 则引入了贮存区的概念，代表了主线上游车辆检测点（VDS）至下一个主线下游车辆检测点间的区域。在实际应用中，需要先计算出贮存区内存在的车辆数，并在此基础上应用 SWARM 2b 算法计算出 D 级服务水平下需求交通量对应的信号控制率。同时，如果两个车辆检测点间存在进出口匝道，则需在进出口匝道处安装检测器以计算交通量。该算法的实际应用依赖于精准的环形检测器数据。

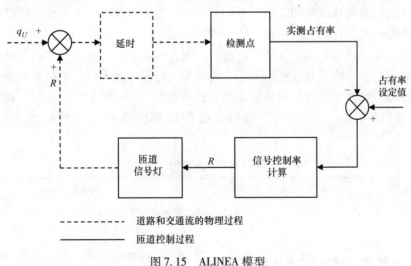

图 7.15 ALINEA 模型

7.4.4 系统响应式限制性匝道控制

系统响应式匝道控制策略可以协同调整多个匝道的信号控制率来实现部分目标

功能的优化。其中，一个常用的目标为根据检测到的实时交通运行状态最小化控制路段内所有瓶颈点处的过饱和概率。而这一目标的实现通常需要同步降低瓶颈点上游多个匝道的信号控制率。系统响应式匝道控制策略的优势体现在能够响应当前交通需求的变化，以及响应天气状况和交通事件导致的道路通行能力变化。表7.5总结了这一策略的主要特征。

一般来说，系统响应式匝道控制策略会对受控匝道下游区域的检测器数据进行核查。核查方式为将一个或多个关键位置下游检测器的实测占有率或交通密度与临界值（一般等于或略小于道路通行能力，或该变量的交通流崩溃值）进行比较。在某些情况下，交通密度可通过对应区域的进入、驶离交通量计算得到。

通过调节一个或多个上游匝道信号的控制率，可以实现对检测器实测占有率或交通密度的调整，以保证其不超过临界值。在很多控制策略中，会在系统控制算法的基础上融入单点控制算法，从而在实际应用中获得更有针对性的信号控制率。

在匝道上游也常设有一个或多个检测点，并根据检测数据调整信号控制率，防止车辆排队溢出至地面道路并阻碍背景交通流的正常运行（此部分的详细内容见第7.4.5.2节）。

7.4.5 设计问题

7.4.5.1 匝道设计要素

在匝道控制的设计过程中，需合理配置相关的控制策略及设备，以保障信号灯显示、交通安全与排队空间需求。其中，受控车道数以及一灯一车或一灯多车控制模式的选择取决于计划采用的最大信号控制率（表7.5）。当选用了单车道控制时，车辆将在一条或两条车道上排队等待放行，而在两条车道上排队等待的车辆需要汇流后才能通过停车线。在某些情况下，可启用一条额外通道供公交或多乘员车辆直接通过匝道控制停车线。加利福尼亚州交通运输部（CALTRANS）组织编制了一部匝道控制设计手册，并在其中说明了受控匝道的推荐设计标准及相关设计实例[25]。

表7.5 系统感应式匝道控制策略示例

策略	案例所在地点	参考文献	策略主要特征
区域分层控制	明尼苏达州双子城	[19]	把高速公路分为若干个区域。设置信号控制率以保证区域的驶入车辆数小于驶离车辆数
			将各区域分组（分层），并作为信号控制率的计算基础
			非常强调最大匝道等待时间限制。需要检测匝道处的车辆排队以确保等待时间不超过预设值

(续)

策略	案例所在地点	参考文献	策略主要特征
模糊逻辑	华盛顿州西雅图	[20]	参见附录 E
助手	科罗拉多州丹佛市	[21]	预设信号控制率由单点控制算法生成
			如果匝道处正在执行最小信号控制率，则降低上游匝道的信号控制率
系统自适应匝道控制算法（SWARM）	加利福尼亚州奥兰治县及其他地区	[22]	选择 SWARM 1 和 SWARM 2 计算结果中的较低值
			SWARM 1
			预测交通密度并在各检测点测量超预期的交通密度
			计算各检测点的目标交通密度及所需交通量减少值
			将所需交通量减少值分配至其上游受控匝道
			SWARM 2（见第 7.4.3.3 节）
Metaline 算法	巴黎	[23,24]	在需要系统级控制的地点布设 ALINEA
			为关键的下游检测器标定占有率预设值，并检测预设值和实测占有率之间的差值
			根据加权后的下游占有率误差，计算出每个受控匝道的信号控制率递增量

  限制性匝道控制策略通常要求具有充足的车辆排队空间，针对这一问题，Caltrans 提出了一种匝道所需排队空间的计算方法，算法流程如图 7.16 所示[25]。该图为一网格图，其水平轴代表的持续时间按 10min 为增量划分网格，而垂直轴代表的交通量则按 100 辆/h 为增量划分网格。在应用图中的计算方法时，需首先输入当前设置的信号控制率（如为定时式匝道控制预设的信号控制率），而当发现车道到达率首次超过这一信号控制率时，开始在图下的表格第一行中输入对应的小时交通量（单位：百辆）。表中第二行表示驶离率，在车辆排队出现后其值等于信号控制率。表中第三行表示车辆排队长度（单位：十辆），其值等于前一间隔剩余排队长度加上当前间隔的第一行与第二行差值。根据上述定义，图 7.16 所示案例中的最大排队长度为 60.4 辆车，出现在需求交通量首次超过信号控制率（图中垂直方向匹配率）后的第 40~50min 时段。同时，Caltrans 在研究中建议为每辆排队车辆配置 9m 的匝道车道长度，因此案例中的最低车辆排队空间要求为 540 车道·m（60×9）。此外，针对货车、公交或旅游车占比较大的场景，Caltrans 建议需增加额外的车辆排队空间。读者可登录网站 http：//www.springer.com/us/book/9783319147673 下载相应的空白图表（图 7.17）以帮助匝道控制方案的制定。

在很多情况下，无法通过匝道改造来满足相应的排队空间要求，此时建议采用非限制性匝道控制作为替代。

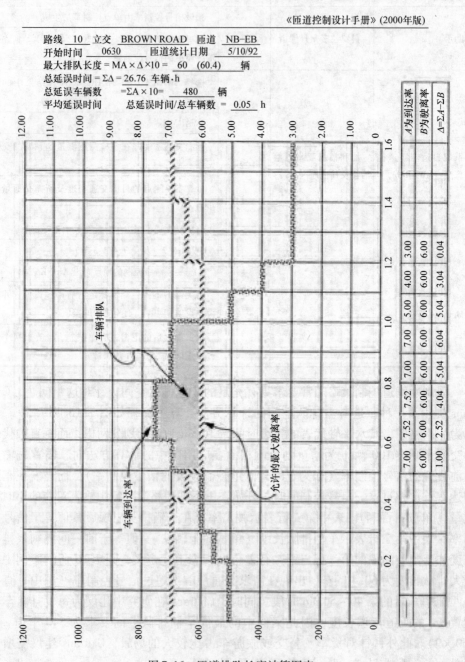

图 7.16 匝道排队长度计算图表

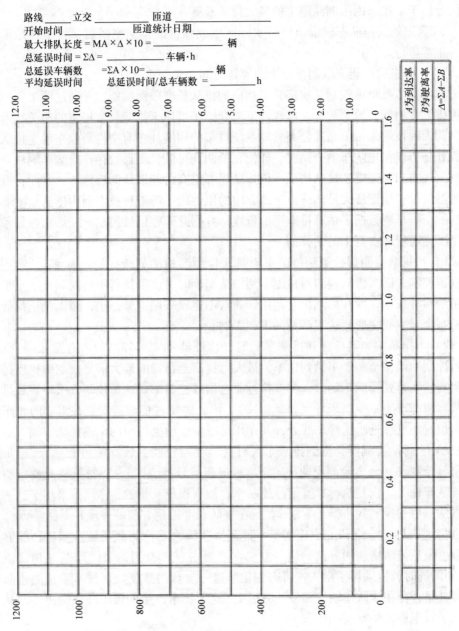

图 7.17 匝道计算图表（无数据）

7.4.5.2 匝道排队长度控制

限制性匝道限流控制执行时段内，受控匝道处车辆排队的形成与消散过程将遵循图 7.16 所示阴影区域垂直距离所代表排队长度的变化规律。同时，随机到达的车辆或上游受信号控制形成的车队也会导致排队长度产生短时变化。多数交通管理机构会出于下述原因限制匝道上的最大排队长度：
- 匝道处的排队车辆溢出匝道实际区域或预留的排队空间后，将干扰地面道路的正常运行。
- 一些机构可能会限制匝道上的等待时间（见第7.5.2节）。

因此，多数匝道控制系统都具有相应的排队长度限制功能，并通过图7.2所示匝道排队检测器的检测数据来实现。下文介绍了可用于排队长度控制的相关技术方法。前四种技术采用由高速公路管理系统自带的周期性占有率检测值来确定排队检测器处是否存在排队车辆。同时，即使在检测到排队检测器处存在排队车辆后立即调整信号控制率以缓解排队情况，但排队尾部仍有可能继续向后延伸，因此，排队检测器应设于预期最大排队终点下游方向的匝道内。第五种技术利用排队检测器检测到的个体车辆数据来估算排队尾部位置，并据此调整信号控制率。第六种技术则利用了交通量和占有率的估算值。

1）当排队检测器检测到排队车辆时（检测器检测到较高的占有率），停止执行匝道控制；而当排队检测器检测不到排队车辆时，恢复执行匝道控制。这是早期采用的一种技术，现在偶尔仍有使用。通常不建议采用这种方法，因为停止执行匝道控制会对主线交通流造成严重的不利影响。

2）当排队检测器检测到排队车辆时（检测器检测到较高的占有率），将匝道信号控制率调整至高于车辆到达率，最大可提高至预设的最大信号控制率；当排队检测器检测不到排队车辆时，恢复执行原有信号控制率。这种控制方法将导致排队检测器周围产生一个极限环（排队振荡），因此需要将检测器安装在需要防止车队溢出位置的更靠近匝道停车线处，其作用是减少匝道上可用的车辆排队空间。

3）当排队检测器检测到排队车辆时（检测器检测到较高的占有率），逐步提高信号控制率（每个检测周期按固定增量提高信号控制率），当排队检测器检测不到排队车辆时，恢复执行原有信号控制率。加利福尼亚州的很多匝道采用了这一控制方法，但其控制效率低于方法2，且在排队长度控制方面的表现并不稳定[26]。

4）Gordon[27]在研究中建立了一种在排队检测器检测到排队车辆后，能够最大程度限制排队增速的方法。这一方法在缩短占有率检测器采样周期（建议值为10s）的同时，也采用了融入占有率变化率这一参数的数据处理技术来预测排队检测器处是否存在排队车辆。相较于方法2，这项技术产生的极限环振幅更小，从而降低了对车辆排队空间的需求。

5）Sun与Horowitz[26]在研究中提出了一项在排队尾部接近排队检测器时即可执行的技术，并可调整信号控制率以保持指定的排队长度。这一技术可根据预设的车辆速度与离排队尾部距离的匹配表，通过排队检测器检测到的个体车辆速度，来估算车辆排队长度。上述匹配表是根据代表了车辆减速距离的实测数据拟合曲线预先制定的。

6）Spiliopoulou[28]等在研究中介绍了一种基于匝道进口与出口位置车辆统计数

据差值的排队车辆数的估算技术,并通过匝道中部的占有率实测值实现了对上述差值的修正。

7.4.5.3 互通式立交处的匝道控制

大都市圈内高速公路的交通流模式通常会受到另一条高速公路汇入交通流的影响。很多情况下,汇入交通流将给处于第一条高速公路合流点上游的驾驶员造成显著的额外延误。为缓解上述延误,可在两条高速公路的互通式立交汇入目标高速公路的匝道处执行匝道控制,以诱导部分驾驶员改为在下游进口匝道处再汇入。Jacobson 和 Landsman 提出了有关如何选择合适控制位置的指导方针[29],相关内容概括见表 7.6。

表 7.6 互通式立交处匝道控制的指导方针[29]

考虑那些存在常发性交通拥堵问题或鼓励交通分流的地点
仅当有合适绕行路线时才考虑执行交通分流措施
避免在短距离内进行两次匝道控制
避免在能够为汇入车辆提供新增车道的互通式立交匝道处执行单车道匝道控制
除非分析结果能确保主线交通流量将得到改善,从而使匝道使用者也受益,否则不应在互通式立交匝道处执行匝道控制
当多个匝道在汇入高速公路主线提前合流,且匝道上经常发生拥堵(高峰时段每周 4 次以上)时,则在互通式立交匝道处执行匝道控制
若互通式立交处匝道控制引起上游高速公路主线产生车辆排队并阻碍主线交通正常运行时,应提高信号控制率以尽量减少上游主线上的排队长度,或是提供额外的排队空间
相应的交通管理中心应能够操作互通式立交处的匝道控制设备并监控其执行情况
应尽可能在水平或缓下坡的道路位置上布设匝道控制设备,以利于重型车辆的加速起动。此外,匝道控制设备布设时应为驶入匝道的驾驶员提供足够的视距以保证其及时发现排队车辆并能够安全停车

互通式立交匝道控制系统在通往加利福尼亚州 210 号州际公路的多个匝道已有广泛应用[30]。

7.5 匝道控制对驾驶员的影响

7.5.1 匝道控制对于驾驶员的利弊分析

一篇关于北美地区匝道控制项目的文献综述指出,匝道控制的执行使得受控交通通道上的行程时间和受控高速公路上的事故发生率获得显著改善[10]。然而,相较于其他智能交通系统措施通常可提高所有使用者出行效益的情况,匝道控制(尤其是限制性匝道控制)措施在提高部分驾驶员出行效益的同时,会对其他驾驶员造成一定的不利影响。

匝道控制的受益者主要为那些匝道等待时间远小于高速公路通行时间的驾驶员。在某些情况下，驾驶员可提前在受控路段上游进入高速公路，从而消除匝道等待时间。同时，其他受益者也包括利用匝道不停车通过车道的公交车辆上的乘客。匝道控制会对以下驾驶员造成不利影响：

- 匝道等待时间超过主线通行时间的驾驶员。这一情况通常发生于驾驶员驶入靠近中心商务区的市区高速公路时。上述情况的其他场景也包括不同匝道处的等待时间存在较大差异。针对这一公平性问题，可尝试通过如下方式解决：
  - 优先选择在郊区而非市区实施匝道控制措施。
  - 将排队等待时间限制在可接受的最大值以下（见第 7.5.2 节）。
  - 仅在出城方向执行匝道控制。

第 3.2.1 节介绍的基尼系数可作为平等性评估指标。

- 高速公路上选择分流绕行的驾驶员和绕行路线上的背景交通驾驶员，其出行时间通常会大于高速公路匝道控制执行前的出行时间。这些问题可以通过以下方式加以缓解：
  - 应用交通仿真或其他技术开展提前规划，通过调整信号控制率将交通分流水平控制在地面道路责任方可接受的范围内。例如，俄勒冈州波特兰市在首次执行匝道控制时，相关机构约定通过限制交通分流水平以保证地面道路的交通量增幅不超过 25%[1]。
  - 交通信号系统、闭路电视监控系统和身份识别系统设置于地面道路上的检测器可实时监控交通运行状态，在此基础上调整匝道信号控制率，以保障绕行路线的服务水平在可接受范围内。

此类问题需要相关责任方能够接受匝道控制的执行及带来的预期影响。建议将上述问题纳入系统的运行理念中（见第 2.1.2 节）。

7.5.2 匝道控制的公众接受程度

在实施限制性匝道控制措施后，受日常匝道排队影响的驾驶员将很快察觉到蒙受了之前没有的额外延误时间，但却不易察觉在高速公路主线上获得的行程时间缩短和安全汇入等方面的收益。因此，有必要在匝道控制正式实施前，让社会公众、政府领导和执法人员意识到其潜在效益。为此，可通过宣传册、纸质媒体和电子媒体等方式开展公众宣传，并积极向政府领导和执法人员宣传推广[1,2]。多数情况下，上述方法将能够使社会公众对匝道控制持积极态度，并愿意遵守信号灯的通行规则。

下面通过一个案例来说明匝道控制在公众接受程度方面可能遇到的困难。面对匝道控制会导致长时间排队等待的观点，1990 年在社会公众与政府领导的要求下，明尼苏达州立法机关开展了专项研究以评估匝道控制实施效果。研究人员分别测量了有无匝道控制下的延误时间，并在期间关闭 2 个月的匝道控制功能。

研究结果表明,匝道控制能够显著提高行程时间可靠性与主线通过量,并降低了交通事故率。一项用户调查表明,虽然受访者对匝道控制的接受程度有了很大提升,但他们也认为当前存在着自由流条件下控制过多及总体分布过密等问题。上述研究也建议执行一项新的匝道控制运行规则,即在满足安全要求和公众可接受匝道排队长度的基础上,在高峰时段最大限度地平衡交通通行效率[31]。

研究工作结束后,相关机构根据研究结果完善了匝道控制执行策略,将单点受控匝道的排队等待时间限制在4min以内,并将互通式立交受控匝道的排队等待时间限制在2min以内。执行上述方案后,其系统整体效益优于不执行匝道控制的方案,但弱于之前采用的匝道控制方案[32]。

7.6 匝道控制效益模型

当交通需求非常接近道路通行能力时,匝道控制的实施将能够减少交通通道的总体延误并降低受影响路段上的能源消耗及尾气排放。同时,受控匝道附近的交通事故率也能得到有效减少。图7.18所示为匝道控制的简化效益模型,能够估算出匝道控制影响下相关高速公路路段每年节省的延误时间和减少的事故数。

模型中的符号定义见表7.7。

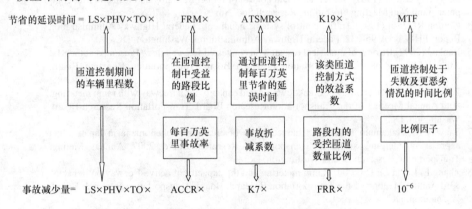

图7.18 匝道控制的简化效益模型

表7.7 匝道控制效益模型符号定义

符号	定义	典型默认值
LS	受匝道控制影响的路段长度/mile	不适用
PHV	高峰时段交通量	不适用
TO	每年执行匝道控制的小时数	不适用
FRM	在匝道控制中受益的路段比例	不适用

（续）

符号	定义	典型默认值
ATSMR	每辆车通过匝道控制节省的平均延误时间/（h/mile）	0.00476
K19	匝道控制效益系数	K19 = 1.0（限流性匝道控制） K19 = 0.4（非限流性匝道控制）
MTF	匝道控制执行期间，高速公路 E 级（或以下）服务水平下的时间比例	不适用
ACCR	每百万英里交通事故率	不适用
K7	事故折减系数	0.2
FRR	所有匝道中执行匝道控制的数量比例	不适用

参 考 文 献

1. Neudorff LG et al (2003) Freeway management and operations handbook. Federal Highway Administration Report FHWA-OP-04-003. Federal Highway Administration, Washington, DC
2. Jacobson L et al (2006) Ramp management and control handbook. Federal Highway Administration Report FHWA-HOP-06-001. Federal Highway Administration, Washington, DC
3. Gazis D, Foote R (1967) Surveillance and control of tunnel traffic by an on-line digital computer. 32nd Natl Meeting Operations Research Soc. Am
4. Gordon RL et al (1995) Traffic control systems handbook. Federal Highway Administration Report FHWA-SA-95-032. Federal Highway Administration, Washington, DC
5. Banks J (2002) Review of empirical research on congested freeway flow. Presented at the 81st Annual Meeting of the Transportation Research Board. Transportation Research Board, Washington, DC
6. Persaud B et al (2001) Study of breakdown-related capacity for a freeway with ramp metering. 80th Annual Meeting of the Transportation Research Board. Transportation Research Board, Washington, DC
7. Shawky M, Nakamura H (2007) Characteristics of breakdown phenomena in Japan urban expressway merging sections. Transportation Research Board 2007 Annual Meting. Transportation Research Board, Washington, DC
8. Zhang L, Levinson D (2004) Ramp metering and the capacity of active freeway bottlenecks. 83rd Annual Meeting of the Transportation Research Board. Transportation Research Board, Washington, DC
9. Zhang L, Levinson D (2010) Ramp metering and freeway bottleneck capacity. Transp Res A 44:218–235
10. Piotrowics G, Robinson J (1995) Ramp metering status in North America – 1995 update. Federal Highway Administration, Washington, DC
11. Twin Cities ramp meter evaluation (2001) Cambridge, MA: Cambridge Systematics Inc.
12. May AD (1990) Traffic flow fundamentals. Prentice Hall, Englewood Cliffs, NJ
13. Imada T, May AD (1985) FREQ8PE - a freeway corridor simulation and ramp metering optimization model. Report UCB-ITS-RR-85-10. University of California, Berkley, CA
14. Managed freeways – freeway ramp signals handbook (2013) Kew, VIC: Vic Roads
15. Blumentritt CW et al (1981) Guidelines for selection of ramp control systems. NCHRP Report 232. NCHRP, Washington, DC
16. Gelb A et al (1974) Applied optimal estimation. The MIT Press, Cambridge, MA

17. Papageorgiou M et al (1991) ALINEA: a local feedback control law for on-ramp metering. Transp Res Rec 1320:58–64
18. Chu L, Liu H (2003) PARAMICS plugin document – SWARM ramp metering control. PATH ATMS Center, University of California, Irvine, CA
19. Stratified zone metering - the Minnesota algorithm (ND) (2003) St. Paul, MN: Minnesota Department of Transportation
20. Taylor C et al (2000) Results of the on-line Implementation and testing of a fuzzy logic ramp metering algorithm. Presented at 79th Annual Meeting of the Transportation Research Board. Transportation Research Board, Washington, DC
21. Bogenberger K, May AD (1999) Advanced coordinated traffic responsive ramp metering strategies. Report UCB-ITS-PWP-00-19. University of California, Berkeley, CA
22. System wide adaptive ramp metering algorithm – high level design (1996) La Mirada, CA: National Engineering Technology Corporation.
23. Papageorgiou M et al (1990) Modeling and real time control of traffic flow on the southern part of the Boulevard Peripherique in Paris: Part I Modeling. Transp Res A 24(5):345
24. Papageorgiou M et al (1990) Modeling and real time control of traffic flow on the southern part of the Boulevard Peripherique in Paris: Part II Coordinated on-ramp metering. Transp Res A 24(5):361
25. Ramp meter design manual traffic operations program (2000) Sacramento, CA: California Department of Transportation
26. Sun X, Horowitz R (2005) Localized switching ramp-metering control with queue length estimation and regulation and microscopic simulation results. Proc Am Cont Conf 3:2141–2146
27. Gordon RL (1996) Algorithm for controlling spillback from ramp meters. Transportation Research Record 1554. Transportation Research Board, Washington, DC
28. Spiliopoulou AD, Manolis D, Papamichail I, Papageorgiou M (2010) Queue management techniques for metered freeway on-ramps. Transportation Research Record No. 2178. Transportation Research Board, Washington, DC, pp 40–48
29. Jacobson EL, Landsman J (1994) Case studies of freeway to freeway ramp and mainline metering in the U.S. and suggested policies for Washington state. Transportation Research Board Paper 940331, Transportation Research Board Meeting, Washington, DC, January 1994
30. Foothill freeway congestion relief project. Caltrans, 2009, online October 6, 2014, http://www.dot.ca.gov/dist07/sync/cpimages/file/fact%20sheet(1).pdf
31. Executive summary - twin cities ramp meter evaluation (2001) Cambridge, MA: Cambridge Systematics Inc.
32. Executive summary - twin cities ramp meter evaluation – Phase II interim ramp meter strategy, Phase III Plans for new ramp meter strategy (2001) Cambridge, MA: Cambridge Systematics Inc.

第8章
交通管理中心

摘要： 本章主要介绍了交通管理中心（TMC）的职能，举例说明交通管理中心提供的服务。讨论相关主体之间的信息流向，分析其与区域智能交通系统架构的关系，以及如何实现。此外，还介绍了全省交通管理中心架构和数据库。

8.1 交通管理中心职能

交通管理中心（TMC）又称为交通运营中心，负责控制和管理 ITS 运行。交通管理中心是实现区域智能交通系统架构和项目系统设计（见第 2.1.2 节）提出的运行概念（CONOPS）[1]的重点，是相关交通管理机构和应急服务单位的运营场所。

交通管理中心为负责高速公路运营、城市道路运行、应急管理和警察服务的机构，提供常用的管理服务支持，推动跨部门的沟通和协调，向媒体与公众发布交通信息，协调公共交通机构，充当公众和有特殊信息需求的单位的联络点。交通管理中心支持的主要高速公路管理职能如下所述。

8.1.1 应急管理服务

交通管理中心为应急管理服务部门应对交通事件提供支持。向应急响应机构提供交通状况等可用信息，帮助其了解应急服务需求，并为应急服务机构制定到达现场的最快路线。根据应急服务机构的要求提供特定信息，如视频监控图像、受影响车道数和排队车流队尾位置。交通管理中心负责制定、保存和实施事件管理计划，并提供第 4.5.2 节介绍的事件支持服务。

视频监控系统是协助事件管理的关键工具，具有以下功能：
- 帮助确定所需响应服务的类型。
- 协助应急响应机构找出到达事件现场的最快路线。
- 协助应急响应机构管理事件附近的交通及形成的排队。

视频监控图像通常与其他交通管理中心、管理机构和应急响应机构共享。

8.1.2 对外信息发布

交通管理中心可向现场设备（如可变信息标志、公路路况广播、道路资讯无线电信标）及运营场所或非公共场所的信报亭发布交通信息，向独立服务提供商和媒体等私营机构提供交通信息，应其他交通管理中心请求提供消息。交通管理中心是全省 511 驾驶员信息服务的重要信息来源。

交通管理中心向驾驶员提供的信息类型包括：
- 偶发性交通拥堵及其相关问题，如警察行动和道路路面问题。
- 常发性交通拥堵，行程时间或出行路线信息（取决于管理中心的策略）。
- 施工安排及其交通影响。
- 重大活动安排及其交通影响。
- 重大事故或其他设施事件。
- 安珀警报（译者注：安珀警报是美国特有的一种警报机制）。
- 与天气事件有关的道路或交通状况。
- 公共交通和干线通道相关信息，包括停车换乘设施状态。
- 与驾驶员安全有关的默认信息（取决于管理中心的策略）。

8.1.3 匝道运行管理

交通管理中心为匝道运行控制提供相关功能：

- 日常运行——为操作人员提供控制模式选择，根据主线交通流量和匝道排队长度的检测数据调节匝道交通控制率。事件管理计划和通道管理功能也可能需要调整匝道控制率。
- 数据存储与挖掘——运用计算机程序存储和分析交通检测器数据。这些程序可提供单个检测点随时间变化的交通数据分布图（图 6.3）。路段日常车速变化图（图 8.1）[2]及交通量数据可用于确定和修改匝道控制率、计划表和控制参数。数据存储与挖掘还支持其他管理中心的功能。
- 匝道控制方案修改——可根据上述数据修改匝道控制率、计划表和控制参数。可运用交通仿真程序辅助修改[3]。

8.1.4 公路巡逻服务

高速公路巡逻也称为机动巡逻和例行巡逻，由公路局或私营公司负责执行。交通管理中心通常负责协调和监督巡逻行动。大多数巡逻车都遵循预设的巡逻区域或线路。巡逻队的主要职能是通过清除行车道上的轻微事件来缓解已发生的拥堵或潜在的拥堵。他们通常提供以下服务：

- 为抛锚车辆提供补充汽油、小型故障维修、呼叫拖车等救援服务，使用推车装置移走行车道上的熄火车辆。
- 清除行车道和路肩上的垃圾碎片。
- 协助警方标记和移走废弃车辆。
- 协助应急响应机构管理事故期间的交通。

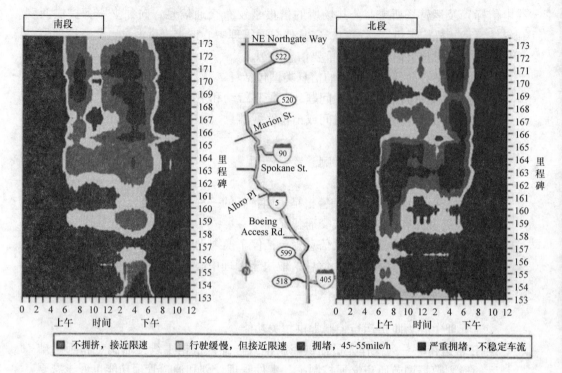

图 8.1 路段日常行驶速度变化图

公路巡逻服务通过缩短事件处置时间,能有效减少行车延误和二次事故发生,受到广大驾驶员的一致好评。

8.1.5 公路和干线交通信号协调

在发生交通事故时,管理部门要实施交通分流,此时需要交通管理中心制定备用的信号配时方案。在某些情况下,由其他机构执行公路交通管理中心要求的配时方案。设置备用信号配时方案的目的包括以下方面:

- 高速公路发生事故时沿预先规划的路线分流交通。
- 为提高运输通道的通过量提供运行支持。
- 为支持大型活动,而实施高速公路和地面道路的交通管理计划。
- 为支持紧急疏散,而实施高速公路和地面道路的交通管理计划。

8.1.6 道路气象信息服务

交通管理中心对外提供与道路状况有关的气象信息。这些信息可以来自中心本身运行的系统,也可从全省系统接收。道路天气信息系统(RWIS)利用现场监测设备检测以下数据:

- 气温、气压和湿度。

- 风速和风向。
- 降水分型和降水量。
- 可见度。
- 路面和地下温度。
- 路面状况,如干燥、潮湿、结冰、下雪、残留盐和水膜。

相关模型利用以上信息,再结合国家气象局和私营气象单位数据,生成有关能见度和降水条件的信息,向驾驶员发出危险警示,影响其行驶路径选择。不仅如此,这些信息还可用于除雪机和砂机部署地点的判断依据。

8.2 主要城市交通管理中心示例⊖

纽约州交通局的 INFORM 交通管理中心(图 8.2)负责管理长岛地区的限行公路和地面道路交通。该中心一年 365 天,每天 24 小时运行。它的主要职能是协助应急响应机构管理和处理事件。如图 8.3 所示,一辆商用车非法进入长岛公园大道,并被困在公园大道的一个立交桥下。

图 8.2 纽约州 INFORM 交通管理中心
(资料来源:柏诚集团)

图 8.4 为该中心的控制室。INFORM 交通管理中心执行的服务包括:
- 在可变信息标志上发布交通状况信息,提示常发性和偶发性交通拥堵事件。
- 将信息提供给媒体、纽约州交通部 511 系统及其他交通运输机构。
- 通过视频监控摄像头监视道路状况。其中一些摄像头安装在地面街道和大

⊖ 本节包含的大部分信息由纽约州交通部的 Emilio Sosa 先生和柏诚集团的 Richard Knowlden 提供。

图 8.3 长岛公园大道事故
（资料来源：柏诚集团）

图 8.4 INFORM 交通管理中心控制室
（资料来源：柏诚集团）

型活动场地附近。公众可登录 INFORM 交通管理中心官网[4]以及其他网站访问摄像头图像数据。

- 收集感应线圈、视频检测器、雷达检测器和声学检测器等检测器的检测信息。这些信息可用于协助事件管理和开发驾驶员信息服务。系统还部署了气象信息检测站。

- 入口匝道控制。典型的匝道信号安装部署如图 8.5 所示。这些匝道控制通常以非限流方式运行（见第 7.1 节）。

图 8.5 INFORM 交通管理中心匝道控制

（资料来源：柏诚集团）

- 在北方州公园大道和州地面干线道路的关键位置，安装了专用的行程时间信息显示屏。同时，在高架和公用可变诱导屏上也显示行程时间。
- 协调地面街道上的交通信号控制，支持限行公路网管理。在限行公路发生事故或施工时，实施应急信号配时方案，诱导交通分流。
- 早、晚高峰时段，为驾驶员提供救援服务。

8.3 交通管理中心间的互通与协调

以前，高速公路交通管理中心都是独立实体。一个管理中心与其他管理中心和应急服务单位之间的协调，主要通过电话进行口语化的沟通。后期经验表明，加强高速公路各管理中心之间以及高速公路管理中心与其他机构之间的正式联系、改善连通性，会有诸多裨益。交通管理中心是实施区域智能交通系统架构的重要单位。

8.3.1 区域协调

8.3.1.1 区域协调的职能

以下章节重点讨论区域内各管理中心之间协调工作的职能和目的。

（1）应急响应协同

应急响应和事件处置部门通常都配置了交通管理中心。部门之间通过数据交换，可确保选用最合适的处置机构、装备和路线。如图 8.6 所示，部门间的应急响应协同工作有可能变得非常复杂[5]。

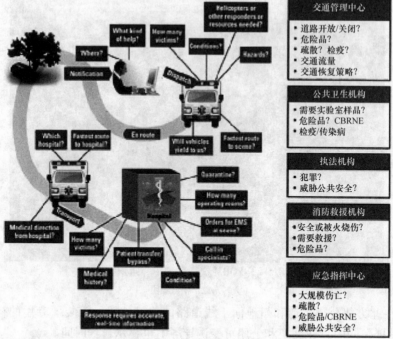

图 8.6　应急响应信息流需求

（2）交通管理策略协调[6]

在管理交通的时候，可能需要协调其他部门去制定或实施具体的管理措施。比如，这些措施可能包括：

- 为配合交通管理协调策略的实施，需要其他部门来控制交通信号。
- 协调使用其他管理部门的设备，发布动态提示信息或路况广播消息。
- 应对恶劣天气或其他紧急情况。

（3）出行方式选择决策

驾驶员依据当前状况做出维持或更改当前出行方式的选择时，需要其他部门提供信息以供参考。这些信息有可能发布在动态可变情报板或511网站上，信息的需求通常包括：

- 公共交通时刻表相关信息。
- 可用停车场的相关信息。
- 特殊事件导致的交通拥堵信息。
- 另一地点存在的可能导致出行者改变其出行模式的重大问题。

8.3.1.2　区域协调的实施

区域协调可通过以下措施实现：

（1）区域智能交通系统（ITS）架构

交通管理中心是实施区域 ITS 架构的关键机构。本节主要说明管理中心如何执行区域 ITS 架构中的信息流。区域 ITS 架构相当于该区域 ITS 需求的长期规划。

它强调相关参与者和管理中心要使用通用的通信标准。计算机之间的数据传输可采用 ITS 协议体系，如 NTCIP、TCIP 或 IEEE1512 协议，或其他标准数据传输协议。

相反，现场设备安装或交通管理中心建设/改造项目，只需满足其中一部分 ITS 需求。这些项目必须确定涵盖的特定信息流，并制定实现这些信息流的方法。下面以纽约州宾厄姆顿市的交通管理中心为例，说明如何结合区域 ITS 架构实现这些信息流的过程，见表 8.1。

表 8.1　信息流实现过程

来源	目的地	信息流描述	实现方法
纽约州交通局区域交通管理中心	纽约州交通局区域交通管理中心路侧设备	道路信息系统数据	用于控制和信息传递的动态信息标志 NTCIP 协议
			公路路况广播语音音频文件标准
			道路资讯无线电信标控制信号
		信号控制数据	纽约州交通部标准信号系统
		交通传感器控制	数据请求用 NTCIP 协议
		视频监控	摄像机控制用 NTCIP 协议
	布鲁姆县应急管理中心	事故信息	纽约州交通部区域交通管理中心工作站，电话
		路网状况	纽约州交通部区域交通管理中心工作站，电话
	纽约州交通局区域信息控制中心	现场设备状态	纽约州交通部区域交通管理中心工作站
		路网状况	纽约州交通部区域交通管理中心工作站
		工作计划反馈	电话、电子邮件
纽约州交通局区域交通管理中心路侧设备	纽约州交通局区域交通管理中心	高速公路控制状态	可变情报板状态——NTCIP 协议
			公路路况广播状态——专有协议
			道路资讯无线电信标状态——简单开关指示
		交通流量	检测器数据——NTCIP 协议
		交通图像	闭路电视监控摄像头图像——MPEG 标准

(2) 公用设施和 ITS 设备

为满足事件管理或其他管理目的，实施信息共享的一般方法如下：

- 面对面信息共享——通常在相关参与单位共享设施情况下使用。当参与单位管理中心位于同一地点时，运营绩效会显著提升，因为同地工作能为参与单位提供密切协作的机会。在某些情况下，相关参与单位可以共用设施。例如，纽约州罗切斯特地区的区域交通运行中心（图8.7）内部设置有纽约州交通部高速公路运行中心、门罗县交通信号系统（负责运行罗切斯特市门罗县的信号机和互联的州信号机）和纽约州警察局。纽约州交通局和门罗县的视频监控摄像头由一个系统集中控制。每个摄像头数据可由任一机构访问并显示在工作站或共享大屏幕上。同样，两机构共用一个可变情报板控制系统。

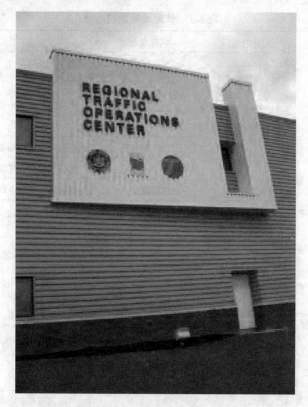

图8.7 纽约州罗切斯特区域交通运行中心

其他资源共享包括[6]：
- 所有应急响应部门共享同一计算机辅助调度（CAD）系统。
- CAD系统与高速公路管理系统之间的文本信息接口。
- 相关参与单位间共享通信设备。这有利于在相关单位的设施或应急救援车辆上显示视频监控数据。
- 远程语音——例如电话和移动无线电设备。
- 电子文本——例如以寻呼、传真、电子邮件和文本形式访问交通事件相关的数据系统。

- 其他媒体和高级系统，如视频和交通管理系统。

这类数据传输需要对旧系统重新编程。改造成本将非常高，特别是对于资源有限的大都市地区而言。另外，远程工作站提供了一种成本较低的信息共享方式。例如，将一个交通管理中心工作站或工作站软件安装在另一个管理中心，通过远程访问能够查看路网状况、设备状态和事件状态。

（3）区域管理

在某些地区，区域数据交换所提供的覆盖范围，能使管理机构"看到"超出其地理或功能操作限制范围的信息。例如，在纽约大都会地区，纽约市交通运行协调委员会（TRANSCOM）是一个负责交通数据（包括运输信息）和应急响应管理协调的机构。

1986年，为了促进纽约州、新泽西州和康涅狄格州大都会地区各部门之间的施工协调，设立了纽约市交通运行协调委员会（TRANSCOM）[7]。随后，其职能不断扩展，涵盖一天24小时的多机构、区域事件管理。在为其17个成员机构提供服务的过程中，TRANSCOM已经开发并运行了多个ITS。TRANSCOM通过广泛的信息传播网络，每天24小时收集和传播最新的区域交通事件、施工和大型活动信息。成员单位负责提供交通状况和事件信息，而公共交通管理部门则提供时刻表变化信息。每条信息都分发给三个州地区的受影响部门。信息接收方包括公路和公共交通管理部门，州、县和地方警局，以及交通服务媒体。在重大事件、施工和大型活动期间，TRANSCOM协助组织区域资源进行事件响应。这些资源包括其成员单位运行的可变情报板和公路路况广播，它们向出行者发布交通相关信息。通过共享这些资源，可以让信息传达给更多的公众。

8.3.2 全州协调

美国许多州都设有多个交通管理中心。尽管其中大部分最初设计为独立机构，但许多州已采取措施协调其设计和运行。

8.3.2.1 协调的职能

州交通运输局下属各部门或区域之间进行协调的目的包括：

（1）相邻部门或区域间无缝运行

涉及多个交通管理中心的常发性或偶发性交通拥堵，需要在事件管理和信息发布等方面进行协调。同样，也需要协调各管理中心管辖区域交界的交通信号配时方案。

（2）运行的经济性

规模较小的地区或交通不繁忙地区的交通管理中心，可由另一个大型交通管理中心负责运行管理，尤其是在夜间，从而实现人员配备的经济性。要满足这一需求，在相关设施的设计或改造过程中应进行充分考虑。

(3) 交通管理中心故障响应

环境因素或其他事件可能会导致管理中心发生故障。在一些情况下，应购置备用设施。另外一些情况下，由另一个州或部门接管运行可能更为可行。

(4) 资源的经济性

采用统一设计的方式，能节省管理中心的人力资源及维护培训成本，而且还有助于推动知识和经验的共享。

8.3.2.2 协调的实施

全州协调可通过以下措施实现。

(1) 全州 ITS 架构

全州 ITS 架构为协调管理中心物理与功能需求提供了重要工具。图 8.8[8] 所示为全州 ITS 架构图，图 8.9[9] 显示了一小部分交通管理职能。

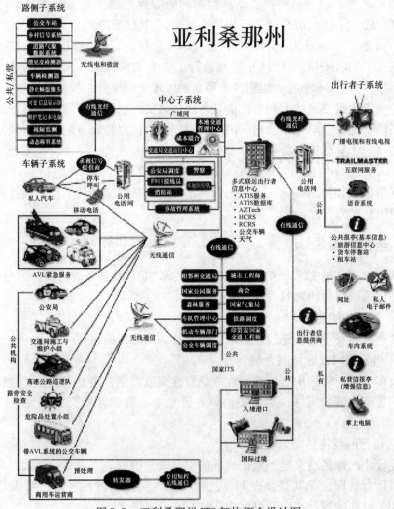

图 8.8 亚利桑那州 ITS 架构概念设计图

亚利桑那州交通管理角色与职责

相关单位	角色与职责
亚利桑那州交通局	与其他机构协调执行道路封闭，并向适当的信息服务提供商告知道路封闭时间安排
	收集、处理、存储并向出行者发布天气信息
	每3~5年或根据需要从相关单位处收集信息并维护全州ITS体系架构
	使用系统轮询功能提供故障数据
	为其他机构提供除雪作业支持和可用停车位信息
	远程控制可变信息诱导屏，向驾驶员发布交通等信息
	维护现场设备
	对事故实施交通管制响应
	监控交通局管理的高速公路和入口匝道的交通状况
	收集和共享巡逻队收集的信息，包括交通、维护和施工，以及用于事件管理、通知和事件处置的出行者信息系统
	调派道路服务巡逻车到指定的事件发生地点
	按照应急管理部门要求提供资源
	提供语音电话系统获得的交通状况、环境、天气和事件信息
	在固定区域或车流中的远程监控视频图像和监测数据
	收集、处理、存储并向出行者发布交通和公路状况信息，包括事故信息、绕道和道路封闭、事件信息、推荐路线和特定路线的当前速度
	与地方交通分局及其他运输和应急机构共享现场设备控制权
	监控高速公路、入口匝道和交通局管辖公路的交通状况，为驾驶员提供交通和事件信息。与其他应急和运输部门共享交通信息
亚利桑那州公安局	与其他机构协调执行道路封闭，并向适当的信息服务提供商告知道路封闭时间安排

图8.9 亚利桑那州全州ITS架构部分内容

（2）中心－中心（C2C）共享通信

一些州ITS架构设计了高度发达的中心－中心信息共享。图8.10为这种体系结构的一个例子[10]。

图 8.10 展示了多个现有组成系统通过 C2C 接口模块进行数据交互的过程。可变情报板和视频监控系统以点对点的方式运行。例如，如果某一行政辖区希望在相邻辖区的可变情报板上发布一条消息，它可以运用自有软件发送请求，然后由 C2C 接口模块将该请求转换为标准协议。接下来，标准协议在 C2C 系统内传输（通过"云端"），由接收信息的 C2C 接口模块转换为相邻辖区的输入信息格式，然后传递给接收系统进行处理。在任何情况下，"外部"系统都无法直接控制该可变情报板或与之通信，因为所有的输入和输出数据都将通过本地"自有"系统进行传输。"自有"系统保留允许或限制任何或所有用户访问（包括内部和外部）的能力，以及记录所有用户执行的所有操作的能力[10]。

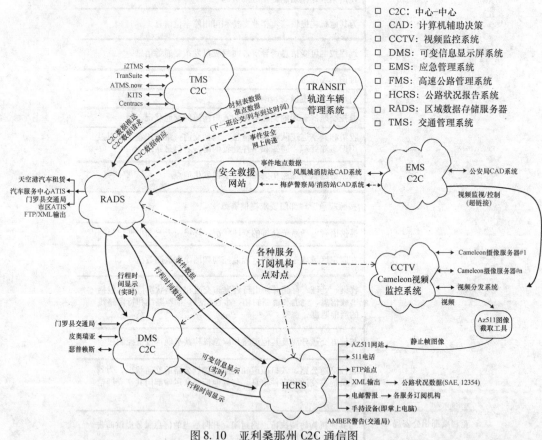

图 8.10 亚利桑那州 C2C 通信图

(3) 全州 ITS 标准和规范

美国许多州将 ITS 标准纳入州级标准规范，以方便在不同交通管理中心之间进行数据传输。第 8.3.1.2 节明确了常用的一些标准。国家 ITS 架构也设定了常用的标准站点[11]。

(4) ITS 管理系统软件统一供应商

过去，许多州分别为各个地区或部门部署运行了不同的 ITS 管理软件。这种做法的缺点包括：难以在相邻交通管理中心之间进行数据迁移和协调运行，无法共享维护和培训资源，并且减少了"经验教训"的分享。为解决这些局限性，有些州决定通过使用统一供应商来整合交通管理中心软件。由于资源的限制，此过程可能需要一些时间才能完成。

（5）交通管理中心远程运行

大型交通管理中心一般配备了备用管理设施，以防止主站点出现故障。但这一做法并不适合小型交通管理中心。而从大型交通管理中心远程运行小型交通管理中心可能更有效，尤其是在非工作时间。图 8.10 所示体系结构可用于实现这一方法。图 8.11 所示替代架构也可用于此目的。在正常情况下使用这种方法，本地交通管理中心可正常管理运行。在非工作时间或紧急情况下，远程交通管理中心可直接管理现场设备。互联网通信协议的使用，推动了这一理念的实现。交通管理中心之间建立通信链路，实时交换更新远程交通管理中心的系统状态，并协助远程接管和恢复本地操作。这种类型的体系结构在纽约州交通局得到了实施。

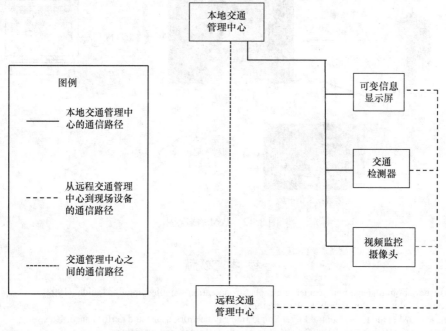

图 8.11　交通管理中心远程控制体系结构

（6）全州交通数据库

如今，美国越来越多的州构建了系统，实时或近实时地收集和存储交通状态及事件数据，用于实现不同交通管理中心的数据交换、开发 911 网站或供商业交通服务机构、科研人员和驾驶员使用。加利福尼亚州交通局使用的交通效率评估系统（PeMS）就属于此类系统。它是加州交通局所有实时交通数据的集中存储库，方便有关机构和人员轻松获取这些数据，而不是像先前一样散布在多个地区，而且较难获取。PeMS建立了综合数据库，存储了加州交通局收集的交通数据及合作单位提供的数据。车辆检测器采集的数据从现场传输到加州交通局运输管理中心，再发送到PeMS。PeMS是一个实时归档数据管理系统（rt – ADMS），用于实时收集、存储和处理原始数据。它可由标准的Internet浏览器访问，并包含一系列内置的分析功能，以支持各种用途[12]。图8.12为PeMS的概况图[12]。

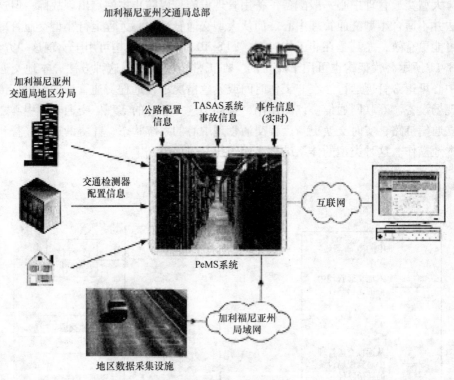

图8.12　PeMS概况图

参考文献

1. Transportation management center concepts of operation—implementation guide (1999) Federal Highway Administration, Washington, DC
2. Ishimaru JM et al (1999) Central Puget Sound freeway network usage and performance, 1999 update, vol 1. Report WA-RD 493.1. Washington State Transportation Center
3. Beaulieu M et al (2007) A guide to documenting VISSIM-based microscopic traffic simulation models. Report WA-RD 678.1. Washington State Transportation Center
4. INFORM. www.informny.com/ Accessed 7 July 2014
5. Owens N, Armstrong A, Sullivan P, Mitchell C, Newton D, Brewster R, Trego T (2010) Traffic incident management handbook. Report FHWA-hop-10-013. Federal Highway Administration, Washington, DC, Jan 2010
6. Brooke K et al (2004) Sharing information between public safety and transportation agencies for traffic incident management. NCHRP Report 520. Transportation Research Board, Washington, DC

7. Transcom Transportation Management. http://www.nymtc.org/ITS/080904TRANSCOM%20history.pdf Online 8 June 2014
8. Statewide ITS Architecture Development—a case study (1999) Arizona's Rural Statewide Architecture, Sept 1999
9. Arizona Statewide ITS Architecture. http://wwwa.azdot.gov/ITS-Architecture/html/opscon/rr2.html Online 9 June 2014
10. AZTech C2C Program. http://www.aztech.org/docs/c2c/AZTechC2C_FINAL.pdf Online 9 June 2014
11. National ITS Architecture, v 7.0, ITS Standards. http://www.iteris.com/itsarch/html/standard/standard.htm Online 7 July 2014
12. PeMS User Guide, Caltrans, May 2013

第9章
系统设计与运行评价

摘要：为确保实施的系统满足相关用户的需求，必须开展预评价（系统安装前的预期效益评价）和后评价（系统运行后的效益评价）。有效的评价需要借助年度效益-成本分析方法。对于系统评价来说，效益评估参数的选择和关键参数的确定将会非常重要。在本章中，我们将探讨这些问题，以及项目开始运行后评价的规划要求。另外还讨论了评价需求对系统设计的影响，介绍了可用于实施后评价的方法，其中包括重点采用交通管理系统来自动收集数据和计算指标。

9.1 设计方案与项目可行性评价

在项目规划和设计阶段，可通过预评价来评估设计方案和项目可行性。这些评估通常采用效益-成本分析法以及重要但不适合这种分析的定性因素。

9.1.1 效益-成本分析

在公路相关建设项目的初步规划和后期设计阶段，效益-成本分析是一贯使用的主要工具。在预评价中，效益-成本分析有助于评估备选设计方案，并确定项目的可行性（可能与其他竞争项目有关）。它还用于确定多个竞选资金项目的相应优先级。在预评价中，效益-成本分析有助于评估改善系统运行，总结经验教训，向公众报告提供有用信息，以及改进和选择未来的设计或项目。以下章节阐述了效益-成本分析方法在高速公路智能交通系统项目中的应用。

9.1.1.1 成本估算方法

年成本比较法是一种常用的成本估算方法[1]。它需要将投资成本转换为等效的年度成本，然后加上年度运行和维护的费用。

首先要确定项目的使用年限。智能交通系统项目的使用年限一般在20~25年之间。尽管很多设备在使用期间可能会更换，但是在本分析方法中，这些更换通常被视为维护费用。

年度投资成本有多种计算方法。下面介绍一种常用的基于资本回收率的计算方法[2]。该方法将设计方案成本转化为等效的统一年度成本，并将项目使用到期后的资本剩余值视为零。成本转化采用以下公式计算：

第 9 章 系统设计与运行评价

$$R = PC \times crf \tag{9.1}$$

式中，R 是带利息的年度成本；PC 是投资设备成本；crf 是资本回收系数。

资本回收系数是利率 i 和项目使用年限 n 的函数。它在工程经济学文献中以表格呈现，其表达式如下：

$$crf = i(1+i)^n / ((1+i)^n - 1) \tag{9.2}$$

年度生命周期成本是式（9.1）计算出的成本与年度运行和维护费用之和。

9.1.1.2 效益-成本分析的实施

我们可基于联邦研究与特殊项目管理局（RITA）智能交通系统数据库[3]，采用本书介绍的分析方法，运用智能交通系统评估程序或基于以往经验，实施预期效益评价。图 9.1 描述了某个项目的多个功能设计方案的效益分析结果。

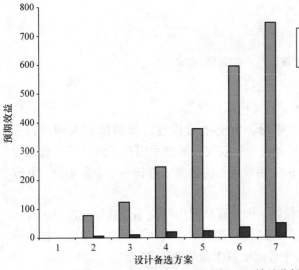

图 9.1 效益分析

尽管效益-成本比是衡量项目或设计方案效益的常用指标，但它必须结合其他因素一起使用，比如实现项目目标的能力。因此，通常还可以采用更为通用的方式描述收益和成本，如图 9.2 所示。图中显示了备选方案 A、B 和 C 的年效益和年度成本。每个方案的效益-成本比都远远超过 1.0。虽然方案 B 的效益-成本比最高（在图中表示为虚线的斜率），但方案 C 更接近项目的详细目标。

此时，可按照第 3.2.1 节所述的边际效益-成本分析，在方案 B 和 C 中择其一。该节提供的示例可以涵盖所有经济效益的评估。

9.1.1.3 效益估算参数的选择

如图 4.4 所示，交通延误对评估场景假设的参数非常敏感。为了提高分析的可信度，我们需要使用一系列的交通量数据作为输入。第 4.4.1 节所述的群模型方法，可用于选择效益估算所需的交通量数据。

为获得未来年度效益的现值，必须将每个未来年度效益值乘以一次支付现值系

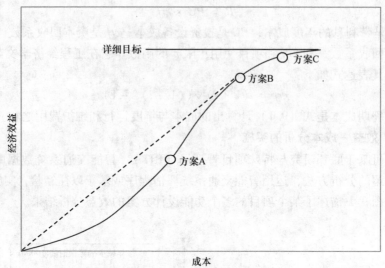

图9.2 设计备选方案的经济效益和成本

数（sppwf）[1]。具体见式（9.3）：

$$sppwf = 1/(1+i)^{n-0.5} \tag{9.3}$$

式中，i 是利率，n 是计算 sppwf 的年份。为使年均效益计算结果更为准确，式（9.3）使用了 $n-0.5$ 代替常用的 n 来表示年限数。虽然采用每年的交通量数据计算分析当年效益的方法更为准确，但常用的近似法是统一选择一个未来年份，并利用这一年的交通量数据进行计算。

由于较远年份的效益所占权重较轻，因此评估使用的交通量数据应选择项目早期年份的数据。为帮助选择最合适年份的交通量数据，表9.1列出了项目效益达到全生命周期总效益50%的年份。表中假定项目生命周期为20年。

表9.1 项目效益达到总效益50%的年份

年利率（%）	项目启动后的年份
4	8.1
6	7.2
8	6.5

9.1.2 方案评价与项目可行性分析

交通改善计划（TIP）⊖的制定，需考虑与其他备选计划相关的智能交通系统项目。同样，区域智能交通系统架构的开发和项目的选择也需要考虑其他备选项目。相关参与者和决策者主导项目的选择。在选择过程中，第9.1.1节所阐述的效益和成本分析将发挥重要作用，同时也要考虑其他一些因素。第3.2.1节介绍了ITS项

⊖ 为了获得联邦援助资金，项目必须包含在由城市规划组织编制的交通改善计划当中。

目通常需要考虑的因素：
- 经济效益。该类评估包括延误减少、安全和能耗。
- 环境效益（尾气排放）。
- 畅通性。是指人和货物移动的便利程度[4]。评估内容包括交通延误和延误时间的变化[5]。
- 公众对 ITS 措施的满意度。

本书第 3.2.2 节提出的多属性决策方法可作为评估工具，它可帮助相关参与者和决策者选择确定相关项目和设计方案。

9.2 项目评估

9.2.1 评估的目的与作用

项目评估属于后评价，其具体实施是在项目设计完成之后开始。部分评估可在项目安装前或安装期间进行。开展项目评估的原因包括：
- 改善运行。在评估过程中，项目会总结出许多经验和教训，可为改善运行提供依据。
- 向公众或负责项目资源规划的政府官员汇报情况。社会各界对智能交通系统的支持，对于其长期发展至关重要。图 9.3 和图 9.4 展示了休斯敦 TranStar 项目如何完成这一任务[6]。

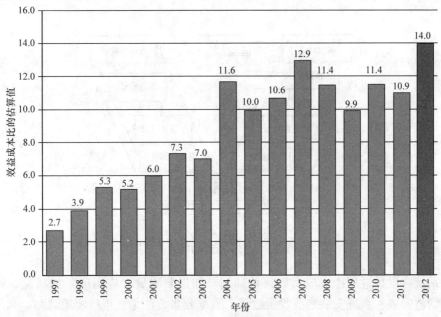

图 9.3　1997—2012 年休斯敦 TranStar 项目效益 – 成本比

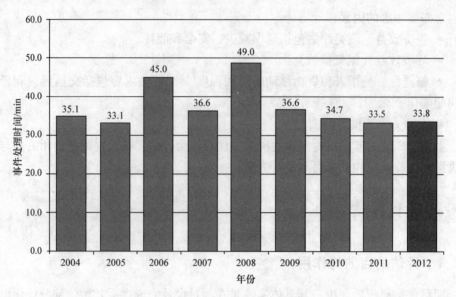

图 9.4 2004—2012 年平均年度事件处置时间

- 改进未来设计。
- 协助选择未来项目[4]。

我们一般设想 ITS 项目将无限期运行。因此，评估过程应视为一项连续的或至少是周期性的工作，其目的是确保项目与不断发展的目标、需求和技术保持一致。图 9.5 为评估工作的示意图，它在图 2.1 所示简化 V 形图基础上加入了评估反馈功能。

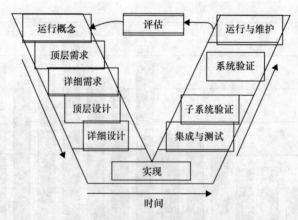

图 9.5 加入评估反馈功能的 V 形图

系统在设计过程中，应做好评估计划。如果要测量"应用前"的状况，则评估计划就需要在系统安装之前收集数据。数据收集方法主要包括实地观测、利用设备自动采集数据、模拟和调查[5]。利用交通检测器采集交通量、速度和每日速度变化数据,是一种非常有用的方式。项目开始运行后,交通状况要经过一段时间后才会进入稳态。此时,系统效益在短期内没有显著变化。这一时间段通常不超过1年[5]。

将数据挖掘软件运用到系统设计中,有助于项目的评估。国家智能交通系统架构包含了归档数据用户服务(ADUS)[7],并制定了其使用指南[8]。例如,波特兰州立大学开发的 PORTAL ADUS 系统已广泛用于俄勒冈州波特兰地区的项目评估[9]。它通过存档和分析感应线圈检测器数据,生成各种报告。

9.2.2 评估应考虑的功能及指标

本节和以下章节大量引用了参考文献 [10] 的内容。

表9.2列出了高速公路交通管理中心的功能和功能分类。现有许多文献(例如文献 [11-13])提出了用于评估智能交通系统功能的指标。表9.3列出了本书将重点描述的部分评估指标,表中所列指标与用户对管理措施的感受效果有关。另一类功能(又称为输出功能)及其相关的评估指标,有时候用于评估导致以上效果的行为效能。事件处理时间和服务巡逻救援次数等都属于输出指标。

表9.2 高速公路交通管理中心的功能及功能分类

交通管理中心功能及功能分类
主动交通需求管理
速度协调控制
临时使用路肩
排队预警
动态货车限行
动态交通诱导
动态车道标线
事故响应
制定事故管理计划
选择事故管理计划
协助紧急服务提供商
驾驶员获得信息
智能交通系统现场设备和交通信息服务提供商的信息管理
向外部服务单位提供信息
匝道管理和常规车道管理
匝道控制
匝道关闭
常规车道控制
服务巡查
天气监测

表9.3 评估指标

指标类型	指标
系统延误指标	车辆系统延误
	民用客车乘客延误
	商用车乘客延误
	货物库存延误
	公交车辆乘客延误
安全	高速公路交通事故
	二次事故
	作业区车祸
	行人事故
	安全性能指标
油耗	加仑
通过量	高速公路通过量
排放物	参见参考文献 [13]
服务质量/用户认知	服务水平
	路线行程时间
	行程时间可靠性
	用户满意度
股权	用户认知
	基尼系数或洛伦兹曲线
驾驶员救援服务质量	服务巡逻队救援
	服务质量——巡逻时段
	服务质量——驾驶员平均等待时间
	服务质量——服务道路范围
	公众评价
天气状况响应	向驾驶员提供可操作信息所需的响应时间

第9.2.3节介绍了用于计算评估指标的检测器数据的结构方式。基于这些数据结构，附录A给出了获取表9.3所列指标的典型算法和计算过程。

9.2.3 用于评估的数据结构

高速公路管理系统具有以下数据采集、存储和处理功能。

- 采集和存储交通流量数据。数据来源于固定检测器（在这种情况下，数据存档工作通常在这一层面执行）、移动检测器或提供这些数据的服务单位。固定检测器数据包含交通流量、车速、占有率和车辆类型。高速公路管理系统一般会对有缺陷的数据和缺失数据进行识别和修正。移动检测数据主要由各个物理或虚拟检测器获取的区间行程时间信息组成。

- 收集和保存交通管理中心编制的事件管理报告。部分州的系统在全州范围内提供这一功能。
- 为管理中心的部分功能（例如交通状态图显示、匝道控制、事件管理和驾驶员信息服务）提供路段数据结构。

9.2.3.1 空间数据结构

我们需要建立一种数据结构概念，将数据源（如检测器数据、事故报告、事故）与可用于项目评估的数据结构进行关联。图9.6所示为一个基于高速公路路段的数据结构示例，其能实现上述目的。路段代表车辆进出点之间的主线道路片段。图中引入域的概念，将高速公路监测点的数据与路段进行关联。域将路段与监测点道路位置联系起来。如图所示，每个域都对应一个特定的监测点。域的边界建立在路段节点位置，该位置的道路特性发生了变化或路段长度足够包含多个监测点。在这种情况下（例如，路段4），域边界用于分隔每个监测点的部署区域。需要注意的是，图9.6中域4的物理边界内并没有监测点，但是该域可以从监测点4获取信息。

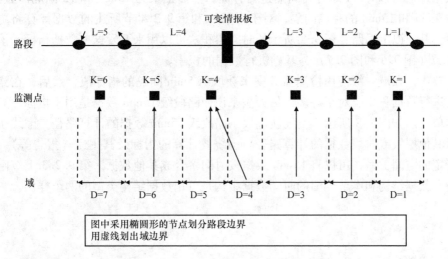

图9.6　路段、域与监测点的关系示例

图9.7所示为基于移动检测的数据调查示例图。*表示行程时间移动检测区域。区域边界可以是物理设备的空间位置（如电子标签读写器位置或蓝牙读卡器位置），也可以是其他类型检测系统（如基于GPS的检测系统）的虚拟边界。虽然有时可以将虚拟或实际边界与路段的边界设于同一位置，但实际情况并非总是如此。先将移动检测获得的行程时间转化为车速，然后结合车速和路段长度估算出该

路段的行程时间。由于移动检测无法给出交通流量估算数据，因此，某些指标的计算和效益-成本分析，需用使用其他数据进行补充。为了通过移动检测获取整个系统范围内的延误和行程时间指标，每个路段至少需要一个交通流量数据源。

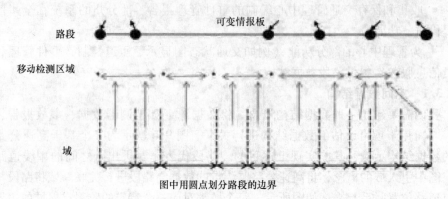

图 9.7　路段、域和移动检测区域的关系示例

9.2.3.2　时间数据结构

对于数据的存档，高速公路管理系统从固定检测器接收的交通量、速度和占有率数据，通常以 5min 的时间间隔进行存储，然后汇聚为 15min 和 1h 间隔的数据。采用 5min 和 15min 的存储间隔，对于附录 A 和第 9.2.4 节所述的数据计算将更为方便。基于以上思路，图 9.8 所示的时空累积法可以用来开发这些数据指标，该方法以域（图 9.6 和图 9.7）为基础进行数据的积累。

首先，在域一级使用检测器数据来获取每 5min 间隔的指标值，然后，在路段一级进行数据积累。对于许多评估方法来说，路段级 15min 数据是用于指标计算的基本单元。如图 9.8 所示，实线轨迹表示路段级 15min 数据的计算路径，虚线轨迹表示其他层级或时段数据的计算路径。围绕要计算的指标及其用途（报告等），依据特定的空间关系，可以将 15min 数据按时间聚合成其他数据。第 9.2.3.1 节阐述的空间数据结构和本节介绍的时间数据结构是可用数据结构类型的两个样例。

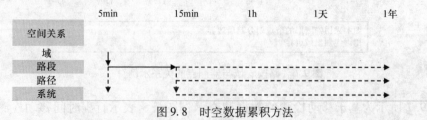

图 9.8　时空数据累积方法

9.2.4　指标说明

本节主要探讨如何建立表 9.4 所列的系统效益评估指标。附录 A 对该表所列的行程时间、延误、行程时间可靠性和通行量等指标进行了描述。其他指标将在以

下章节中讨论。

表 9.4 交通管理中心的功能与系统效能指标的关系

指标类型	指标示例	主动交通管理	事件响应	信息发布	匝道管理和常规车道管理	气象监测	公路巡逻服务
行程时间	1.1 行程时间 [见附录 A，式 (A.18)]	√	√	√	√	√	√
	1.2 行程时间可靠性 [见附录 A，式 (A.21) 和式 (A.22)]	√	√	√	√	√	√
系统延误	2.1 车辆系统延误 [见附录 A，式 (A.7)]	√	√	√	√		√
	2.2 民用汽车乘客延误 [见附录 A，式 (A.8)、式 (A.21) 和式 (A.22)]	√	√	√	√		√
	2.3 商用车乘客延误 [见附录 A，式 (A.9)]	√	√	√	√		√
安全	3.1 高速公路事故率（见第 9.2.4.1 节）	√	√	√	√	√	√
	3.2 二次事故率（见第 9.2.4.1 节）	√	√	√	√	√	√
油耗	4. USgal/年 [见第 9.2.4.2 节，式 (9.4)]	√	√	√	√		√
通行量	5. 高峰时段车辆通行里程数	√	√	√	√		√
用户满意度	6.1 公众调查指标	√	√	√	√		√
	6.2 公众投诉指标	√	√	√	√		√
公平性	7.1 用户认知——调查或投诉相关指标				√		
	7.2 基尼系数（见第 3.2.1 节）						
车辆救援服务质量	8.1 每年服务小时数						√
	8.2 平均驾驶员等待时间						√
	8.3 服务道路英里数						√
尾气排放	9. 每种污染物排放量 (lb)	√	√	√	√	√	√

9.2.4.1 交通安全

本书第 4 章介绍了智能交通系统为减少交通事故而采用的一些管理技术。附录 C 则提供了相应的工作表，用于在项目设计期间估算系统的潜在效益。

安全效益评价能够决定项目是否达到预期目标，并确保其持续运行改进的结果得到评估。管理机构一般使用事故率（每百万车辆行驶英里数的事故率）作为评估交通安全的关键指标。警方的事故报告常用作安全评估的依据,评估结果将载入国家事故报告系统。另外,交通管理中心的日志数据也可作为补充。

众所周知,智能交通系统具有信息发布功能,能向驾驶员告知事故位置信息,使得车辆在进入事故地点前能及时变换车道或绕开受影响的路线。通过以上方式,智能交通系统能显著缓解二次事故(见第4.1.2节)问题。Moore等[14]介绍了识别二次事故的复杂过程。因此,另一种备选方法是将二次事故作为TMC事件管理日志项分类中的描述符,作为安全效果评价的依据。

9.2.4.2 油耗

拥堵状况下的油耗估算是一个复杂的过程,涉及多个变量。Schrank等[13]介绍了这一估算过程,其使用的模型是延误时间与延误期间超额耗油率的乘积:

$$FE = GE \times VSD \tag{9.4}$$

式中,FE是超额耗油量(USgal);GE是超额耗油率(USgal/h 拥堵延误);VSD是车辆系统延误[按照附录A中式(A.7)计算]。

Schrank等[13]提供了美国大都市区的油耗统计数据,这些数据可用于估算超额耗油率。例如,在美国前15个大都市区中,超额耗油率从每辆车每小时0.41USgal到0.57USgal不等,平均为每小时0.46USgal。

9.2.4.3 用户满意度

用户满意度可使用用户调查评分表来衡量。例如,佐治亚州交通局对驾驶员开展了一项详细的邮寄调查[15],该调查采用的是一个简单的满意度评分表,满意度分数从0.0到4.0不等。此调查的回复率约为13%。这一调查旨在评估智能交通系统某些特定功能,如图9.9所示。

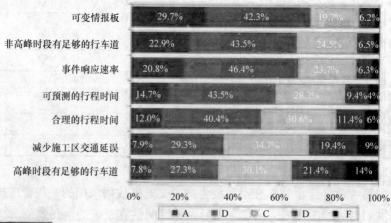

2006Motorist Survey Pilot

图9.9 佐治亚州交通局调查结果

用户投诉量的逐年变化趋势,为评估管理机构对 ITS 管理质量的变化提供了依据。如果针对某地或该地某项业务的投诉数量出现反常情况,则表明需要采取措施进行补救。

9.2.4.4 公平性

虽然大部分智能交通系统功能为所有高速公路用户带来了便利,但其他功能为某些用户带来便利的同时,也可能给其他用户带来不便。用户调查和投诉反馈的结果,会导致这些功能的修改。必要情况下,可采用定量指标对用户的受益和不便情况进行评估,如第 3.2.1 节所述的基尼系数。

9.2.4.5 驾驶员救援服务质量

在交通事件发生后,通过为驾驶员解决车辆问题或帮助他们获得救援,公路巡逻服务能缓解因事件产生的交通拥堵。表 3.4 所列的指标可用于评估公路巡逻服务对出行量和出行质量的影响。

参 考 文 献

1. Maccubin RP et al (2003) Intelligent transportation systems benefits and costs: 2003 update. Report FHWA-0P-03-075. Mitretek Systems, Inc., Washington, DC
2. Taylor GA (1975) Managerial and engineering economy, 2nd edn. D. Van Nostrand Company, New York
3. ITS Benefits Database. www.itsbenefits.its.dot.gov Online 23 Oct 2014
4. Highway mobility operations manual (2005) Oregon Department of Transportation
5. Development of a project evaluation methodology framework for Canadian Intelligent Transportation Systems (2007) Delcan
6. Houston TranStar 2012 Annual Report. houstontranstar.org. Accessed 4 Dec 2013
7. ITS data archiving: five-year program description (2000) U.S. DOT
8. Turner S (201) Guidelines for developing ITS data archiving systems. Report 2127-3. Texas Department of Transportation, Texas Transportation Institute, U.S. DOT
9. Bertini RL et al (2005) Experience implementing a user service for archived intelligent transportation systems data. Transport Res Rec 1817:90–99
10. Gordon R (2012) Methodologies to measure and quantify transportation management center benefits. FHWA Report FHWA-HRT-12-054, Washington, DC
11. Park B (2005) Transportation management system performance monitoring, evaluation and reporting—a technical handbook. FHWA Report FHWA-HOP-07-142. University of Virginia
12. Shaw T (2003) Performance measurements of operational effectiveness for highway segments and systems. NCHRP Synthesis 311, Transportation Research Board
13. Schrank D, Eisele B, Lomax T (2012) TTI's 2012 urban mobility report. Texas A&M Transportation Institute, Dec 2012
14. Moore JE, Giuliano G, Cho S (2004) Secondary accident rates on Los Angeles freeways. J Transp Eng 130(3):280–285
15. Poister TH, Berryman AF, Roberts A, Xu J (2006) Motorist survey pilot statewide results. Georgia State University, 2007, Online 31 Oct 2014

第10章 主动交通管理

摘要：本章定义了主动交通管理（ATM）的概念，介绍了 ATM 策略及其潜在效益，具体描述了各种 ATM 策略，同时总结了 ATM 规划和实施事项。

10.1 定义与概念

"主动交通需求管理（ATDM）是指对出行需求、交通需求以及道路交通流的动态管理、控制和影响。通过使用有效的工具和资源，实时管理交通流并影响出行者行为，达到交通运行管理的目标，如预防或延缓交通中断、改善交通安全性、推广可持续出行方式、减少尾气排放或最大化提升系统效率等。在 ATDM 下，交通运输系统将被持续监控。ATDM 使用数据归档分析和预测的方法，实时采取行动，实现或维持系统性能"[1]。ATDM 行动可分为：

- 主动需求管理（ADM）。战略重点是管理交通网络上的出行需求。
- 主动交通管理（ATM）。战略重点是管理交通网络上的车辆流量。
- 主动停车管理（APM）。战略重点是管理车辆的停车需求。

本章重点探讨几种 ATM 策略。表 10.1[2] 列出了 ATM 中常用的几类策略。该表所列的策略通常被混合使用，其中部分策略将在接下来的章节里进行介绍。此外，ATM 策略有时候还包括一些表 10.1 未列出的、更传统的 ITS 策略，如匝道控制等。

表 10.1 主动交通管理策略及其潜在效益

主动交通管理策略	潜在效益											
	增加道路通过量	改善道路通行能力	减少一次事故数	减少二次事故数	降低事故严重程度	提高车速均匀性	提高驾驶员行为规范性	增强行程可靠性	延缓高速公路交通中断	降低交通噪声	减少尾气排放	降低油耗
速度协调控制	√		√	√	√	√		√		√	√	√
临时开放路肩	√	√						√	√			
排队提示预警			√	√	√		√					
动态汇入控制	√	√	√			√		√				
动态车道标线	√	√										
施工现场管理			√	√	√				√			
动态货车限行	√	√										
实时交通诱导和出行者信息	√		√	√				√			√	√
自动测速执法												

10.2 速度协调控制

速度协调控制也称为可变限速或动态限速,已经在许多国家和美国的几个州实施。其目的是尽量减小车速差异,使平均车速接近当前交通状况下的安全车速。实施速度协调控制的最常见原因是出现异常天气状况,以及常发性和偶发性交通拥堵下的交通管理。根据管理机构目标的不同,可选择强制限速或建议限速[3]。图10.1[4]是西雅图地区 5 号州际公路上限速标志与可变情报板结合使用的一个示例。如图 10.2[4]所示,速度协调控制通常与其他交通管理技术(如车道信号控制)及其他 ATM 措施(如排队提示预警和临时开启路肩)结合使用。图中所示项目在每隔 0.5mile 的地方设置龙门架来安装这些标志牌。

图 10.1 速度协调控制所使用的限速标志

图 10.2 速度协调控制与车道信号控制结合使用

速度协调控制的实施条件包括[3]:
- 道路在一个高峰时段至少有 3h 或每天至少有 5h 运行在 E 级或 F 级服务水平。

- 道路具有龙门架和可变情报板。
- 道路每 2mile 至少有一处交通瓶颈且需要警示。
- 道路每周至少发生 5 起与排队、汇流和/或分流有关的交通事故。

速度协调控制实施的成功与否,与驾驶员对相关标志指示的遵守程度密切相关。该策略应以成功为导向,为大多数用户制定公平合理的方案。速度协调控制要能解决实际问题,如果用户不相信该系统是合法的,则遵守率会很低。因此,如果限速的理由不充分,则应通过相应的情报板进行说明[3]。

在应用速度协调控制来管理常发性交通拥堵时,管理部门通常运用自动算法来控制速度显示,常用的基本变量是实测速度。在荷兰,控制算法会随着交通量的增大而逐渐降低限速,这样可以避免交通流突然进入到拥堵状态[5]。

表 10.2[6]汇总了圣路易斯地区某一项目的限速标志间距特征和运行效果。可变限速标志(VSLS)的控制算法监测固定检测器(位于该限速标志所处位置的上游和下游)提供的数据,根据不同位置测得的实测速度值及其变化,确定标牌上发布的限速值[7]。

表 10.2 圣路易斯地区路侧可变限速标志应用效果评估汇总表

路段编号	1	2	3	4
标志数量	8	4	7	5
标志间距	0.6~1.9mile	1.3~2.3mile	1.1~2.9mile	0.9~2.0mile
平均延误时间(高峰期)变化	大幅减少	大幅减少	大幅减少	大幅减少
行程可靠性(高峰期)变化	改善	改善(3%~11%)	改善	改善
速度标准偏差(高峰期)变化	降低	降低(5.5%)	无变更	略有降低

注:1. 变化是相对于可变限速系统部署前的数据而言的。
2. 行程可靠性通过测量行程时间指数、缓冲时间指数和计划时间指数实现。
3. 标准偏差降低表明速度均匀性提高。
4. 由于仅有 1 年的运行数据,因此无法给出关于交通安全性的结论。

10.3 临时开放路肩

开放路肩也称为开启硬路肩(HSR),是一种主动交通管理措施,其通过开放一个或两个路肩来临时增加道路通行能力。其包括多种应用:

- 仅向公交车辆开放路肩。明尼阿波利斯-圣保罗城区广泛开展了这种应用。
- 高峰期,使用路肩提高道路通行能力。
- 在高峰时段,当出口匝道的通行受信号控制所限时,开放路肩为驶离车辆提供额外的存放空间。
- 在高峰时段,将一条车道用作收费车道时,开放路肩,以维持道路通行能力(图 10.3[8])。
- 使用路肩作为疏散通道[9]。

第 10 章 主动交通管理

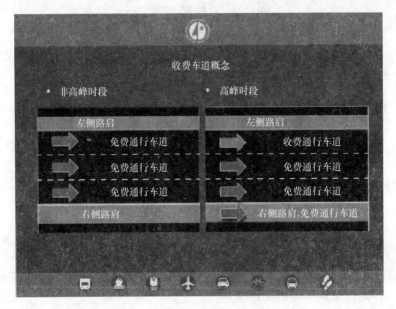

图 10.3 收费车道和路肩的使用

图 10.4 所示为开启硬路肩作为行车道的概念图，而图 10.5 则为车道上游入口动态信息标志的概念图[10]。

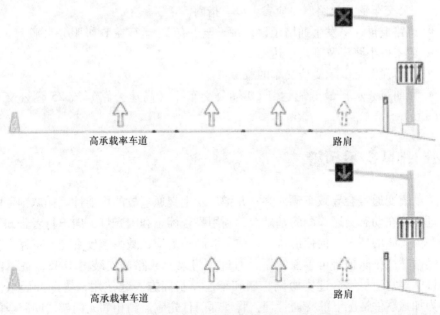

图 10.4 启用硬路肩的概念图（关闭和开启）

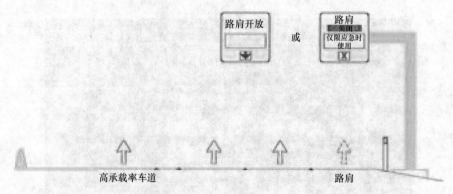

图 10.5 开放路肩的上游入口动态信息标志

开放路肩可增加高速公路的有效通行能力,缓解交通拥堵。

开放路肩的实施条件包括[11]:

- 道路在一个高峰时段至少有 2h 运行在 E 级或 F 级服务水平;道路长度至少达到 3mile,足以缓解一系列交通瓶颈。
- 开放路肩的路段下游预期不存在交通瓶颈。
- 道路横跨多个立交时,进/出道路的交通量较小。
- 最小路肩宽度应为 10ft,能够扩大紧急避险空间。
- 路面强度应能承受增加的交通负载。

仅向公交车辆开放路肩,应参考以下指南[3]:

- 道路上预计将发生拥堵延误,每天至少有 2h 运行在 D 级服务水平。
- 可用最小路肩宽度最小达到 10ft。
- 路面强度足以承受公交车的载重量。
- 预期服务水平最低能达到 50 辆公交车/h(高速公路)或 25 辆公交车/h(主干道)。

10.4 排队提示预警

速度突变通常会导致车辆冲突,并增加发生交通事故的可能性。排队预警的基本原理是,在动态交通检测的基础上,利用警告标志和闪光灯,向出行者告知下游出现车流排队的情况,促使出行者提前采取制动措施,减少速度突变、不稳定行为和车辆碰撞。排队预警可单独使用,通过龙门架上或路侧安装的 DMS,提示前方车辆排队。它还可结合速度协调控制和车道控制标志一起使用,协助开展事件管理。为加强事件情况下的交通管理,管理部门首先应监测相邻龙门架之间路段的车速,然后引导车辆逐步降低速度,甚至变换车道。该系统可自动运行或由 TMC 操作员远程控制运行。排队预警措施也可用于施工区交通管理,通过在预期出现排队位置的上游，设置便携式 DMS，向过往车辆发出警示[3]。

图 10.6 为加拿大安大略省排队预警系统（QWS）的 DMS 示例[12]。当发生车辆排队时，标志牌上的信号灯就会连续闪烁。图 10.7[12] 所示为排队预警系统主要部件的布设方案，该系统根据感应线圈检测器采集的数据，生成相应信息内容。

图 10.6 排队预警系统信息显示

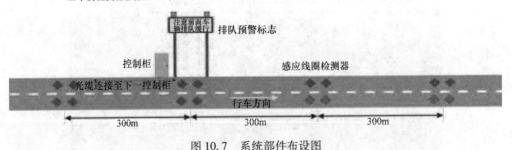

图 10.7 系统部件布设图

安大略省的排队预警系统采用了三个主要交通参数（即交通量、行驶速度和道路占有率），这些参数可由交通检测器检测得到。系统库定义了所有可能存在的交通模式。系统将从检测器采集的交通数据集与交通模式进行匹配，并根据匹配的模式判断区域中是否存在车辆排队。当确定出现排队后，系统识别出各车道上游排队的队尾位置，并协调开启相应的排队预警标志，自动选择适当信息在 DMS 上显示。该系统设于一过境点附近，其算法设计用于检测所有类型的排队，尤其是在过境点附近形成的缓行交通和货车排队[12]。

实施排队预警的基础原则包括[3]：
- 道路在一个高峰时段至少有 2h 运行在 E 级或 F 级服务水平。
- 在可预测位置出现车辆排队。
- 视距受到垂直坡度、水平曲线或照明不足的影响。

- 道路具有龙门架和 DMS。
- 道路每周至少发生 5 起与排队、汇流和分流有关的交通事故。

10.5 动态汇入控制

动态汇入控制的基本原理是通过控制或关闭公路立交上游特定车道,限制车辆通行,以适应当前交通需求。当立交处通行车道与汇入车道的数量之和大于下游通行车道数量时,可采用该策略解决道路问题。这种情况在美国的典型应用是一条外车道消失或两条内车道合并,这两种应用都是静态解决方案,其目的是为较大密度车流提供动态优先通行权。这种实用方法,综合考虑了主线车道和汇入车道上的交通需求变化,能充分利用现有道路的通行能力。图 10.8[3] 所示的具体示例,采用了车道控制标志来实现汇入控制。

动态汇入控制的基本准则包括以下几点[3]:
- 道路汇入的车流量很大(>900 辆/h)。
- 立交上游主线车道的通行能力能够满足借用需求,并且在实施后不低于 E 级服务水平。
- 主线车道和汇入车道上游不同时出现高峰交通量。

图 10.8　动态汇入控制概念图

10.6 动态车道标线

动态车道标线可用于协助实施图 10.8 所示的策略,也用于实现其他功能的车道管理。在明尼苏达州,车道有时会被用作收费的动态路肩车道(PDSL),如图 10.9[8] 所示。其通过标线的变化,突出车道管理要求,如图 10.10[8] 所示。

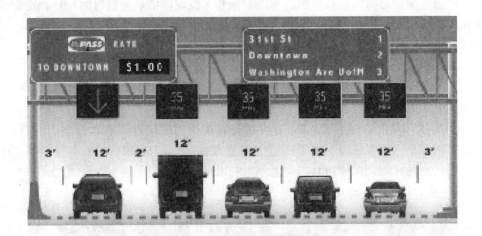

图 10.9 用于收费的动态路肩车道

图 10.10 动态收费路肩车道开放时的路面发光标线

10.7 实施注意事项

如图 10.2 所示,车道控制标志可显示各种字符和符号。图 10.11[8]所示为明尼苏达州采用的一套车道控制标志。这些标志用于支持事件管理、速度协调控制和动态收费路肩车道。它们的布设间隔为 0.5mile。

车道控制标志向驾驶员提供的车道功能和车道速度信息,随时间和行驶距离的变化而动态改变。行驶速度、道路占有率和交通量数据通常来源于固定检测器,这些固定检测器安装在两个车道控制标志之间的路段上。

ATM 的设备部署方案受以下因素影响:

- 道路几何条件,包括入口和出口匝道、车道增加和减少,因道路线形的快速变化而导致的视距问题。
- 现有 ITS 设备。由于 ATM 常用在交通量达到或超过道路通行能力的路段,在许多情况下,这些路段配备了高速公路管理系统,ATM 策略在车道管理层面能提供更精确的控制。在使用时,应当考虑利用现有设备。
- 关于自动限速的立法和公众态度。

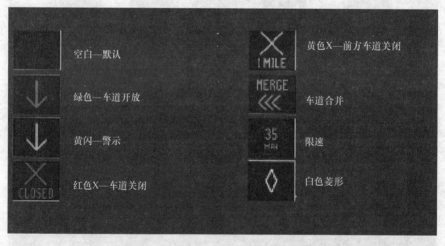

图 10.11 明尼苏达州智能车道控制信号显示选项

10.8 主动交通管理规划

与传统 ITS 设计相比,ATM 策略能提供更精细的行驶速度和车道管理措施。由于传统 ITS 能为 ATM 实施提供交通监控、通信和信息发布等基础设施支持,因此,ATM 通常部署在配有传统 ITS 的地方。ATM 往往与公路设施的升级或道路使用性质的变更等措施一起,同时引入实施。

文献 [3, 13] 对 ATM 的策略和概念进行了介绍。文献 [14] 是一个交互式指南，可帮助选择 ATM 策略来实现交通管理的目标。

参 考 文 献

1. ADTM program brief: an introduction to active transportation and demand management. Publication #: FHWA-HOP-12-032, June 2012
2. Yelchuru B, Singuluri S, Rajiwade S (2013) Active transportation and demand management (ATDM) foundational research, analysis, modeling, and simulation (AMS) concept of operations (CONOPS). Joint Project Office Report No. FHWA-JPO-13-020. US Department of Transportation, 27 June 2013
3. Levecq C, Kuhn B, Jasek D (2011) General guidelines for active traffic management deployment. Report UTCM 10-01-54-1. Texas Transportation Institute, Aug 2011
4. WSDOT-I-5-active traffic management-complete, Washington State Department of Transportation, Aug 2010
5. American Trade Initiatives for Federal Highway Administration (1997) FHWA scanning report on traffic management and traveler information systems. Report No. FHWA-PL-98-010, Alexandria, VA
6. Evaluation of variable speed limits on I-270/I-255 in St. Louis; Civil, Architectural and Environmental Engineering, Missouri University of Science and Technology, Oct 2010
7. Active traffic management: innovative techniques for the future. Washington State Department of Transportation, Sept 2007
8. Kary B (2012) Active traffic management in Minnesota, online 2012 ATM Minnesota Overview(1).pdf. Accessed 4 Feb 2014
9. Efficient use of highway capacity. Report to Congress. FHWA-HOP-10-023
10. Active traffic management—concept of operations. Washington State Department of Transportation, Dec 2008
11. Ungemah D, Kuhn B (2008) Strategy screening criteria for managed use lane projects. Report for New York State Department of Transportation. Texas Transportation Institute and Parsons Brinckerhoff, College Station, TX, July 2008
12. Browne R, Byrne A (2014) Highway 402 queue warning system. http://conf.tac-atc.ca/english/resourcecentre/readingroom/conference/conf2008/docs/e1/Browne.pdf Online 13 Feb 2014
13. Neudorff L (2014) State of the practice for ATM feasibility and screening guidance. FHWA
14. Tech Memo traffic management screening tool, version 1.0. http://mltooldev.tamu.edu Accessed 1 July 2014

第11章
交通走廊管理

摘要：本章主要介绍交通走廊的管理策略，包括高速公路和干线道路的协调运行管理（CFA）等。阐述了美国交通部（USDOT）综合走廊管理项目（ICM）及其包含的非基于私家车的运输模式。另外，本章还讨论了圣地亚哥和达拉斯ICM走廊采用的策略和方法。并分析了一个示例，介绍特殊走廊管理问题的解决方案。

11.1 高速公路与干线通道协调运行

本书在前几章中讨论了高速公路管理中采用的许多策略，包括匝道控制、事件管理、信息发布及分流策略等。本章将讨论这些策略与交通系统的干线道路或其他部分的融合使用，以及实现此融合所需的运作。图11.1[1]描述了一条交通走廊的管理示例。

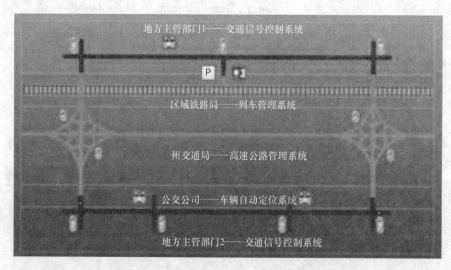

图11.1 交通走廊运行计划管理示例

高速公路走廊通常由高速公路和与之相连且并行的、服务于同方向车流的干线道路组成。干线道路可作为高速公路的备用路径。高速公路与干线道路协调运行（CFA）是指采取一定的政策、策略、方案、程序和技术，使高速公路和相邻干线道路能够作为一个整体，而不是作为单个独立道路进行管理。这些政策和策略的最终目标是改善整个走廊的畅通性、安全性和通行环境，以及各条道路的交通状况[2]。这意味着对走廊的管理要采取积极主动的态度，并强调有关机构要在规划和业务上进行合作与协调。

Urbanik 等[2]提出了能通过 CFA 方法进行管理的以下拥堵来源。

- 交通事件管理
- 施工区管理
- 大型活动管理
- 日常或定期运行

其管理的目标与高速公路管理目标相似，只是范围扩大到了整个交通走廊。

11.1.1 管理策略

CFA 策略通常与高速公路和城市主干道的 ITS 策略相适应，只是重点在于优化通道运行。具体的协调运行策略见表 11.1。

表 11.1 交通走廊协调运行管理策略示例

类别	策略	实时策略	每日策略
交通管理与控制			
高速公路管理	匝道控制	响应式匝道控制	定时式匝道控制
	受控匝道处高承载率车道分流	不适用	鼓励使用高承载率车道
	主动交通管理	见第 10 章	不适用
	匝道关闭	适用于事件管理	为了提高安全性和机动性，可以关闭某些匝道
干线道路管理	可变车道使用	主动车道控制	定时车道控制
	道路封闭	适用于事件管理	行程时间控制
	路内停车限制	适用于事件或大型活动管理	永久性或特定时段管理
	诱导标志	动态诱导标志	静态诱导标志
	停车管理系统	减少循环车流	不适用
	干线道路动态信息标志	事件和拥堵管理	不适用
交叉口交通管制	交通信号配时与协调	交通响应与自适应	定时信号控制
		分流配时方案选择	
		公交车辆信号优先	
		应急车辆信号优先	
	通行和转弯限制	仅在安全情况下实施	改善安全性和机动性

（续）

类别	策略	实时策略	每日策略
出行者信息			
出行前信息	由公共机构提供信息（如511服务），或通过互联网、智能手机和媒体提供资讯	实时交通状况、事件、天气状况	施工信息
		行程可靠性	运输时刻表
		公交车辆到站时间	
	由私营机构提供信息，或通过互联网、智能手机和媒体提供资讯	实时交通状况、事件、施工及路线规划	不适用
途中信息	由公共机构提供信息	高速公路动态信息标志、干线道路动态信息标志、便携式动态信息标志、公路路况广播与511服务提供的事件、拥堵和行程时间信息	静态标志
		向私人企业和媒体提供事件和拥堵信息	
	由私营机构提供信息。通过智能手机和车载显示装置提供信息	从公共和私营企业获得交通信息。提供交通状况、路线选择、建议车道和行驶速度、预期交通信号显示信息	不适用
事件管理和安全措施			
交通和事件监测、管理	视频监控、交通检测器、911报告、警方报告	为应急响应机构找出最短路线，协助管理交通和确定队尾位置，实施交通事件响应计划，并向媒体和交通服务商提供信息	不适用
	驾驶员服务巡逻	缩短小型事件排除时间	不适用
（新兴）车联网技术	车内安全信息和车辆控制	通过车载显示装置，提供通道信息	不适用

11.1.2 高速公路和干线道路协调运行计划与程序

CFA 要求相关机构采用单独的协调管理方法。图 11.2[2] 介绍了一种用于事件管理的方法，其主要步骤包括：

- 定义背景场景（预期的一系列正常交通状况）。
- 使用活动矩阵来描述车道堵塞和事件清除行动之间的关系，以及有助于区分响应需求的交通流特征等标准。
- 根据通道运行策略选择运行计划。这些策略包括：

- DMS信息发布和干线道路DMS信息发布。
- 备选信号配时方案的使用。
- 车道使用策略。
- 管理部门之间的实时通信需求。

图 11.3[2] 说明了将运行计划转换为行动步骤所需的程序。

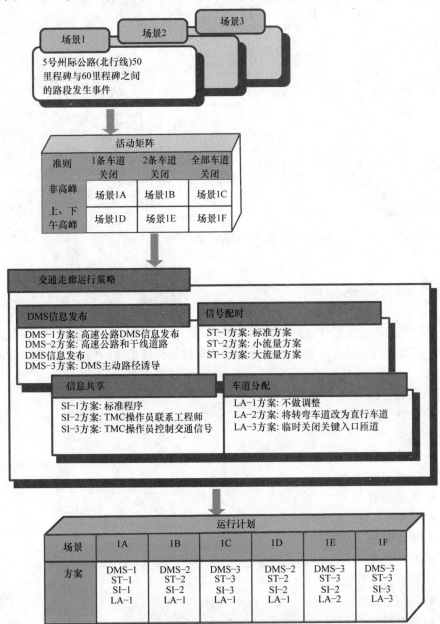

图 11.2 交通走廊运行程序开发示例

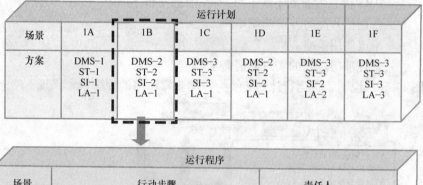

图 11.3 综合走廊管理示例

11.2 综合走廊管理

美国交通部通道事件管理项目（ICM）[3]对第 11.1 节阐述的概念进行了延伸，强调使用额外的道路资源和有力的管理措施来增强交通走廊的畅通性。这些道路资源包括：

- 高速公路
- HOV 高承载率车道
- 收费
- 价值定价
- 干线道路
- 实时控制
- 公交车
- 固定路线
- 高速公交
- 快速公交系统
- 轨道
- 通勤铁路
- 轻轨

- 地铁/重轨

美国交通部在德克萨斯州达拉斯和加利福尼亚州圣地亚哥建立了 ICM 试点。为了有效利用道路资源和资产，这些试点还集成了决策支持系统（DSS）。圣地亚哥试点的基于 DSS 的规则如图 11.4 所示[4]，其中包括不同条件下的规则示例。相关参与部门制定了 ICM 的高层决策支持框架，并将其纳入运行概念中。他们综合路网交通需求（"X"轴，即"轻""中"或"重"）与事件影响程度（"Y"轴，即"低""中"或"高"），制定事件响应计划或"响应战略"。在这个框架（以矩阵形式组织）中，他们确定选择"保守""柔和"或"激进"的措施来控制事件的影响，然后，相应地对联合响应计划进行编制，并将经过微调的响应措施与一系列场景关联起来。

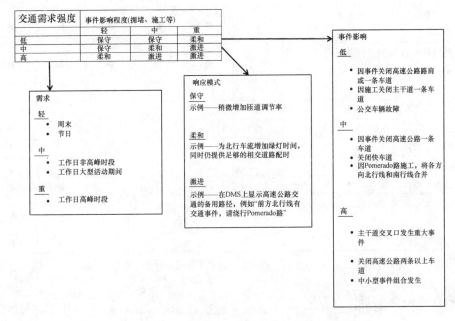

图 11.4　圣地亚哥 ICM 决策支持逻辑

达拉斯 75 号国道综合走廊管理系统的要点包括以下几点[5]：

- 沿 75 号国道监测交通拥堵情况，并在主要街道上使用蓝牙读卡器监测行程时间。
- 采用通道响应预测模型来辅助选择适当的管理策略。
- 对于小型事件（一条车道和路肩堵塞，排队长度小于 2mile），可将交通分流至临街道路。
- 对于重大事故（两条或多条车道堵塞，排队长度达 2~4mile），可将交通分流至格林维尔大道（Greenville Ave.）临街道路和轻轨红线。
- 利用行程时间为通道内地面道路选择适当的信号配时方案。

- 监控五个红线轻轨停车场和换乘场的可用停车位，并在 DMS 上发布相应信息。

表 11.2 提供了美国 75 号国道的 ICM 策略[6]。

表 11.2 美国 75 号国道 ICM 策略概览

策略	场景						
	日常运行——无事件		小型事件		重大事件		
交通需求	中	高	中	高	低	中	高
出行者信息							
多模式行程时间信息比较（出行前和途中）	●	●	●	●	●	●	●
交通管理							
临街道路的事件下信号重配时方案			●	●	●	●	●
干线道路的事件下信号重配时方案			●	●	●	●	●
高承载率车道①	○	○	○	○	○	○	○
高占用收费车道（拥堵收费）	●	●					
快速收费车道（拥堵收费）	●	●					
轻轨交通管理							
智能停车系统						●	●
红线通行能力增加						●	●
车站停车场扩建（私营停车场）						●	●
车站停车场扩建（代客泊车）						●	●

① 当前正在执行高承载率车道 2 + 方案，因此不视为 ICM 策略，但它是其中一种场景。

11.3 特殊走廊

11.3.1 特殊走廊类型

高速公路与干线道路协调运行（见第 11.1 节）及综合走廊管理（见第 11.2 节）能够解决城市的一些常见问题，然而，许多城市还需要特别考虑交通走廊特有的问题。这些特殊走廊的示例包括：

- 长期施工造成交通拥堵。这类交通走廊的示例见第 11.3.2 节。
- 紧急疏散。ITS 可协助警方实施车道变向和关闭入口等紧急措施，并帮助增加备用路线的通行能力。
- 特殊事件。可采用车道管理技术、在永久或临时性 DMS 和现有 DMS 上发布信息，并结合应用精细化停车管理技术。

- 对无路肩或路肩不符合标准的公路实施限行。尽管桥梁和隧道运营商通常采用精细化的事件管理来解决这些问题，但还是可以使用主动交通和需求管理策略（见第 10 章）来弥补这些不足。

对于包含特殊走廊的项目，其运行理念应强调所涉及的独特问题，以及如何应用管理概念解决这些问题。

11.3.2 特殊走廊示例[7]

费城贝特西·罗斯大桥（Betsy Ross Bridge）至 95 号州际公路和阿拉明戈大街（Aramingo Ave.，一条城市主干道）之间的匝道施工，将使 95 号州际公路和阿拉明戈大街从市场街大桥（Bridge St.）到阿勒格尼大道（Allegheny Ave.）路段出现长时间拥堵。图 11.5 显示了为解决这一问题而设计的特殊走廊。

该特殊走廊是费城 95 号州际公路的一部分，由宾州交通局（PennDOT）负责管理。在实施改造之前，该走廊的关键 ITS 设备包括：
- 95 号州际公路上的视频监控系统和固定检测器。
- 阿拉明戈大街上的视频监控系统和蓝牙读卡器。
- 95 号州际公路上的 DMS。走廊上及其附近一些地面街道的干线道路 DMS。
- 阿拉明戈大街上的联动信号灯。在上班时间，信号灯由费城街道管理部门控制，其他时间由宾州交通局控制。
- 95 号州际公路和主要地面街道上的光纤通信电缆。

为此，有关部门计划在图 11.5 所涵盖区域实施一系列大型重建项目。特殊交通走廊的设计目标是改善该走廊内因施工引起的交通拥堵或事故的响应能力。除了加快事件响应速度外，它还将为驾驶员提供规避拥堵的相关信息。项目明确了特殊交通走

图 11.5　费城特殊交通走廊

廊所管理的道路网范围（图11.6），并与先前项目制定的紧急绕行路线保持一致。

图 11.6　特殊运输通道管理路网

特殊走廊的管理要求包括以下几点：
- 通过在关键位置增设视频监控摄像头，增强事件检测和管理能力。
- 当走廊内不存在事件或施工相关延误时，维持当前使用的驾驶员信息发布。
- 在走廊内检测到事件或施工相关延误时，向驾驶员发布信息。决策支持系统（见附录 H）能帮助 TMC 操作员选择合适的信息，通过 95 号州际公路干线道路 DMS 及走廊入口处（见图 11.7 中的 A、B、C、D 和 E 点）干线道路 DMS 发布。

图 11.7　运输通道入口点

必要时，可在这些入口处增设额外的 DMS。图 11.8 描述了一个 DMS 信息发布示例，该 DMS 安装在走廊入口前，位于 95 号州际公路的北行线上。该 DMS 显示了 95 号州际公路和阿拉明戈大街备用路径的交通状况。

- 除阿拉明戈大街上的信号（当前处于协调控制）外的信号联动和协调。制定信号配时方案，以支持信息诱导分流。
- 铺设额外的光纤通信电缆，以支持新增智能交通系统设备和信号协调。

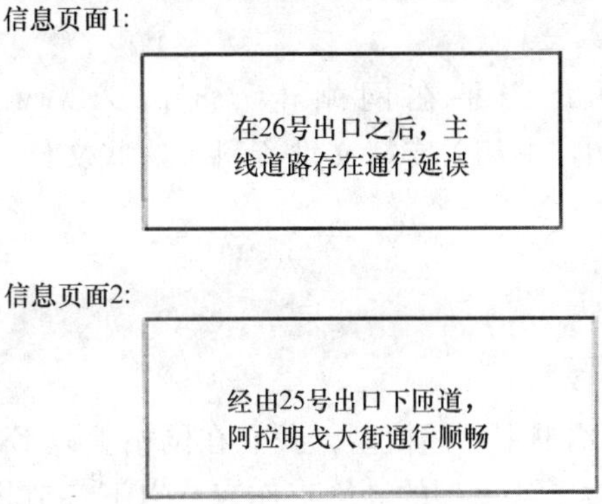

信息页面1：

在26号出口之后，主线道路存在通行延误

信息页面2：

经由25号出口下匝道，阿拉明戈大街通行顺畅

图 11.8　DMS 信息发布示例

参 考 文 献

1. Thompson D (2011) Integrated Corridor Management (ICM) overview, APTA Transit Tech Conference, Miami, FL, March 30, 2011
2. Urbanik T, Humphries D, Smith B, Levine S (2006) Coordinated freeway and arterial operations handbook. Report No. FHWA-HRT-06-095. Federal Highway Administration, Washington, DC, May 2006
3. Integrated Corridor Management Systems, Research and Innovative Technology Administration. http://www.its.dot.gov/icms/ Online 3 Aug 2014
4. Applying decision support systems to integrated corridor management. ITE J, vol 84 No 7, July 2013
5. Dallas integrated corridor management (ICM) update. North Central Council of Governments, 26 Apr 2013
6. Stage 2, US-75 integrated corridor management analysis, modeling and simulation. http://www.its.dot.gov/icms/pdf/ICMStage2AMS.pdf Online 9 Aug 2014
7. I-95 corridor intelligent transportation system. Systems Engineering Report, version 4.0. STV, Incorporated, Aug 2014

第12章 网站支持资源

摘要：本章简要介绍了在网站上（http：//www.springer.com/us/book/9783319147673）发布的本书相关支持文件资料。这些文件可指导读者实现前面章节中介绍的模型。

12.1 简介

为了方便读者使用本书中所述模型，我们在网站上以 Excel 工作簿文件加上一个 Word 文件的形式提供了各模型的计算工作表。以下各节将详细介绍这些文件的内容。为了便于读者进行适当的修改或调整，这些 Excel 工作簿文件未进行安全保护，并填充了数据以说明所需的数据类型。读者在使用时，应当用自己的数据替代输入，以得到当前应用项目的计算结果。

由于这些 Excel 文件以"只读"方式提供，用户必须将这些文件复制到适当的文件夹中，重命名后方可使用。

12.2 每次事件的系统延误

由于事件可能发生在不同交通状况下，因此该模型设计了一种方法，将日交通量的适当部分，分摊给相应的通行能力条件，然后计算产生的延误时间。我们制作了两个工作表来估算同一方向 3 车道路段上发生的事件造成的延误。

如本书第 4.4.1 所述和图 4.12 所示，为不同分组的交通量与通行能力比值（队列）生成了相对事件发生率。此文件适用于分析三条车道组成的路段，用户须在第 2 列和第 3 列输入适当的小时交通量、路段名称以及通行能力。该文件中的数据用作 Excel 文件"事故所引起的平均延误时间"的输入。图 4.13 对该工作表进行了说明，第 4.4.2 节介绍了该文件的输入项。

12.3 视频监控系统覆盖的相对有效性

本书第 4.5.1.2 节阐述了视频监控系统覆盖的注意事项，附录 B 提出了视频监控系统覆盖有效性的估算模型，其中的相对有效性（RTV）指标表示视频监控系统侦测到某一路段发生事件的潜在能力，图 4.28 介绍了此模型在特定情况下的一个应用。网站上的 Excel 文件 RTV 为该图提供了数据来源，其深色单元格需要分析师输入数据。

12.4 事件管理的潜在有效性

本书第 4.6.3.2 节介绍了一个模型，用于评估 ITS 在加强事件响应管理中的有效性。附录 C 中图 C.1 说明了该模型在评估备选系统设计方案方面的应用，该图的计算过程如图 C.2 所示。Excel 文件"事故管理潜在有效性"用于计算图 C.1 所示 3 个摄像头和 5 个检测器的数据，RTV 值从图 4.28 获得。

12.5 因分流缩短排队长度而减少的高速公路延误

本书第 5.1.5 节介绍了一个用于估算因分流而减少的高速公路延误的模型。图 5.9 列出了 Excel 工作簿文件"高速公路延误时间减少情况"的计算结果。该工作簿的深色单元格表示需要输入的数据项，浅色单元格用于执行计算。

12.6 驾驶员在事件发生前遇到 DMS 的概率

本书第 5.2.2.2 节说明了当 OD 数据不可用时 P34 的计算方法。这一参数表示驾驶员在开车进入事件发生点路段之前遇到 DMS 的概率，以便提供分流诱导。图 5.15 所示工作表由 Excel 文件"P34 的计算方法"计算得出。

12.7 匝道控制所需的车辆排队空间

本书第 7.4.5.1 节介绍了加利福尼亚州运输局用于估算匝道控制所需的排队空间的方法。图 7.16 给出了典型的计算图表[1]，其中还包括一个未填入数据的图表（图 7.17）。为方便使用，该图表已被复制到 jpeg 文件 *Ramp storage empty computation chart* 中。

参 考 文 献

Ramp meter design manual (2000) Traffic operations program. California Department of Transportation, Sacramento, CA

… 第13章
智能交通系统与车联网

摘要：本章第 13.1 节概要介绍了一个车联网架构视图，其由美国交通部（USDOT）的车联网架构和非官方实体组成，第 13.2 节重点阐述该架构的组成部分。第 13.3 节讲述基于蜂窝移动电话的技术，第 13.4 节介绍车载显示装置。第 13.5 节探讨与车联网相关的关键 ITS 运行问题，第 13.6 节讨论 USDOT 的车联网项目。

13.1　车联网

网联汽车是指任何连接到外部网络的车辆。目前，车联网技术在私营部门和公共部门的发展非常迅速。由于该技术日新月异，本章仅概述了 2015 年的状况以及可合理预见的后续发展。私营部门的技术包括"资讯娱乐"，即包括车辆和驾驶员信息服务功能（本章的重点）及其他功能的类似技术。虽然我们经常使用不安全的移动电话技术来传递这些信息，但本章重点介绍可能使用的现有新兴安全技术。

为驾驶员提供 ITS 信息的传统方法，包括基于高速公路的可变情报板（DMS）、车道控制标志（LCS）和可变限速标志（VSL）。相比于这些传统技术，车载显示技术用于信息发布将更具优势。

车载显示装置可减少未来对道路信息发布设备（如 DMS）的需求。正如佛罗里达州交通局局长 A. Prasad 所说："在十年前，可变信息板（VMS）⊖是有存在意义的，因为当时该领域一片空白，而我们也有出行信息发布的需求。当时只有各州交通局提供这些信息。现在外面有这么多的信息，我们开始探究交通部门是否仍有必要提供出行者信息……这在未来几年可能是合理的，但从长远来看，我们需要认真考虑这是否是我们应该投资的领域。" Prasad 设想将来由交通部门来收集数据，

⊖ VMS 是可变情报板（DMS）的替代名称。

通过公私合作机制，共享公共和私营机构收集的数据，然后向公众提供这些数据[1]。Hendrickson 等[2]也预测未来在 DMS 方面的重视程度将有所降低。随着驾驶员信息服务的重心往私营部门转移，交通管理中心在信息发布方面的作用正在发生变化。

13.2 车联网数据链路

图 13.1 显示了一个车联网所使用的数据链路视图。

该图包括以下数据链路类型：

- 传统的 ITS 通信链路——这些链路将交通管理中心与现场设备（如车辆检测站）和道路交通信息发布装置（如 DMS）连接起来。这些连接通常使用光纤、蜂窝网络连接或自有无线设备实现，与其他交通管理中心的通信则由移动电话服务通过虚拟专用网络（VPN）实现。

- 基于移动/互联网电话的服务——这些服务将当前可用的公共和私人应用与车辆系统连接起来。该图显示了一种安全便捷的基于智能手机的数据服务技术。通过一个物理或 Wi-Fi 连接，将用户的智能手机连接到相应的车载信息系统（IVI）。该系统可由车辆制造商或零部件供应商提供。我们将在第 13.3 节进一步讨论这种架构。

- 美国交通部车联网体系架构数据链路——图 13.1 简要概述了美国交通部车联网通信链路。第 13.6 节讨论了车联网体系架构及其应用。车辆通过车载单元（OBU）交换基本安全信息（BSM），并将这些信息传输给路侧单元（RSU）。RSU 安装在高速公路特定位置和特定交通信号控制机处。OBU 之间以及 OBU 与 RSU 之间的通信，采用 5.9GHz 频段专用短程无线通信（DSRC）技术实现。交通管理中心等中心来源的信息可发送至 RSU，然后再传输至车辆。

- 专用通信信道——通过与车辆制造商或零部件供应商合作，这些信道可提供一些特殊服务。卫星广播 Sirius XM 就属于专有通信服务。它使用 S 波段（2.32~2.345MHz）的卫星通信，除了有娱乐频道外，还提供交通和气象资讯。同时还提供智能手机的专有连接功能。

- 传统的 ITS 道路显示标志和 AM/FM 广播。当前 ITS 应用的这类技术包括动态信息标志、车道控制、公路路况广播和传统无线电交通资讯报告等。

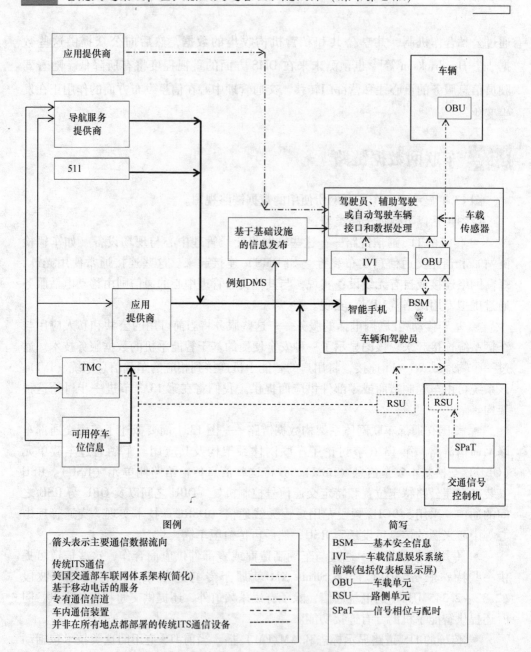

图 13.1 车联网的数据链路

13.3 基于移动电话/互联网的信息服务

目前开发的大多数车联网应用都使用这种方法。第 13.4 节将详细介绍向驾驶员提供信息的安全技术。目前各地有各种地图、路线查找和导航服务免费提供给驾驶员，这些信息以文本、地图和口头形式传递。某些情况下，用户可直接从互联网下载信息。其他情况下，必须先在手机中安装应用程序才能下载信息。移动电话/互联网信息传递的主要限制包括：

- 延迟限制——延迟是通信响应时间的度量指标。通常是指从发送消息至接收到回复的平均花费时间。有些安全信息对快速响应有特殊要求，可能不允许这些应用程序使用这一方法。
- 话费限制。持续通信可能产生高额话费。

移动电话/互联网技术通常提供的与出行相关的功能包括：

- 交通信息发布与导航。
- 国家 511 系统。
- 可用停车位信息。
- 专业服务。其中一项专业服务是提供交通信号状态倒计时信息，如图 13.2 所示，信号联网系统在特定位置向用户提供相关显示信息。

系统必须以安全便捷的方式向驾驶员提供信息，当前车载导航技术正朝着这一方向快速发展。

目前，互联网/移动电话信息可通过以下三种方式提供：

1) 车辆制造商提供的设备和软件。福特 Sync 系统就属于这类技术，它通过蓝牙与智能手机连接。用户可通过声控指令和屏幕操作来控制显示，可执行与出行相关的上述功能。此外，它还提供其他互联网信息服务功能以及车辆供应商功能（如车辆健康状态报告）。

2) 移动电话开发商。移动电话系统的主要供应商已开发出与上述设备类似的接口，例如 Android Auto 和 Apple CarPlay。它们支持相关应用程序，其提供的出行服务功能与上述功能类似。

图 13.2　交通信号状态显示

3) 非专有通信标准。由多家汽车和电子产品制造商组成的全球车联网联盟建立了 MirrorLink[4] 行业标准，可作为安全有效的应用程序和设备的认证标准。它列举了各种移动操作系统所采用的智能手机屏幕，适用于车辆制造商和零部件供应商。

13.4 车载显示装置

典型的车载部件有移动电话和信息娱乐系统主机,后者由视频显示器和控制装置组成。控制装置由与仪表板显示屏集成的触摸屏组成,也可以使用平视显示器(HUD)。另外,我们已经引入了增强现实平视显示器。在一个实例中,通过数据线或无线连接将信息娱乐系统主机连接到移动电话,主机屏幕基本上复制了手机显示屏内容。此外,它还提供语音复制和语音命令功能,屏幕触控命令和声控命令可帮助选择所有信息娱乐系统。

交通信息、道路状况和法规信息可采用多种技术进行显示,并由整车或零部件供应商提供。与仪表板显示屏相比,平视显示器(HUD)可能会更有效地减少驾驶员分心。

美国国家公路交通安全管理局(NHTSA)制定了避免驾驶员分心的指南[5]。这些指南建议,驾驶员每次视线偏离道路的时间不得超过2s,累计时间不得超过12s。

13.5 交通管理困境

随着越来越多的驾驶员信息服务由私营机构提供,政府部门进行传统交通管理和分配的功能可能会受到严重影响。个人交通分配是临时性的,既不符合交通工程理论的分配原则,也不符合交通管理中心设计的交通分配策略,这可能会对交通分配产生不利影响。尽管私营企业没有明确尝试开展区域交通管理,但它们提供的信息至少在部分层面上执行了这一功能。虽然私营企业具有获取个人和公共交通信息方面的优势,但其交通管理能力受到以下限制:

- 无法提供基于视频监控系统的交通信息,以及 TMC 管理人员和操作员等能够提供的个人监督和判断。
- 私营企业的商业模式侧重于向个体驾驶员提供自动化信息,语音导航提示是它们最为常见的信息呈现形式。私营企业通常没有授权或动力去实施全交通走廊或全区域交通管理策略,也没有人工监督。从全系统角度来看,其应对偶发性交通拥堵的个别策略可能是违背全局的。
- 私营企业开发的路径优化模型可能与公共部门所采用的交通分配重点和约束条件相冲突。

解决这些问题的潜在技术包括:

- 采用类似州 511 网站及其移动应用一样的方式提供交通信息,以确保信息安全,交通走廊管理信息尽量通过车载装置进行发布。
- 向私营交通服务机构提供详细的交通状况和交通管理信息。

13.6 美国交通部车联网项目

美国交通部（USDOT）车联网项目是一个规模非常大的项目，其基本目标是通过车联网技术改善交通安全、畅通性和通行环境。USDOT认为车联网能解决约80%的驾驶员未受伤交通事故[6]。车联网的基本原则是，通过在车辆、基础设施和移动设备之间建立无线通信连接，从根本上改变交通系统的安全性、机动性和通行环境[7]。该项目的关键要素包括：

- 车车（V2V）通信。2014年，NHTSA发布了一项关于拟立规则（ANPRM）的预先通知，要求轻型机动车安装5.9GHz频段V2V短程通信（DSRC）设备[8]。车载单元（OBU）提供通信和数据格式。
- NHTSA研究建议采用一种基本安全信息（BSM）进行传输，信息内容如图13.3所示[9]。地理位置和运行状态信息以每秒10次的速率传播。ANPRM引用了以下可显著改善交通安全的应用程序：
- 交叉口通行辅助（IMA）。
- 左转辅助（LTA）。

工业部门将负责开发运用该技术的安全应用程序。

- 车辆与基础设施（V2I）通信。路侧单元（RSU）使用5.9GHz频段与车辆OBU进行通信，并且可与图13.1所示TMC等信息源交换信息。其还可以将交叉口信号控制机输出的信息传输给车辆。由于USDOT目前未规划强制要求安装RSU，因此其应用尚不明确。USDOT设计的一个关键应用是用于识别当前交通信号状态的信号相位与配时（SPaT）信息。该信息通过交通信号控制机柜中的RSU传输至车辆OBU。车载软件可将此数据与车辆

```
-- Part I, sent at all times
msgID DSRCmsgID, -- App ID value, 1 byte
msgCnt MsgCount, -- 1 byte
id TemporaryID, -- 4 bytes
secMark DSecond, -- 2 bytes
-- pos PositionLocal3D,
lat Latitude, -- 4 bytes
long Longitude, -- 4 bytes
elev Elevation, -- 2 bytes
accuracy PositionalAccuracy, -- 4 bytes
-- motion Motion,
speed TransmissionAndSpeed, -- 2 bytes
heading Heading, -- 2 bytes
angle SteeringWheelAngle, -- 1 bytes
accelSet AccelerationSet4Way, -- 7 bytes
-- control Control,
brakes BrakeSystemStatus, -- 2 bytes
-- basic VehicleBasic,
size VehicleSize, -- 3 bytes
```

图13.3 基本安全信息（BSM）描述符

自身传感器获得的信息进行综合，以确定是否需要采取额外的措施让车辆遵守信号控制规则。这类信息也可与车辆的BSM信息结合使用，用于确定是否需要采取额外措施，以避免与其他不打算减速或停车的车辆发生碰撞。

USDOT车联网项目涉及大量应用程序的研究开发，其中一些应用程序是专门为联网车辆开发的，其他应用则是在现有ITS或非USDOT的车联网服务基础上进

行更改的。

USDOT 正在开发车联网参考实现架构（CVRIA），作为车联网环境中关键接口的制定依据，并支持进一步的分析，以明确标准开发活动及其优先级。CVRIA 还可协助制定有关政策，包括认证、标准、核心系统实现及车联网环境的其他要素[10]。CVRIA 的开发涉及以下四个层面：

- 企业层面——车联网环境中各企业之间的关系以及这些企业所扮演的角色。
- 功能层面——满足系统需求的抽象功能元素（程序）及其逻辑交互（数据流）。
- 物理层面——物理对象（系统与设备）和其应用程序对象，以及这些物理对象之间的高级接口。
- 通信层面——支持车联网环境中物理对象之间通信所需的分层通信协议。

CVRIA 中包含的关键标准是 SAE J 2735[10]。这项标准主要规定了用于 V2V 和 V2I 通信的消息集。综合考虑安全影响和消息延迟（紧急性）等因素，表 13.1 列出了用于应用的消息优先级[10]。优先级越高，则安全影响越大。

表 13.1 消息优先级（建议值）与消息延迟

美国联邦通信委员会政策中规定的重要性级别	描述（何时适用特定紧急等级）	示例	接收延迟（紧急性）/ms
1 = 威胁生命安全，这类信息需要立即或紧急传输	缓解突发事件影响和避免/减轻伤害	车辆碰撞通知	<10
	缓解/避免潜在紧急事件影响和/或伤害	碰撞预警	<10
	紧急警报事件（使用事件标志）	紧急制动（碰撞警报、EEBL、防锁等）和控制损失	<10
	局域紧急情况警报	紧急救援车辆正在靠近	10～20
	基于情境的未受影响的局部设施状态信息	前方状况（如紧急救援车辆、事故）	10～20
	基于情境的未受影响的局部设施状态信息	前方状况（如紧急救援车辆、事故）	10～20
	未受影响的局部设施潜在状况信息	极有可能发生的情况（例如，迅速恶化的危险状态）	10～20
	未受影响的高延迟局部设施可能发生的状况信息	可能发生的情况（例如，恶化的危险状态）	>20

（续）

美国联邦通信委员会政策中规定的重要性级别	描述（何时适用特定紧急等级）	示例	接收延迟（紧急性）/ms
2 = 威胁公共安全（未包含在上述第1类中）假定从事公共安全优先通信（包括机动性和交通管理功能）的州或地方政府机构运营管理的路侧单元（RSU）和车载单元（OBU）	紧急公共安全下载（交叉口信息）	SPAT（信号相位与配时）	<10
	紧急公共安全数据交易和交换	电子收费	<10
	定期公共安全状态信息	心跳信息	<10
	公共安全地理空间背景信息	GID信息（地理空间背景信息）	<10
	半紧急公共安全链路建立	车道协调控制、协同自适应巡航控制	<10
	公共安全GPS校正信息	GPSC消息（GPS校正）	<10
	定期较不频繁的公共安全状态信息	心跳（低频）	<10
	半紧急公共安全系统使能器	本地化几何相交定义下载	10~20
	半紧急公共安全数据和应用使能器	服务列表、数字地图下载	>20
	重要交通管理状态信息使能器	前方道路封闭	>20
	重要服务公告	WSA信息（Wave服务公告）	>20
	半重要交通管理使能器	一般交通信息下载	>20
	非紧急交通管理基础数据	探头信息、本地化警报区更新	>20
3 = 非优先通信（未包含在上述第1、2类中）出行者信息服务单位的车队管理以及便利或私有系统	紧急个人交通信息	非车载导航路径切换指示	<10
	紧急、个人和商业电子交易	电子支付	<10
	半紧急个人交通数据交换	个人交通应用程序（例如基于GPS的驾驶导引）	10~20
	半紧急、个人和商业电子交易	商业和个人电子商务应用程序	10~20
	重要、个人和商业电子交易	大型商业交易（电子商务）	10~20
	重要、个人交通数据交换	商业、个人信息提供和指示	10~20
	背景、个人交通数据交换	区域地图下载或升级	>20
	背景、个人数据下载和升级	数据库下载	>20

参 考 文 献

1. "The Death of VMS", Traffic Technology International, January 2015
2. Hendrickson C, Biehler A, Mashayekh Y (2014) Connected and autonomous vehicles-2040 Vision, Pennsylvania Department of Transportation, July 10, 2014
3. EnLighten Users Guide, Connected Signals, Inc., Online. http://connectedsignals.com/enlighten_Android_users_guide.php, July 19, 2015
4. Car Connectivity Consortium, online, July 19, 2015. http://www.mirrorlink.com/

5. Visual-Manual NHTSA Driver Distraction Guideline for In-Vehicle Electric Devices, Docket No. NHTSA-2010-0053National Highway Traffic Safety Administration, 2012, online 061215, http://www.distraction.gov/downloads/pdfs/visual-manual-nhtsa-driver-distraction-guidelines-for-in-vehicle-electronic-devices.pdf
6. Lister M, Schagrin M, Fehr W, Pol J (2013) Connected Vehicle Program 101, April 21, 2013
7. Wright J, Garrett JK, Hill CJ, Krueger GD, Evans JH, Andrews S, Wilson CK, Rajbhandari, Burkhard B (2014) National Connected Vehicle Infrastructure Footprint Analysis, American Association of State Highway and Transportation Officials, Federal Highway Administration Report No FHWA-JPO-14-125, June 27, 2014
8. Federal Register Vol. 79, No. 161/Wednesday, August 20, 2014
9. DSRC Implementation Guide (2010) SAE International, February 2010
10. Connected Vehicle Reference Implementation Architecture, Research and Innovative Technology Administration, 12/03/14, online 03/20/15. http://www.iteris.com/cvria/

附 录

附录 A 行程时间、延误及行程时间可靠性指标

本附录介绍的技术和算法，主要用于计算表9.3所列的指标。本附录提供了获取行程时间、延误和行程时间可靠性的5min和15min数值的计算方法（图9.8）。用户须进一步汇总15min的相应值，以获得特定时段该指标的数值。本附录主要基于Gordon[1]的研究成果。表A.1列出了本附录中使用的符号。

A.1 高速公路延误与行程时间

为实施日常交通管理功能，许多高速公路管理系统都配备了断面交通检测器，有时还配备了区间检测器。这些检测器为自动收集性能评估所需的数据奠定了基础，极大降低了速度和行程时间相关指标的人工调查的工作量。

表9.3中所列的几个指标需要计算行程时间和延误。系统延误是所有车辆在高速公路主线和匝道上行驶产生的延误之和。系统旅行时间也类似。车辆行程时间、延误和行程时间可靠性是基于单次行程的数据。

下面列出的关系式说明了高速公路主线数据的采集需求。

表A.1 附录A中使用的符号、变量和参数列表

a、b 表示路段的两个区间端点
D = 本测量时段的主线系统延误（车辆小时数）
DO = 区间ID
FC = 交通量中商用车占比
FD = 高速公路系统延误
FP = 交通量中民用客车占比
K_1 = 民用客车平均乘客数
K_2 = 商用车平均乘客数
L = 路段ID
$L1$ = 评估路段起点
LE = 路段长度、域或探头感应区域（mile）
LN = 评估范围内最后一个路段

(续)

LPP = 民用客车中乘客延误（人·h）	
LPT = 商用车中乘客延误（人·h）	
LV = 路段通行能力	
M = 本周期一组样本行程的平均行程时间	
N = 样本行程次数	
$N15$ = 15min 评价周期指数	
$N5$ = 5min 评价周期指数	
NF = 高速公路评价周期指数（用于高速公路和入口匝道）	
P = 15min 周期指数	
PHT = 高峰时段通过量	
PR = 移动检测区域 ID	
RI = 选定路径起点	
RO = 选定路径终点路段	
ROD = 高速公路路径延误（h）	
RRT = 参考匝道行程时间	
RTT = 路径行程时间（h）	
s = 标准偏差	
SD = 域速度（mile/h）	
SP = 移动检测区域速度（mile/h）	
SR = 参考速度（延误参考速度）（mile/h）	
T = 测量时间间隔（h）	
对于交叉口信号灯和地面街道，$T15$ = 15min（0.25h）	
对于主线和匝道，$T5$ = 5min（0.06777h）	
Tj = 特定路线上第 j 次行程的行程时间	
TP = 移动检测感应到的行程时间（h）	
TT = 系统主线行程时间（h）	
V = 道路交通量（辆/h）	
VD = 车辆延误（h）	
VSD = 车辆系统延迟（h）	
VT = 车辆行程时间（h）	
x 表示 5min 或 15min 周期浮动车样本中的车辆数量	

（1）基于定点检测器的主线延误与行程时间评估

这些指标的计算可使用图 9.6 ~ 图 9.8 所示结构和关系式。域是计算方案的基本空间结构。其边界按以下方式划定：

- 高速公路出入口位置
- DMS 和其他交通管理或控制设备位置
- 检测器位置

1）区间系统行程时间。式（A.1）用于计算特定区间中 5min 所有车辆的行程时间。

$$TT(DO,N5) = T5 \times V(DO,N5) \times LE(DO)/SD(DO,N5) \quad (A.1)$$

式中，TT 是主线系统行程时间（h）；DO 是区间 ID；$N5$ 是 5min 的评估指数；$T5$ 是 5min（0.06777h），对于主线和匝道；V 是道路交通量（辆/h）；LE 是路段长度、区间或移动检测区域（mile）；SD 是区间速度（mile/h）。

在某些交通管理系统中，SD 表示加权速度[2]。由于不同车道的速度和交通量不同，加权速度是车道交通量和车道速度的乘积除以总交通量。

2）区间系统延误。区间系统延误是系统行程时间扣除了车速高于参考速度（即可接受值）时的车辆小时数。

$$\begin{array}{l} \text{当}(TT(DO,N5) - T5 \times V(DO,N5) \times LE(DO)/SR(DO)) > 0 \text{ 时,} \\ D(DO,N5) = (TT(DO,N5) - T5 \times V(DO,N5) \times LE(DO)/SR(DO)) \\ \text{其他,} D(DO,N5) = 0 \end{array} \quad (A.2)$$

式中，D 是本测量时段的主线系统延误（车辆小时数）；SR 是参考速度（用于计算延误的参考速度）（mile/h）。

3）路段系统行程时间。行车路段（高速公路每个出口或入口位置与下游出口或入口位置之间的距离）通常用来表示指标计算中的地理结构。式（A.3）用于计算路段中所有区间的系统行程时间。

$$TT(L,N5) = \sum_{DO=a}^{b} TT(DO,N5) \quad (A.3)$$

式中，L 是路段 ID。a 是路段起点所在区间。b 是路段终点所在区间。

4）15min 路段的系统行程时间。式（A.4）用于将 5min 路段的行程时间汇总为 15min 的行程时间。

$$TT(L,P) = \sum_{NF}^{NF+3} TT(L,N5) \quad (A.4)$$

式中，P 是 15min 评估指数；NF 是 15min 周期开始时的 5min 评估指数。

5）路段系统延误。

$$D(L,N5) = \sum_{DO=a}^{b} D(DO,N5) \quad (A.5)$$

6）15min 系统延误。

$$D(L,P) = \sum_{NF}^{NF+3} D(L,N5) \quad (A.6)$$

7）车辆系统延迟。式（A.7）用于对式（A.6）求和，实现一天内所有分析路段（如一条高速公路或整个高速公路系统）的评估计算。

$$VSD = \sum_{L=L1}^{LN} \sum_{P=1}^{96} D(L,P) \quad (A.7)$$

式中，$L1$ 是评估范围内起点路段；LN 是评估范围内终点路段；VSD 是车辆系统延误。

通过修正式（A.7）~式（A.9）可用于计算民用客车乘客系统延误和商用车乘客系统延误。

8）民用客车乘客系统延误。

$$LPP(L,P) = K1 \sum_{L=L1}^{LN} \sum_{P=1}^{96} D(L,P) \times FP(L,P) \tag{A.8}$$

式中，$K1$ 是民用客车平均乘客数；FP 是交通量中民用客车占比。

9）商用车乘客系统延误。

$$LPT(L,P) = K2 \sum_{L=L1}^{LN} \sum_{P=1}^{96} D(L,P) \times FC(L,P) \tag{A.9}$$

式中，$K2$ 是商用车平均乘客数；FC 是交通量中商用车占比；LPT 是商用车乘客延误（人·h）。

10）区间车辆行程时间。式（A.10）用于计算 5min 区间单辆车的行程时间。

$$VT(DO, N5) = T5 \times LE(DO)/SD(DO, N5) \tag{A.10}$$

式中，VT 是车辆行程时间（h）。

11）区间车辆延误。当 $(VT(DO, N5) - T5 \times LE(DO)/SR(DO) > 0)$ 时，

$$VD(DO, N5) = (VT(DO, N5) - T5 \times LE(DO)/SR(DO))$$
其他 $VD(DO, N5) = 0$ \tag{A.11}

式中，VD 是车辆延误（h）。

12）路段车辆行程时间。

$$VT(L, N5) = \sum_{DO=a}^{b} VT(DO, N5) \tag{A.12}$$

13）15min 路段车辆行程时间。

$$VT(L, P) = \sum_{NF}^{NF+3} VT(L, N5) \tag{A.13}$$

14）路段车辆延误。

$$VD(L, NF) = \sum_{DO=a}^{b} VD(DO, N5) \tag{A.14}$$

15）15min 路段车辆延误。

$$VD(L, P) = \sum_{NF}^{NF+3} VD(L, N5) \tag{A.15}$$

（2）基于移动检测器的主线延误与行程时间评估

移动检测器能为路段延误和行程时间估算提供依据。由于检测区域的边界与路段边界不直接对应，因此需要在它们之间建立一种区间结构（图9.7）或其他类似关系。其基本思路是，将检测区域的长度除以检测到的车辆通行时间，得到该检测区域内所有区间的行驶速度，如式（A.16）和式（A.17）所示。该速度（SP）表

示检测区域内所有区间的速度,可将其代入式(A.8)~式(A.13),计算得出 5min 区间和路段的车辆行程时间与延误。通过将它代替公式(A.1)和式(A.10)中的区间速度 SD,可实现移动检测。

$$TP(PR,T5) = \frac{1}{x}\sum_{i=1}^{x}TP(i) \tag{A.16}$$

$$SP(PR) = LE(PR)/TP(PR,T5) \tag{A.17}$$

式中,TP 是检测到的车辆行程时间(h);PR 是检测区域 ID;x 是 5min 或 15min 的被检测车辆样本中的车辆数量;SP 是检测区域速度(mile/h);LE 是检测区域长度。

为估算系统延误和系统行程时间,我们须获取式(A.1)和式(A.2)所需的交通量变量,这需要有路段交通量的数据源,如定点检测站。每个路段只需要一个交通量数据源。

A.2 路线行程时间、路线行程时间可靠性与通过量

(1)路线行程时间

相关部门一般通过高速公路主线上布设的 DMS 和网站,将路线行程时间提供给驾驶员。为达到这一目的,他们通常会给出指定路线,而这些路线容易进行评估[3]。

路线行程时间是路线所有路段行程时间(VT)的总和,可按如下公式计算。

$$RTT = \sum_{L=RI}^{RO}VT(L,N5) \tag{A.18}$$

式中,RTT 是路线行程时间(h);RI 是选定路线起点路段;RO 是选定路线终点路段。

如果出发时间为上午 7 点,则路线上第一条路段(表示为 RI)的行程时间 VT 将为上午 7 点开始的时间段。在这种情况下,第一条路段的 $N5$ 等于 73(从午夜到上午 7 点的 12 个 5min 时段加上当前评估时段),表示为 NSTART。

Ishimaru 与 Hallenbeck[3] 认识到路线上同一路段在不同时段的行驶速度不一样,因而提出了一种阶梯式的路线行程时间(RTT)计算方法。路线行程时间是路线上所有路段的行程时间(VT)之和,可按后面方式进行计算。

如果路段的 $VT < 5min$,则其下一路段的行程时间使用同一个 5min 周期;如果 $VT \geq 5min$,则下一路段的行程时间使用后一个 5min 周期。Higatani 等[4] 指出,这种方法比采用单一时段计算的路段行程时间总和更准确。图 A.1 所示为此方法的实现流程图。

同样,高速公路路线延误(ROD)的计算方法如下。

$$ROD = RTT - \sum_{L=RI}^{RO}LE(L)/SR(L) \tag{A.19}$$

(2) 行程时间可靠性

行程时间可靠性用于衡量不可预料的行程延误的发生程度，正式定义：每天或一天内不同时段测得的行程时间的一致性或可靠性[5]。

行程时间的变化可通过比较不同日期给定时段内的路线行程时间（例如上午7—8点高峰时段）进行评估。Shaw[6]建议至少要采集4周以上的15min时段数据，才能进行有效评估。将这一标准与之前关于路线行程时间的讨论相结合，如果将一次"行程"视为工作日高峰时段每15min周期内的3次5min行程时间（扣除节假日和其他非代表性天数），则1个月的数据收集周期能够提供充分的代表性数据。

行程时间变化及其指标的评估依据是行程时间测量值的标准偏差。具体参见Martin与Wu[7]给出的公式：

$$s^2 = \frac{\sum (T_j - M)^2}{n-1} \quad (A.20)$$

式中，s是行程时间标准偏差估计值；T_j是特定路线上第j次行程的行程时间；M是本周期一组抽样行程的平均行程时间（例如15min）；n是抽样行程次数。

路线行程时间可靠性通常采用给定时间内完成90%或95%的行程进行测算。统计数据显示，行程时间样本与平均行程时间的关系如下：

90%的可靠性对应1.28的标准偏差。

95%的可靠性对应1.64的标准偏差。

常用的指标包括[5]：

缓冲时间——所需的额外时间（即，95%行程时间与平均行程时间之间的差额），采用式（A.21）计算。

$$缓冲时间 = 1.64s \quad (A.21)$$

计划时间——总行程时间，包括缓冲时间（即95%行程时间）。

$$计划时间 = 路线行程时间 + 缓冲时间 \quad (A.22)$$

计划时间指数——总行程时间超出理想或自由流行程时间的程度，按计划时间与理想时间的比率计算。

缓冲指数——缓冲时间占平均路线行程时间的百分比，计算方法为计划时间减去平均行程时间，再除以平均路线行程时间。

这些指标之间的关系如图A.2[5]所示。

所有行程时间可靠性指标的基数均为路线或点到点行程时间。有四种基本方法可以计算出行程时间[7]：

1) 直接采用连续的移动检测车数据进行计算。

2) 基于连续的定点检测器数据进行估算。

3) 定期专题调查（如采用浮动车调查）。

4) 使用计算机模拟、概图或需求预测模型进行估算。

List等[8]详细讨论了行程时间可靠性，并提供了部署示例。

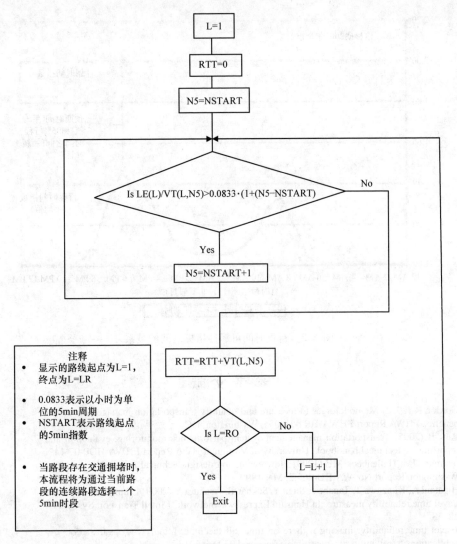

图 A.1 行程时间计算的时间段

(3) 通行量

通行量的一个评估指标是路段高峰小时的车辆里程数。对于高峰时段的每5min，应确定路段中每个区间的最低交通量（LV）。高峰小时通行量（PHT）的计算如式（A.23）所示：

$$PHT(L) = \sum_{N5 = 高峰时段前5min标识符}^{N5+12} T5 \times LE(L) \times LV(L, N5) \quad (A.23)$$

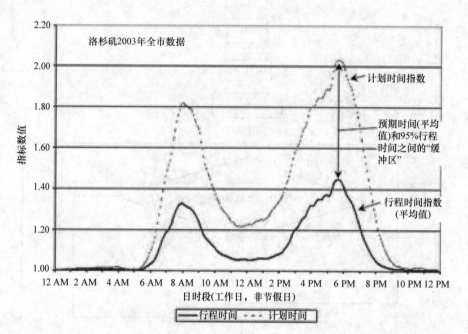

图 A.2 行程时间可靠性指标之间的关系

参 考 文 献

1. Gordon R (2012) Methodologies to measure and quantify transportation management center benefits. FHWA Report FHWA-HRT-12-054, Washington, DC
2. Park B (2005) Transportation management system performance monitoring, evaluation and reporting—a technical handbook. University of Virginia, FHWA Report FHWA-HOP-07-142
3. Ishimaru JM, Hallenbeck ME (1999) Flow evaluation design technical report. University of Washington Report No. WA-RD-466.2, Mar 1999
4. Higatani A, Kitazawa T, Tanabe J, Suga Y, Sekhar R, Asakura Y (2009) Empirical analysis of travel time reliability measures in Hanshin Expressway network. J Intell Transport Syst 13(1): 28–38
5. Travel time reliability: making it there on time, all the time. http://www.ops.fhwa.dot.gov/publications/tt_reliability/ttr_report.htm. Accessed 23 Dec 2013
6. Shaw T (2003) Performance measurements of operational effectiveness for highway segments and systems. NCHRP Synthesis 311, Transportation Research Board
7. Martin PT, Wu P (2003) Automated data collection, analysis and archival. University of Utah Traffic Lab, Nov 2003
8. List GF, Williams B, Rouphail N (2014) Guide to establishing monitoring programs for travel time reliability. SHRP 2 Report S2-LO2-RR2, Transportation Research Board, Washington, DC

附录 B　视频监控系统覆盖的相对有效性

城市和郊区高速公路上的大多数交通事故发生在立交附近。与非事故相关的交通事件相比，这些事故通常需要更长的时间来排除。因此，智能交通系统设计通常不提供视频监控全覆盖或近全覆盖，而是将大多数摄像头安装在立交附近。如果事故沿道路均匀分布（假设非事故相关交通事件沿道路均匀分布），这些摄像头记录的事故小时数将是所有事件的极小部分。本附录介绍了一种用于评估视频监控系统相对事件侦测率的指标（RTV）。RTV 近似代表了视频监控摄像头监测的路段上发生事件的时间比例。

图 B.1 所示为 RTV 计算过程的物理布局。图中所示路段表示两个立交之间的单向道路。为方便起见，立交内道路一半的长度属于该路段（另一半属于相邻路段）。

RTV 计算涉及的参数包括：

ACR	路段事故率
ARI	立交区域事故率
ARNI	非立交区域事故率
IDI	立交区域交通事件和事故持续时间
IDN	非立交区域交通事件和事故持续时间
LS	路段长度
L1	立交路段的中点与上游立交附近路段之间的距离，其涉及大多数交通事故
L2	下游立交附近路段的距离；L1 和 L2 的值表示以立交（包含事故发生率最高的部分路段）中点为中心的距离的一半。
NAIR	非事故类交通事件的发生率
TVI	立交处视频监控系统覆盖的道路比例
TVN	远离立交位置的视频监控系统覆盖的道路比例
TNA	检测路段是否存在非立交区域
WE	立交区域事故率与非立交区域事故率之比

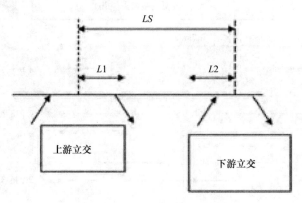

图 B.1　RTV 计算的物理关系

事故数据可能存在以下两种方式：
- 该路段事故率的统计数据。
- 按里程（一般间隔为 0.1mile）或大地基准系统的详细事故率数据。

该路段的事故率数据（ACR）可分解为靠近立交的高事故率部分（ARI）和远

离立交的低事故率部分（ARNI）。下列模型可用于表示这一近似关系。

$$ARI = WE \times ARNI \tag{B.1}$$

需要输入 WE 估计值。该路段年度事故总数（TA）可表示为

$$TA = ACR \times LS = (L1 + L2) \times ARI + (LS - L1 - L2) \times ARNI \tag{B.2}$$

将式（B.1）代入式（B.2），得到

$$TA = ACR \times LS = (L1 + L2) \times WE \times ARNI + (LS - L1 - L2) \times ARNI \tag{B.3}$$

简化式（B.3），得到

$$ARNI/ACR = LS/(LS + (L1 + L2) \times (WE - 1)) \tag{B.4}$$

在某些情况下，如果能够获取到每隔 10mile 的详细事故数据，我们就可以直接从式（B.1）计算得到 WE。

视频监控系统对交通事件的相对覆盖率的计算公式如下：

$$IDI = (ARNI \times WE + NAIR) \times (L1 + L2) \tag{B.5}$$

$$IDN = (LS - (L1 + L2)) \times (ARNI + NAIR) \tag{B.6}$$

$$RTV = (TVI \times IDI + TVN \times IDN)/(IDI + IDN) \tag{B.7}$$

图 B.2 所示为一个关于 RTV 评估的简化案例。此处假设每个视频监控摄像头覆盖 0.5mile 的道路。假定以立交桥中点为中心的 0.5mile 路段为事故高发区。评估路段的边界从上游立交的中点延伸到下游立交的中点。图 B.2 给出了三个视频

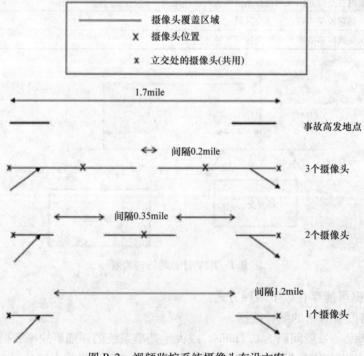

图 B.2　视频监控系统摄像头布设方案

监控覆盖率低于100%的部署方案,以及视频监控摄像头的数量。立交处的摄像头仅能视为半个,因为其有50%的监测范围位于另一个路段。该案例研究中使用的其他参数包括:

- 非事故类交通事件发生率=每年每英里7.03起事件
- 路段事故率=每年每英里2.1起事故
- 立交区域事故数与非立交区域事故数之比=2.4

网址http://www.springer.com/us/book/9783319147673 提供的RTV工作表和图B.3所示的工作表,可用于计算图4.28所示的参数值。如果能获得基于里程碑的事故数据,我们就可以采用式(B.1)计算出WE值并输入工作表中。如果只能获得路段事故率统计数据,则可使用$WE=2.4$作为默认值或用其他值替换。

视频监控系统覆盖的相对有效性			
需要输入的数据			
场景:	路段1,3个摄像头		
路段长度		LS	1.5
非事故类交通事件发生率		NAIR	7.03
事故率		ACR	2.1
事故排除延长因数		WE	2.40
上游立交事故范围/mile		L1	0.25
下游立交事故范围/mile		L2	0.25
立交区视频监控系统覆盖的道路比例		TVI	1
其他位置视频监控系统覆盖的道路比例		TVN	0.83
立交区域事件相对持续时间		IDI	5.23
非立交区域事件相对持续时间		IDN	8.46
非立交区域事故率		ARNI	1.43
视频监控摄像头覆盖的事件时段比例		RTV	0.89
如果TMC配备适当人员			

图B.3 视频监控系统覆盖的相对有效性

附录C 事件管理效益评估示例

本附录提供了计算车辆延误和事故减少量的方案分析示例,用于支持ITS的事件管理效益评估。

本示例行车方向的交通参数见表C.1,ITS执行参数见表C.2。示例中介绍了两个视频监控摄像头布设方案和两个检测器部署方案。

式(4.13)~式(4.17)可用于计算备选方案ac、ad、bc和bd的上述参数。图C.1为表C.2所示备选方案以及无任何检测器和摄像头的备选方案的计算结果图。网址http://www.springer.com/us/book/9783319147673 提供的工作表 *Inc mgt effectiveness potential*(图C.2),可用于计算图C.1所示的3个摄像头+5个检测器的备选方案的数据。

表 C.1 交通参数示例

符号	定义	数值	备注
	车道数	3	
AADT	年平均日交通量（辆/天）	75000	
ACCR	事故率（每百万车辆行驶英里数的事故数）	2.1	基于纽约州高速公路事故数平均值
CS	通行能力（辆/h）	6300	
IR	每百万车辆行驶英里数中致使通行能力降低的事故数	9.01	基于纽约大都会区北部数据
LS	路段长度（mile）	1.7	
MVMPY	每年百万英里数	46.54	基于 MVMPY = AADT × LS × 365/1000000
PHV	高峰小时交通量（辆/h）	6000	
TSI	ITS 高级部署方案结合 TMC 强化事件管理下的每起事故节省的延误时间	271.8	表 4.3 所示三车道与 3 级交通状况示例
K35	服务水平修正系数	1.0	更多信息请参见附录 F

表 C.2 ITS 参数示例

技术或操作	备选方案	部署情况	备注
911/PSAP 信息可用性		包含在项目中	
警务执行		包含在项目中	
视频监控系统	a	3 个摄像头	$RTV = 0.89$（见附录 B 和图 4.28 中示例）
	b	2 个摄像头	$RTV = 0.62$（见附录 B 和图 4.28 中示例）
驾驶员服务巡逻		不包含	
电子交通检测	c	5 个检测点	平均间距 = 1.7/5 = 0.34mile/检测器 $B1 = 0.9$（见第 4.5.1.3 节）
	d	无	无检测器 $B1 = 0$（见第 4.5.1.3 节）
TMC 运行支持		TMC 协助事件管理	$P10 = 1.0$ $K5 = 0.1$（见表 4.13）
		TMC 配备人员全天 24 小时运行	$P21 = 1.0$

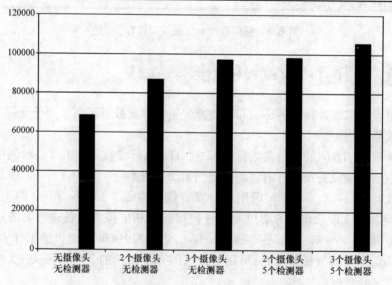

图 C.1 备选设计方案每年减少的车辆延误（辆·h）

事件管理潜在效益分析						
		须输入数据才能获得计算结果				
		用户可选择输入或更改数据				
方案: 路段中设置0个视频监控摄像头,0个检测点,无服务巡查						
RTV=	0.89					
K40=	1					
K41=	1					
B1=	0.9					
		V_{1g}	V_{2g}	V_{3g}	V_{4g}	V_{5g}
函数(g)						
	1	0.6	0.3	0.9	0.5	0.4
	2	0.3	0.6	0.9	0.5	0.2
	3	0	0.9	0.8	0.5	0.2
	4	0	0.1	0.5	0.2	0.8
每个函数的累积概率(Hg)						
函数	符号					
1	H1=	0.982				
2	H2=	0.977				
3	H3=	0.988				
4	H4=	0.888				
辅助排除事件所获的效益比例						
Y=	0.8					
事件管理潜在效益						
H=	0.929					
IR	9.01					
P10	1					
P21	1					
TSI	271.8					
MVMPY	46.54					
ACCR	2.1					
K5	0.1					
减少的延误时间和事故数						
减少的车辆小时延误			105902	每年		
减少的事故起数			9.1	每年		

图 C.2　事件管理潜在效益计算示例

附录 D 南方州公园大道信息发布软件

本附录介绍了纽约州长岛快速路南方州公园大道高速公路管理系统中使用的 DMS 半自动控制软件[1]。

该软件主要实现以下功能：
- 提供 DMS 消息，显示由系统检测器获得的拥堵状况。可显示不同拥堵程度的信息。
- 当道路不同路段上出现交通拥堵时，软件会根据拥堵位置和严重程度确定优先显示的信息。优先方案能确保 DMS 将有限的信息显示能力，向最大数量的驾驶员提供最相关的信息。
- 向操作员提供更改信息的功能。

（1）几何关系、行程时间与延误

消息显示方案的生成主要基于特定关键位置之间的行程时间和延误。其中，行程时间是根据高速公路主线上的检测器检测到的速度进行估算得出。为了辅助计算，我们定义了一组参数和几何关系，并在下文中展开讨论。

如图 D.1 所示，路段表示主线上车辆出入口之间的道路。我们引入域（见第 9.2.3.1 节和图 9.6）的概念，将高速公路监测点的数据与主线路段联系起来。域将路段和 DMS 链接到道路的特定位置，以接收定点检测器采集的速度信息。检测器输出的速度信息需进行过滤处理，以消除短期波动。如图 D.1 所示，在某些情况下，检测点可能不在域内，因此，我们需要为每个域分配一个特定的检测点。

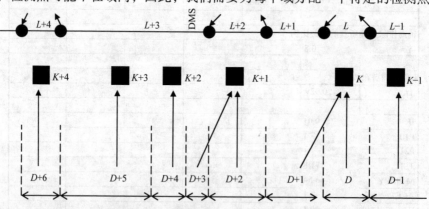

路段边界按照节点(图中用圆点表示)进行划分

图 D.1 路段、域与检测点之间的关系[1]

图 D.2 介绍了该技术使用的几何结构和定义。在城区，DMS 通常部署在包含多个出口匝道的道路区间上。因此，图 D.2 中定义了"临近区"，即当前 DMS 与相邻 DMS 下游的出口匝道之间的距离，这段距离包含了一个或多个出口匝道 $E_q(e)$。用户自定义的"远离区"可能包含多个后续的 DMS。对于每个 DMS，我们分别设定一个"临近区"和"远离区"。如后文所述,该软件针对这两个区分别设置了不同的信息方案。

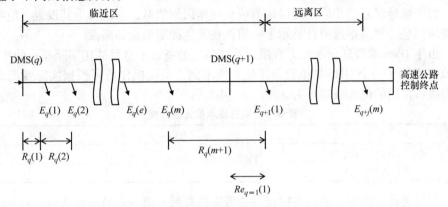

图 D.2　DMS 软件定义[1]

图 D.2 中还定义了另一种数据类型"路段",即两出口匝道之间的距离。每个路段包含图 D.1 所示的一个或多个域。每个域的行程时间是域长度($R_q(e)$)与其相关联检测器提供的速度之商。路段行程时间是路段内所有域的行程时间的总和。

系统操作员必须为每个路段确定一个常规行程时间。路段延误,即路段行程时间和常规行程时间之差,是构成信息发布方案的基本部分。

(2) 消息制定

以下介绍该软件的消息制定功能。该软件提供两种级别的拥堵消息(延误和长时延误)和一个默认消息。对于每个路段,操作员将设定用于触发拥堵消息的延误阈值。同样地,还定义了一个长时延误阈值。当超过规定的阈值时,系统将发布延误提示或长时延误提示。如果该提示在连续几个计算间隔内均有效,软件就将正式确认对外发布相应消息。

如果临近区最后一个路段(图 D.2 中的路段 $m+1$)的延误超过了该区域设定的延误标准,则相邻的下游路段也可能发生拥堵。在这种情况下,软件会修改下游临近区的边界,以涵盖那些发生延误的相邻路段。

(3) 备选消息集制定与消息选择

每条备选消息均包含两个特征:

- 延误程度（延误或长时延误）。
- 发生延误状况的高速公路出口。

当区域延误超过相应的延误阈值或长时延误阈值时，系统将为其设置一组备选的拥堵消息。每条备选消息显示了一组正在发生拥堵的相邻路段。

由于 DMS 的消息显示能力有限，系统制定的备选消息可能比实际显示的更多。表 D.1 介绍了一个 DMS 的消息显示优先级示例，系统操作员可根据实际情况确定优先级，常用的优先级顺序为 a、b、c、d。

表 D.1 消息显示优先级分类

	临近区	远离区
长时延误消息集	a	c
延误消息集	b	d

在每类优先级中，消息将按地理位置进行排列，第一条消息离驾驶员所在位置最近。高速公路上的 DMS 通常只能显示三到四行信息，因此，软件会根据既定的优先级和 DMS 的显示约束，提供适合显示的信息。

参 考 文 献

Southern State Parkway ITS Early Implementation Project, Nassau County and Suffolk County (1997) New York State Department of Transportation

附录 E 华盛顿州模糊逻辑匝道控制算法

模糊逻辑算法能够解决多目标问题（通过制定实现这些目标的权重规则），并能以更友好的方式实现优化过程（通过使用语言变量而非数字变量）。本附录提出的算法采用模糊逻辑来计算匝道调节率。

模糊逻辑控制器（FLC）共有六个输入项。包括：

- 位于入口匝道汇合处上游的主线检测点所检测的速度和占有率数据。
- 下游检测点所检测的占有率和速度数据。该检测点是所有待选下游检测点（历史上曾出现过很高的交通流量的检测点）中检测出占有率最大的那个检测点。
- 来自于匝道上的排队检测器的占有率数据，该检测器通常布设于匝道控制的停车线和匝道车辆排队存放区末端之间的中间位置。
- 来自于匝道前的排队检测器的占有率数据，该检测器通常位于匝道车辆排队存放区末端的上游位置。

"模糊化"操作将每个数值输入转化为一组模糊集。对于本地的占用率和速度，使用的模糊集包括非常小（VS）、小（S）、中（M）、大（B）和非常大（VB）。激活度表示隶属于该模糊集的真实度，在 0~1 范围内取值。例如，如果本地占有率为 20%，则隶属于 M 类模糊集的真实度为 0.3，B 类模糊集的真实度为 0.8，而其余各类模糊集的真实度为 0（图 E.1）。下游占有率仅使用 VB 类模糊集，激活的起点为 11%，全激活点为 25%（图 E.2）。下游速度使用 VS 类模糊集，激活起点为 64.4km/h，全激活点为 88.5km/h。匝道排队占有率和匝道前排队占有率使用 VB 类模糊集。对于配有匝道检测器的匝道，该参数的默认值为：激活起点是 12%，全激活点是 30%。这些模糊集的动态范围、分布形式可以根据每个位置的每个输入项进行调整。

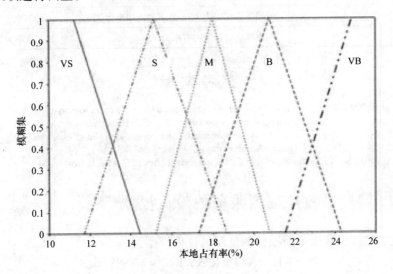

图 E.1　本地占有率对应的模糊集（重绘后）
（原文发表于 2000 年 1 月 11 日在华盛顿特区举行的第 79 届美国 TRB 年会，经 TRB 许可转载）

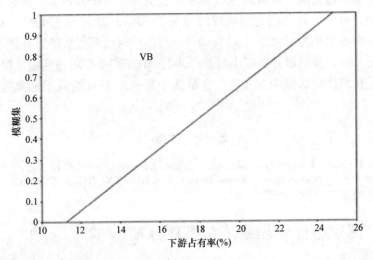

图 E.2　下游占有率模糊集[1]（重绘后）
（原文发表于 2000 年 1 月 11 日在华盛顿特区举行的第 79 届美国 TRB 年会，经 TRB 许可转载）

最后一步称为去模糊化，即根据规则结果和激活度生成调节率数值。在模糊状态制定出来后，我们就可利用加权规则来确定调节率。加权规则示例见表 E.1。

表 E.1 华盛顿州算法中的模糊逻辑规则示例[1]

规则	默认规则的权重	规则的前提	规则的结果
6	3.0	如果本地速度为 VS，且本地占有率为 VB	调节率为 VS
10	4.0	如果下游速度为 VS，且下游占用率为 VB	调节率为 VS
12	4.0	如果匝道前排队占有率为 VB	调节率为 VB

参 考 文 献

1. Taylor C et al (2000) Results of the on-line implementation and testing of a fuzzy logic ramp metering algorithm. In: 79th annual meeting of the Transportation Research Board, Washington, DC
2. Neudorff LG et al (2003) Freeway management and operations handbook. Report FHWA-0P-04-003. Federal Highway Administration, Washington, DC
3. Klein LA (2001) Sensor technologies and data requirements for ITS. Artech, Boston, MA

附录 F　驾驶员救援巡逻服务的效益模型

驾驶员救援巡逻服务所减少的延误的计算模型为

$$TS = K12 \times K17 \times K35 \times K40 \times MTSSV \times LS$$

式中，TS 是节省的驾驶员时间；K12 是每年每英里服务巡逻的停车次数，119 服务的默认值是基于 INFORM ITS 数据和 2600h 的年度服务巡查时间设定的；K17 是提供援助的停车次数比例，默认值为 0.46，该数值基于 INFORM ITS 数据设定；K35 是修正系数，可能的默认值为当高峰时段服务水平为 D 级或更低时，K35 = 1.0，当高峰时段服务水平为 C 级时，K35 = 0.7，当高峰时段服务水平为 B 级或更高时，K35 = 0.0；K40 是提供服务的年小时数/2600；MTSSV 是平均每辆被援助车辆所减少的延误，代表性默认值为 95h[1]，它是基于服务水平 D 级以下的高速公路计算得到的。

参 考 文 献

Wohlschlaeger SD, Balke KN (1992) Incident response and clearance in the State of Texas: case studies of four motorist assistance patrols. Report No. FHWA/TX-92/1232-15, Texas Transportation Institute, College Station, TX

附录 G　国家事件管理系统与事件分类

本附录主要介绍国家事件管理系统和常用事件分类系统的基本内容。其引用了文件《紧急交通管制和现场管理指南》（威斯康星州交通局，2012 年 2 月 12 日，版本 2.0）的有关内容。

（1）国家事件管理系统与事件指挥系统

国家事件管理系统（NIMS）提供了完整的全国性交通事件管理方法，适用于所有管辖区级和不同功能性学科。NIMS 的设计目的是：

- 管理各种潜在事件和危险情况，不论其规模大小或复杂程度。
- 促进公共部门与私营单位在事件管理活动中的协调与合作。NIMS 的一个关键功能是事件指挥系统（ICS）。ICS 是一种标准化的、现场的、全危险事件管理概念，它允许用户采用一个综合的组织结构来匹配单一或多个事件的复杂程度和管理需求，而不受管辖范围的限制。ICS 由控制人员、设施、设备和通信程序组成。它一般于事件发生时启用，直到管理和运行需求不存在时停止。每起事件处理都应当建立和运行 ICS。

ICS 配备一名事件指挥官，全面负责事件管理。事件指挥官必须对现场所有工作人员负责，包括最先到达现场的人员（执法人员、消防人员、紧急医疗救援人员等），以及后续到达现场协助现场管理的人员（公路部门人员、保险调查员、工程师等）。

当事件需要多个管辖区或多机构联合响应时，应遵循统一指挥的指导方针。统一指挥使具有不同法律、地理位置、职能权限和责任的机构能够有效合作，而不影响单个机构的权限、责任或义务。统一指挥通过建立一套共同的事件管理目标和策略，确保所有责任部门能够共同参与同一事件管理。统一指挥有助于减少重复工作，避免现场混乱。

建议在设定指令或在不同人员中传递指令时，将这些信息以及指挥所的位置传达给所有响应人员。在多数情况下，由于种种原因，现场响应机构之间存在沟通不畅的问题。在这种情况下，事件指挥官有必要确认所有各方都接收到相关信息。

此外，在涉及多个机构的事件中，模棱两可的代码和缩写是沟通的主要障碍。因此，ICS 要求所有机构在响应过程中要采用通俗英语或明文，不得使用无线电代码、机构特定代码或行业术语。

（2）事件响应优先级

应根据以下事件响应优先级制定事件管理目标：

- 1 级优先：生命安全。
- 2 级优先：事件维稳。
- 3 级优先：保护财产和环境。

（3）事件分类

所有交通事件将根据事件预期持续时间（MUTCD 第 6I 章中介绍的）进行分类。主要分为以下三类：

- 重大事件——预期持续时间超过 2h。
  - 重大交通事件通常涉及关闭全部或部分道路 2h 以上。在重大事件中，驾驶员一般会通过变换车道或使用紧急备用路线绕开事件地点。

- 实例包括：
  致命事故或需要进行调查的事故。
  涉及危险品泄漏的事件。
  货车或牵挂车翻车事件。
  道路结构性损坏。
  公路附近发生火灾。
- 中型事件——预期持续时间为 30min 至 2h。
  - 中型交通事件通常需要在现场实施交通管制，引导驾驶员通过拥堵瓶颈路段。在事件处置期间，可能需要短时间完全封闭道路，以确保应急响应人员能够完成急救任务。
  - 实例包括：
    翻车或多车相撞。
    造成人身伤害的碰撞。
    货车或牵挂车碰撞。
- 小型事件——预期持续时间小于 30min。
  - 对于小型交通事件，不能使用交通控制装置实施车道封闭。
  - 实例包括：
    车辆抛锚。
    轻微碰撞（如仅造成财产损失）。
    道路垃圾碎片。

附录 H 特殊走廊交通决策支持与需求管理系统概念

本附录将进一步介绍信息发布的详细内容，以辅助系统操作员向特殊走廊（见第 11.3.2 节）发布交通状况信息。

（1）基本理念

本书第 11.3.2 节介绍了费城的一条特殊走廊（图 11.5），该走廊由宾州交通局负责管理。当该特殊走廊出现因交通事件或施工导致的交通拥堵时，决策支持系统会通知 TMC 操作员采取额外的补救措施，包括向驾驶员提供一些附加消息，帮助其选择走廊（由 I-95 公路和阿拉明戈大街组成）内的主要备用路径。此外，系统还会建议实施适当的信号配时方案，以适应分流道路上的交通流量增加。主要备用路径为 I-95 公路和阿拉明戈大街，其他备用路径包括特拉华州大道、里士满街和塔康街（图 11.6）。

I-95 公路上安装了固定检测器和行程时间标签读写器，阿拉明戈大街上则设有蓝牙读卡器，其他干线道路上也有一些蓝牙读卡器。这些检测器结合足够的交通量数据，能实现 I-95 公路和阿拉明戈大街上的异常交通状况监测，并提供信息显示，确定动态信息标志（DMS）和干线诱导屏（ADMS）的消息显示需求。交通状态信息还可用于确定要提供的消息类型。视频监控系统也用于异常交通状况检测。

系统通过显示终端和消息转发机制，通知操作员出现"异常"交通状况。在管理理念上，我们并不是寻求最快路线，而是基于这样一个前提：在交通"正常"情况下，即使发生常发性交通拥堵，交通仍然会自我调节达到最佳平衡状态，而不需要过多干预。这一前提符合 Wardrop 原理（见第 3.1.5 节）。为确定什么是"异常"，我们需要引入行程时间可靠性概念（见附录 A）。因此，操作终端显示的内容和 DMS 与 ADMS 发布的消息，主要是针对因走廊内部条件引发的，且不在预期正常范围内的状况。

行程时间可靠性是用于评估当前行程时间与历史同期非事件状况下的行程时间之间的差异的指标，这种差异以历史数据的标准偏差来衡量。系统针对主要路线（I-95 公路和阿拉明戈大街），提供操作终端显示内容及 DMS 和 ADMS 发布消息的建议。I-95 公路上有许多固定检测器，而阿拉明戈大街也有足够的交通样本量支撑蓝牙读卡器提供行程时间信息。本软件不提供其他备用路线（里士满街和特拉华州大道）的算法指南。

（2）交通状况判定

I-95 公路的交通状况可通过现有固定检测器进行监测，在白天的时候，可采用快速检测方式。分析表明，阿拉明戈大街的蓝牙数据，能对许多交通状况及时做出响应，而特殊走廊内其他干线道路（特拉华州大道、塔康街、里士满街）上的蓝牙数据，由于响应速度较慢，只能作为补充数据。本软件不提供这些干线道路的信息显示或消息发布支撑方案。

基于行程时间可靠性的管理方法将实测行程时间与历史行程时间进行比较。针对每个时段，设定一个历史统计数据的标准差（SD）。如果实测行程时间超出某个上限，则该行程时间视为非"正常"，操作终端显示异常行程时间（ATT）状态，并发布一条消息。例如，上限可设为不超过历史行程时间 85% 的行程时间。

在该走廊内的 I-95 公路路段上，

$$如果\ ATT > TTA + K1 \times SD, 则\ I-95\ 公路路段异常(AB) \qquad (H.1)$$

式中，ATT 是实测行程时间；TTA 是历史平均行程时间；$K1$ 是设定阈值的参数；SD 是历史行程时间的标准偏差。

例如，如果阈值设为 85%，则 $K1 = 1.04$。如果情况更糟（例如，K 明显大于 $K1$），则可能归类为"异常长时延误"。适用于"异常长时延误"（ULD）情况的方程如下所示：

$$如果\ ATT > TTA + K2 \times SD, 则\ I-95\ 公路路段属于\ ULD \qquad (H.2)$$

式中，$K2$ 取较大乘数（例如 1.8）。

类似原则也适用于走廊内的阿拉明戈大街路段。

I-95 公路和阿拉明戈大街之间的分流需要借助连接干道（Bridge St.、Allegheny Ave.、Castor Ave.），这些干道可能没有足够的交通样本量来确保可靠和及时的蓝牙检测。因此，需要采用视频监控系统来监测这些路段，以识别可能影响信息发布的事件或异常拥堵。

(3) 操作终端显示

软件根据服务水平（LOS）状况，以图形化形式显示 I-95 公路和并行主干道的拥堵程度。其使用固定检测器的速度和交通量（用于计算交通密度）或占有率数据来确定 I-95 公路的 LOS。LOS 的有关定义见《道路通行能力手册》（2000 年版）的附件 10-7[2]。基于 LOS 数据的拥堵程度显示见表 H.1。

表 H.1 拥堵状况与相应的终端显示颜色

拥堵程度	LOS（与 Pa 511 服务站一致）	显示颜色
自由流	A、B、C 级 LOS	绿色
中度	D 级 LOS	黄色
拥堵	E 级 LOS	红色
走走停停	F 级 LOS	黑色

终端软件显示每个路段的状态，同时也显示走廊内整条路线的状态。其中，历史状态用虚线表示，当前状态用实线表示。当出现异常状态时，实线开始闪烁。当出现长时异常行程时间状态时，实线将快速闪烁。

类似地，屏幕还会显示由蓝牙配对的阿拉明戈大街路段和整条路线。干线道路 LOS 标准参见《道路通行能力手册》（2010 年版）附件 16-4[2]。

屏幕显示将帮助操作员识别两条路线上的相对交通状况，并请求执行适当的信号配时方案。

(4) DMS/ADMS 建议消息

DMS 和 ADMS 消息描述了 I-95 公路和阿拉明戈大街上的异常交通状况，其覆盖了 Allegheny Ave. 和 Bridge St. 之间的整个路段，监测数据、标准偏差以及 AB 和 ULD 的计算结果适用于整个路段。后面我们会对该消息的内容进行说明，该消息发布仅限于上述两条道路。里士满街没有足够的交通样本量来支持快速状态识别。此外，由于其通行能力不高，可能会限制其对大范围分流的支撑能力。因此，该路线的分流将完全交由操作员控制。

(5) 消息生成

该软件特有的显示状态是长时延误（LD）和异常长时延误（ULD）。长时延误表示为异常（AB）状态。DMS 有足够的显示空间，能同时指示两条道路上的异常拥堵情况（在单个显示页面上，每条道路使用一条消息）。ADMS 显示空间有限，只能显示一条道路上的拥堵消息。当两条道路上的拥堵状态相同时，ADMS 也可以同时显示两条道路的拥堵消息。该软件具有显示以下类型消息的能力：

- 消息类型 0——传统 RTMC 消息（例如行程时间）。
- 消息类型 1——州际公路异常延误。

- 信息类型 2——干线道路异常长时延误。
- 消息类型 3——州际公路长时延误。
- 消息类型 4——干线道路长时延误。
- 消息类型 5——两条道路异常长时延误。
- 消息类型 6——两条道路长时延误。

表 H.2 列出了可能使用的消息组合。信息主要面向熟悉该走廊的驾驶员。

表 H.2 可能的 DMS/ADMS 消息组合

州际公路（I-95）DMS 信息			干线道路（除阿拉明戈大街）ADMS 信息		
州际公路状况	干线道路状况	消息类型	干线道路状况	州际公路状况	消息类型
UD	UD	1 和 2	UD	UD	5
UD	LD	1 和 4	UD	LD	2
UD	ND	1 和 0	UD	ND	2
LD	UD	3 和 2	LD	UD	1
LD	LD	3 和 4	LD	LD	6
LD	ND	3	LD	ND	4
ND	UD	0	ND	UD	1
ND	LD	0	ND	LD	3
ND	ND	0	ND	ND	0

参 考 文 献

1. I-95 Corridor Intelligent Transportation System, Systems Engineering Report, Version 4.0, STV, Incorporated, Aug 2014
2. HCM 2010 highway capacity manual (2010) Transportation Research Board, Washington, DC